4

Erin Kijima

Nur du darfst mich fesseln

Nur du darfst mich fesseln

4

Inhalt

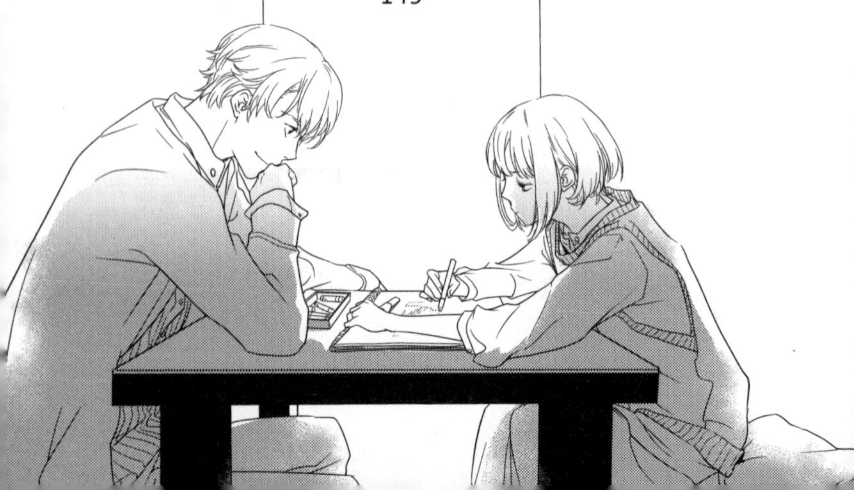

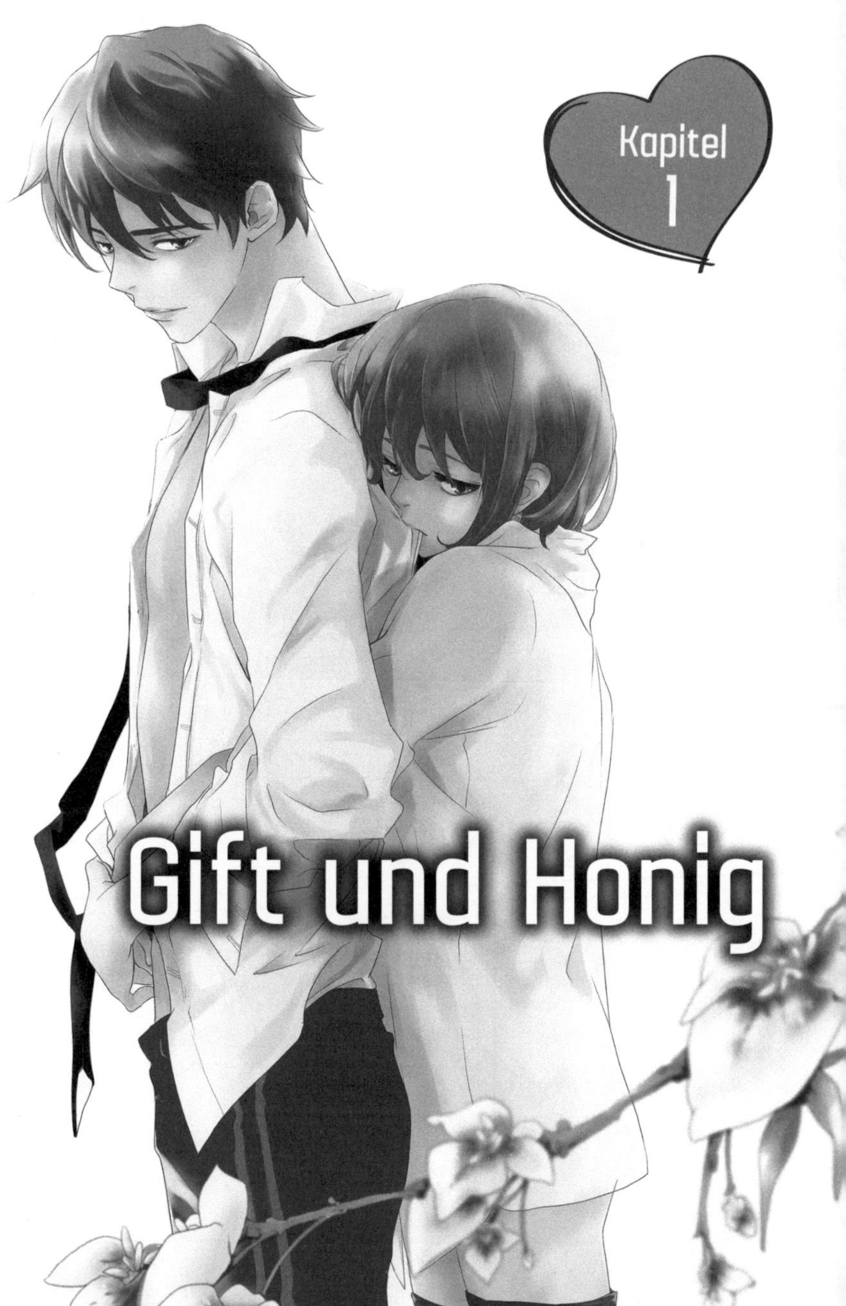
Kapitel
1
Gift und Honig

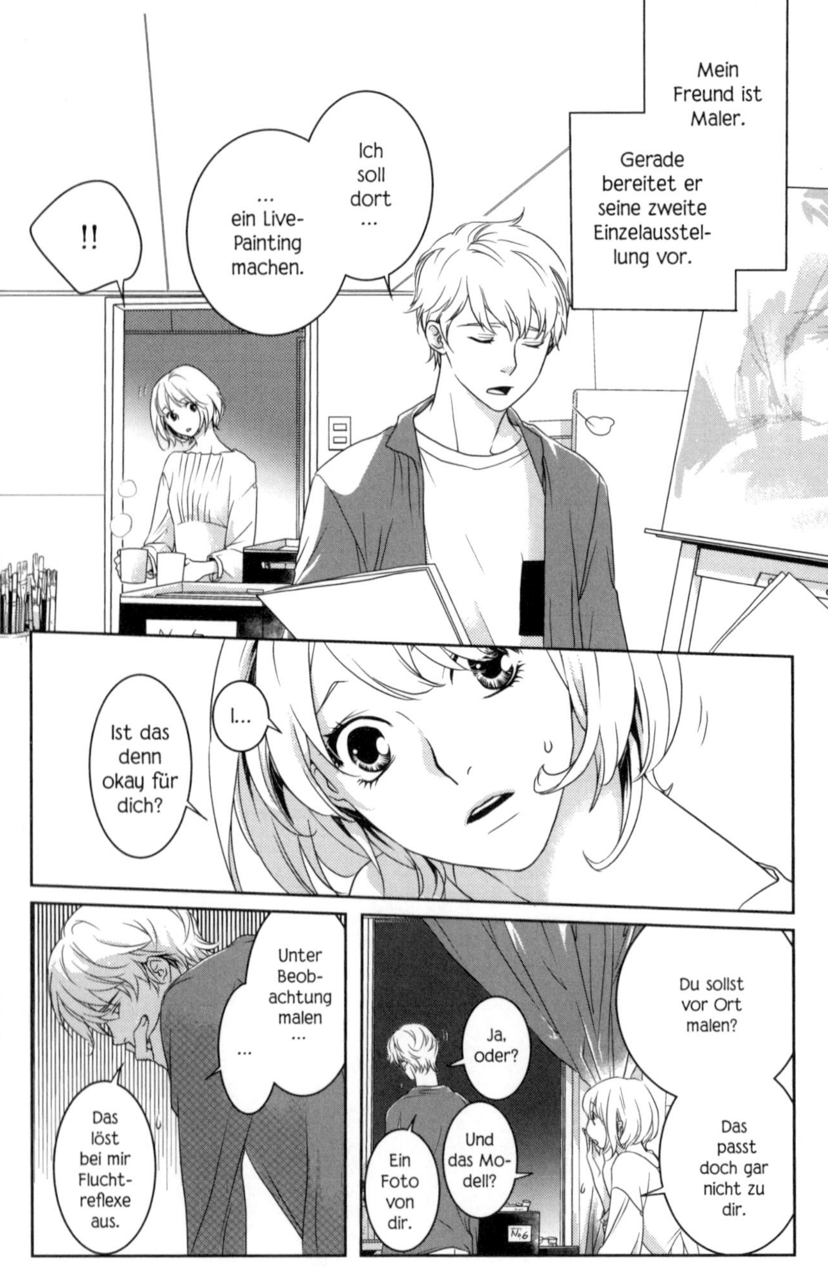

Mein Freund ist Maler.
Gerade bereitet er seine zweite Einzelausstellung vor.
Ich soll dort … … ein Live-Painting machen.
!!
I…
Ist das denn okay für dich?
Du sollst vor Ort malen?
Das passt doch gar nicht zu dir.
Ja, oder?
Und das Modell?
Ein Foto von dir.
№6
Unter Beobachtung malen … …
Das löst bei mir Fluchtreflexe aus.

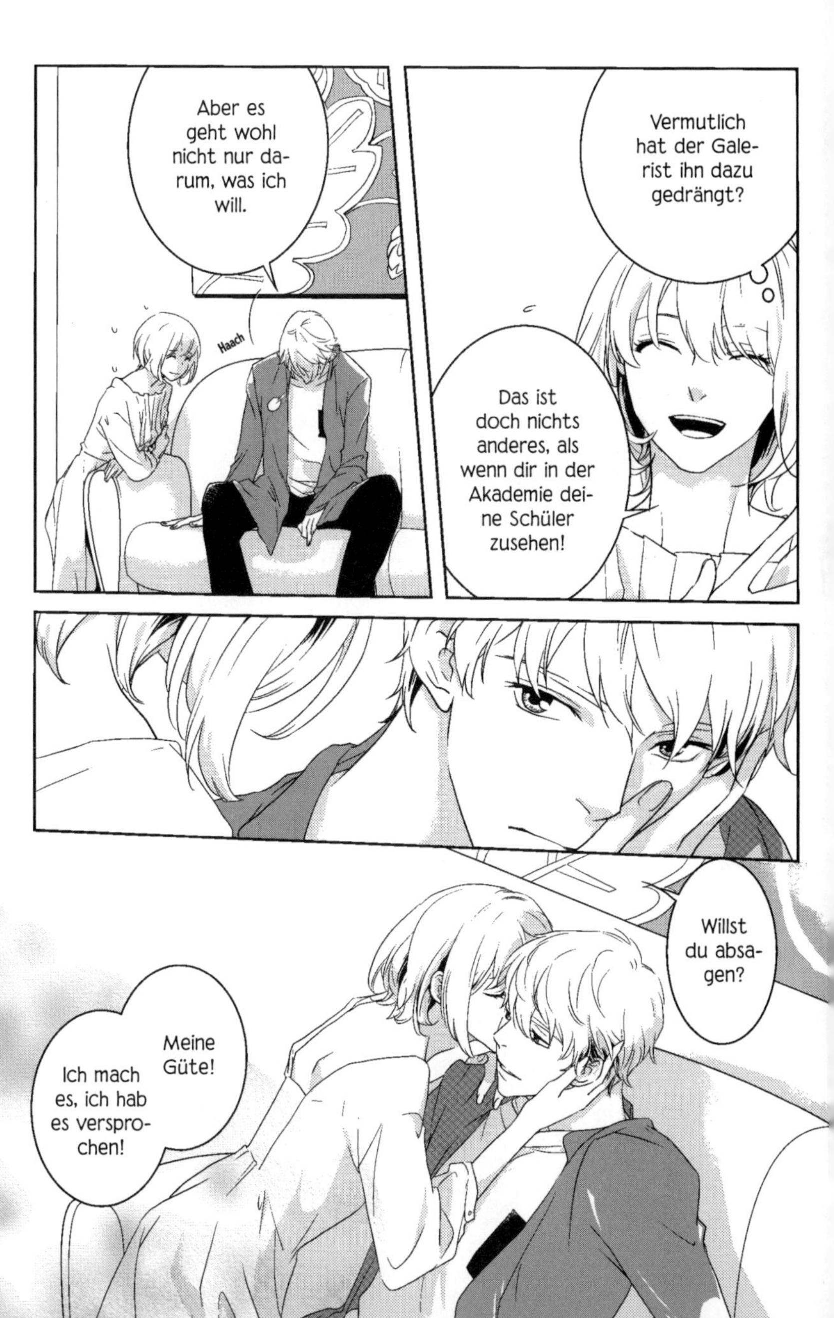
Vermutlich hat der Galerist ihn dazu gedrängt?
Das ist doch nichts anderes, als wenn dir in der Akademie deine Schüler zusehen!
Aber es geht wohl nicht nur darum, was ich will.
Haach
Willst du absagen?
Meine Güte!
Ich mach es, ich hab es versprochen!

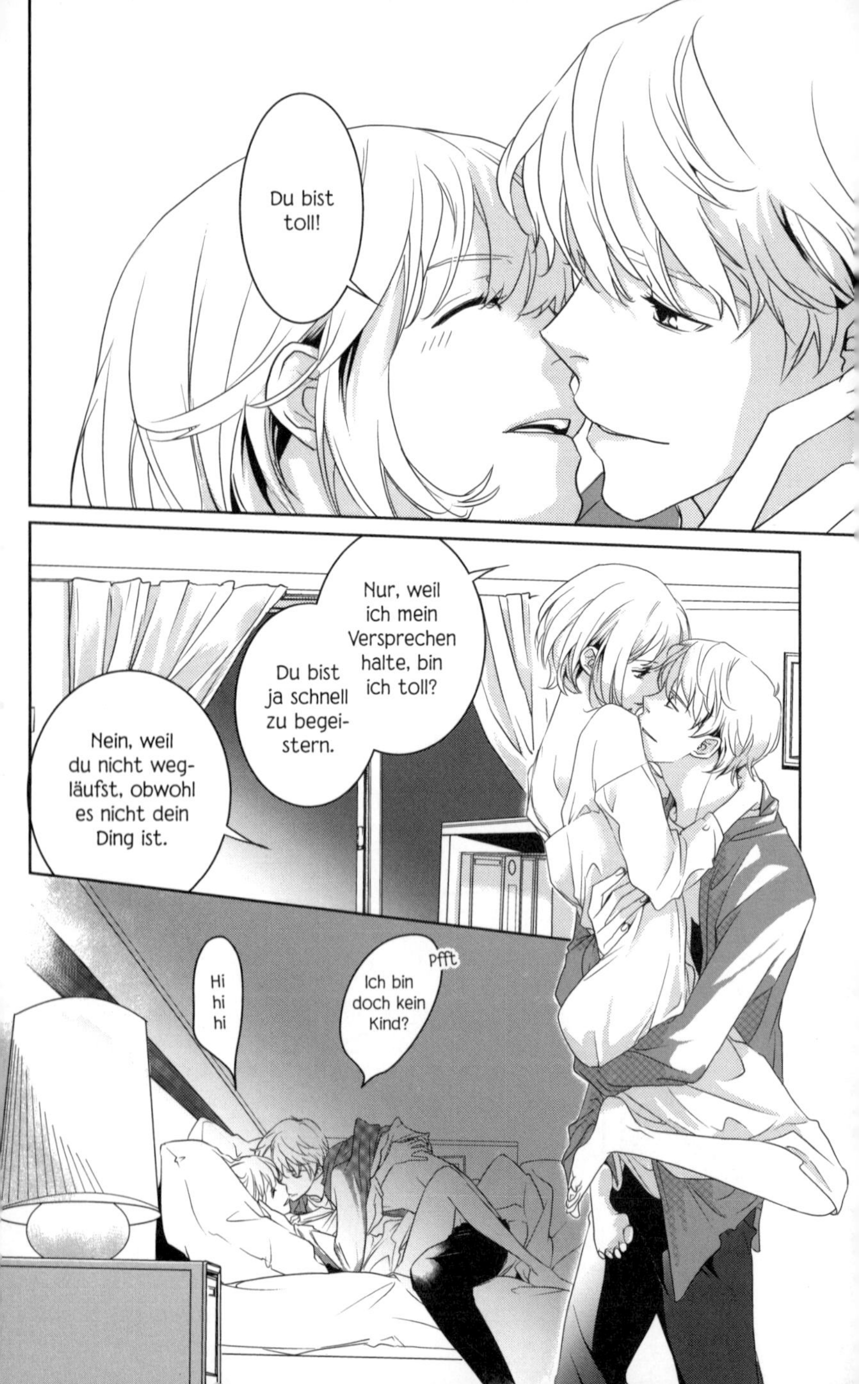
Du bist toll!
Nur, weil ich mein Versprechen halte, bin ich toll?
Du bist ja schnell zu begeistern.
Nein, weil du nicht wegläufst, obwohl es nicht dein Ding ist.
Pfft
Ich bin doch kein Kind?
Hi hi hi

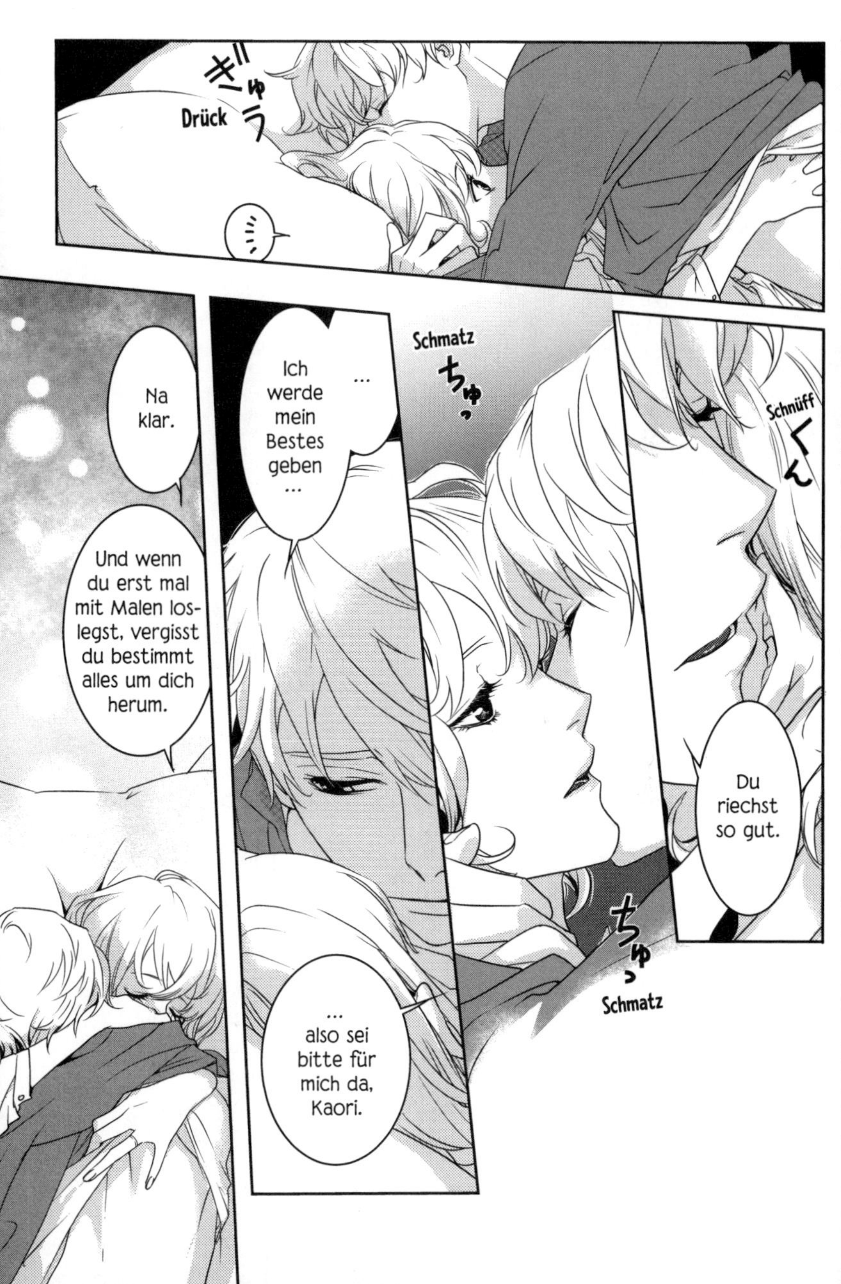
Drück
…
Schnüff
Du riechst so gut.
Schmatz
… Ich werde mein Bestes geben …
Schmatz
… also sei bitte für mich da, Kaori.
Na klar.
Und wenn du erst mal mit Malen loslegst, vergisst du bestimmt alles um dich herum.

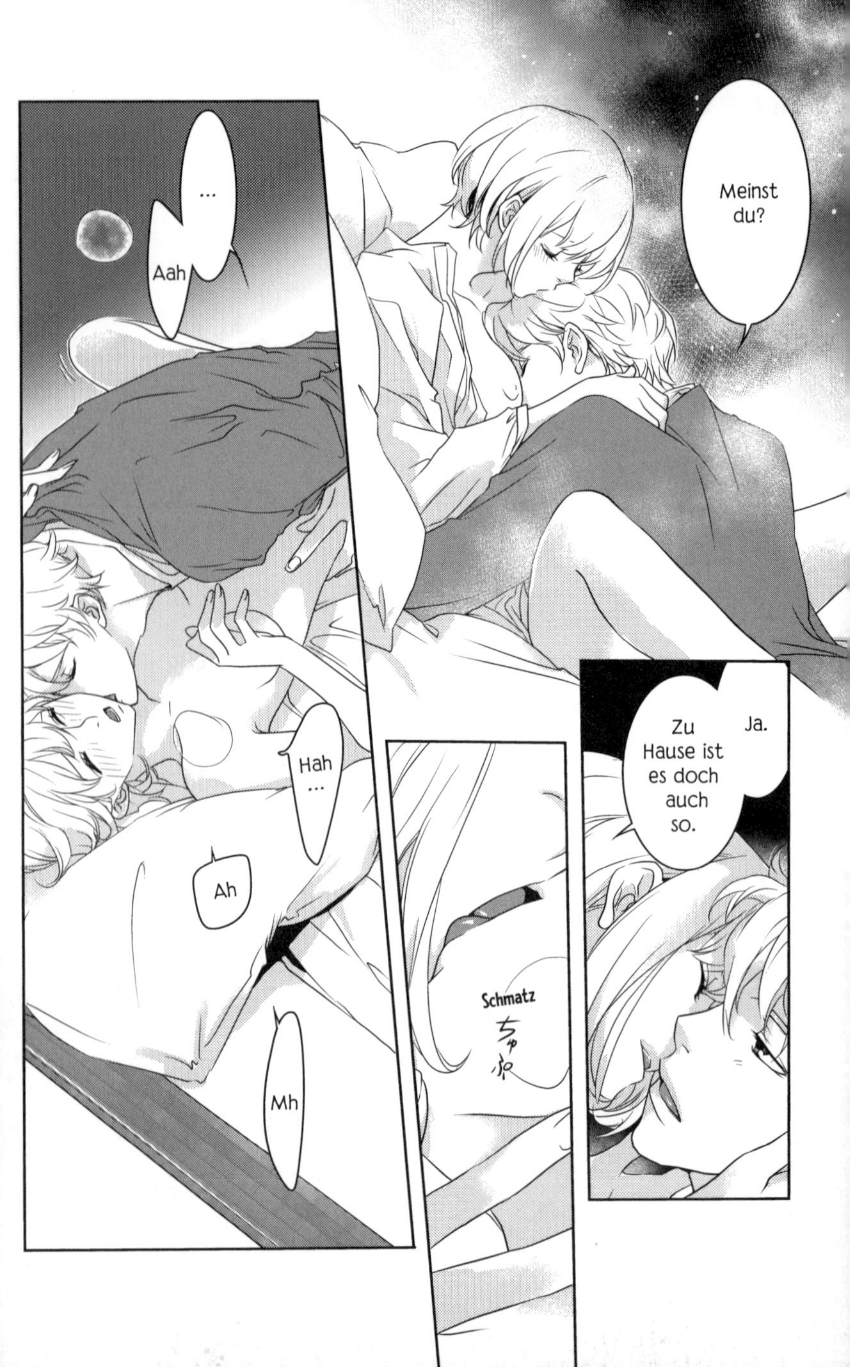
Meinst du?
Ja.
Zu Hause ist es doch auch so.
Schmatz
...
Aah
Hah ...
Ah
Mh

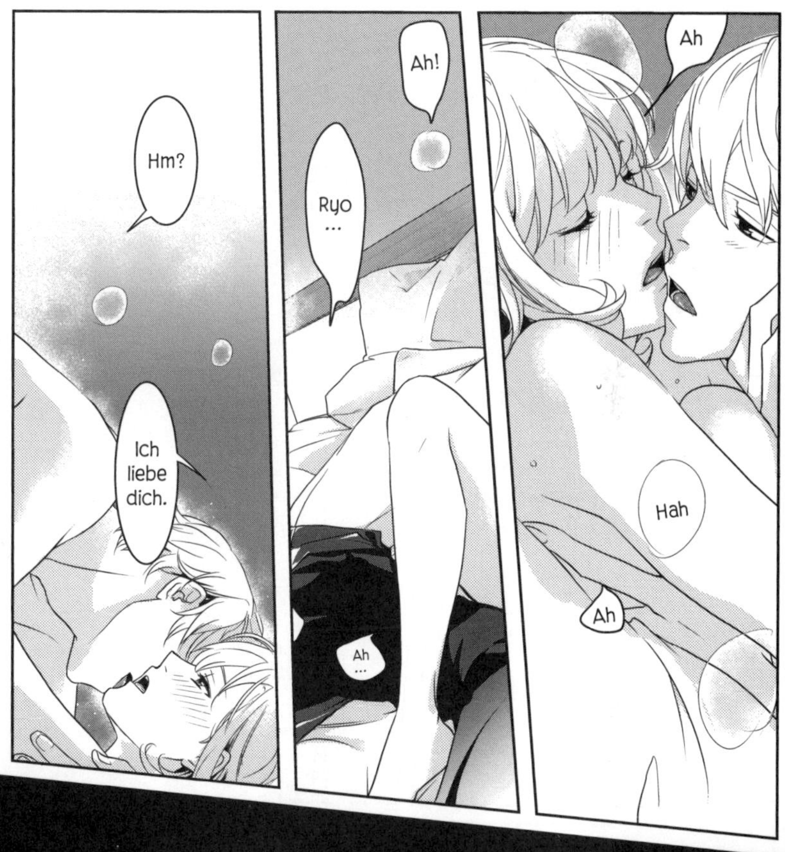

Seine Bilder verkaufen sich gut.

Er müsste die Ausstellung nicht unbedingt machen ...

... tut es aber trotzdem, obwohl es nicht sein Ding ist.

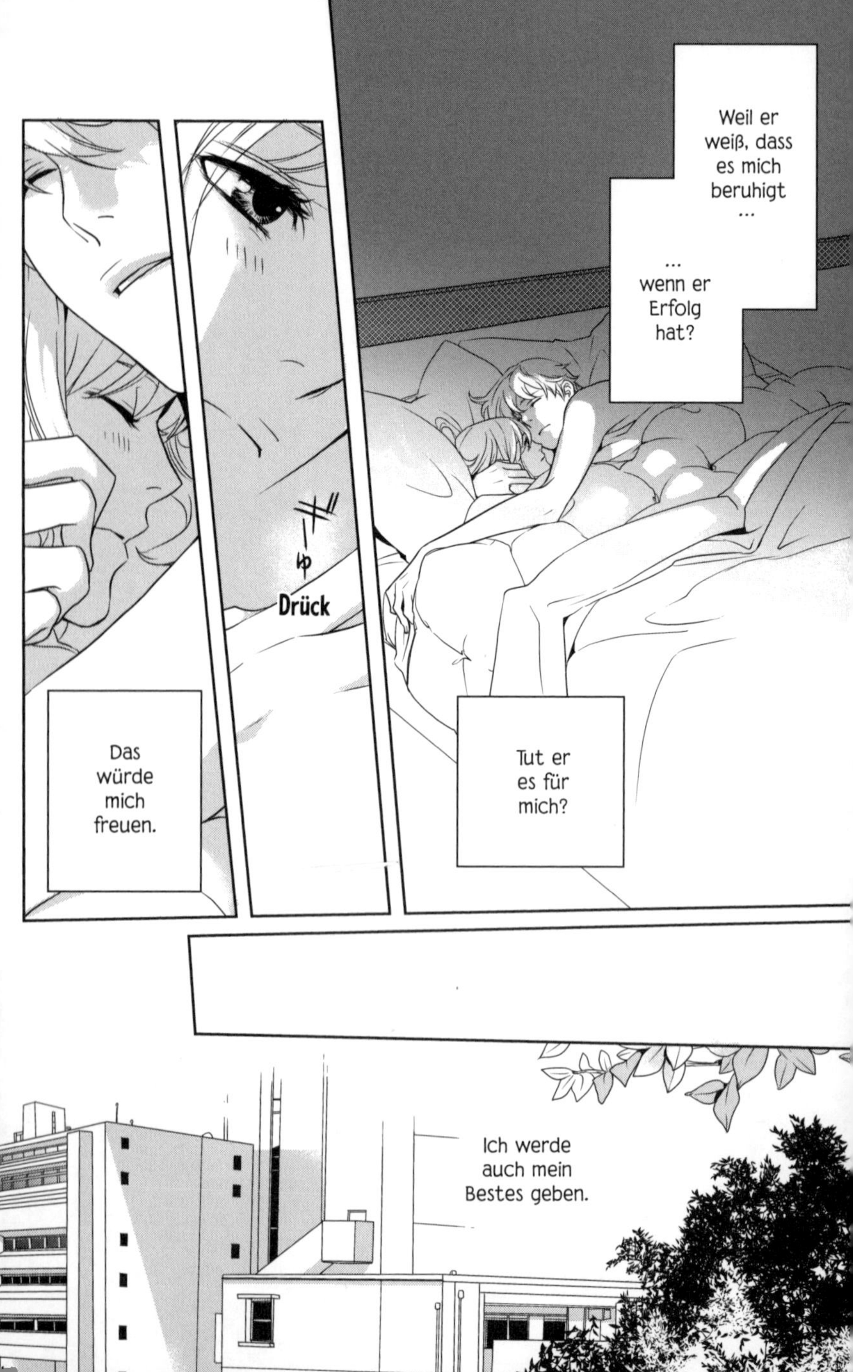
Weil er weiß, dass es mich beruhigt …
… wenn er Erfolg hat?
Tut er es für mich?
Drück
Das würde mich freuen.
Ich werde auch mein Bestes geben.

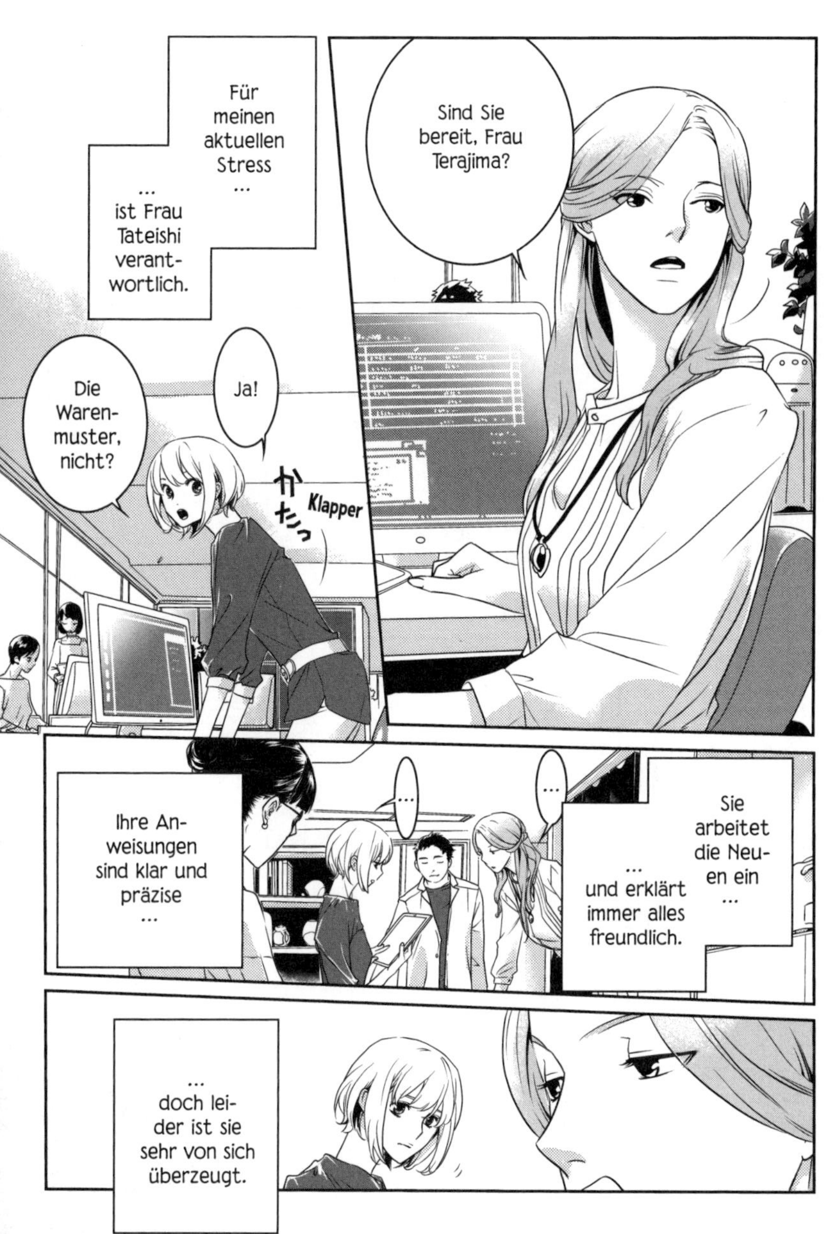
Sind Sie bereit, Frau Terajima?
Für meinen aktuellen Stress … … ist Frau Tateishi verantwortlich.
Ja!
Die Warenmuster, nicht?
カタッ
Klapper
…
…
Sie arbeitet die Neuen ein … … und erklärt immer alles freundlich.
Ihre Anweisungen sind klar und präzise …
… doch leider ist sie sehr von sich überzeugt.

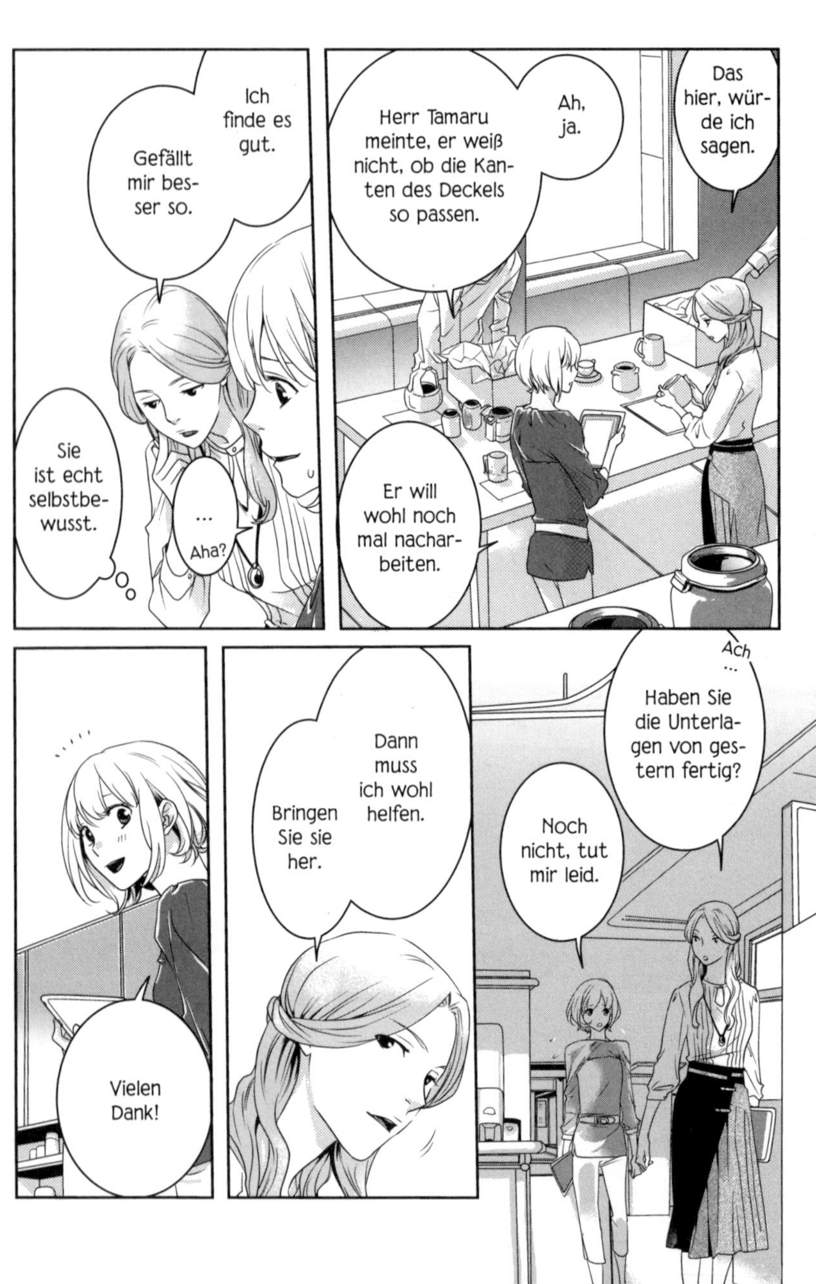

Das hier, würde ich sagen.
Ah, ja.
Herr Tamaru meinte, er weiß nicht, ob die Kanten des Deckels so passen.
Er will wohl noch mal nacharbeiten.
Ich finde es gut.
Gefällt mir besser so.
...
Aha?
Sie ist echt selbstbewusst.
Ach ...
Haben Sie die Unterlagen von gestern fertig?
Noch nicht, tut mir leid.
Dann muss ich wohl helfen.
Bringen Sie sie her.
Vielen Dank!

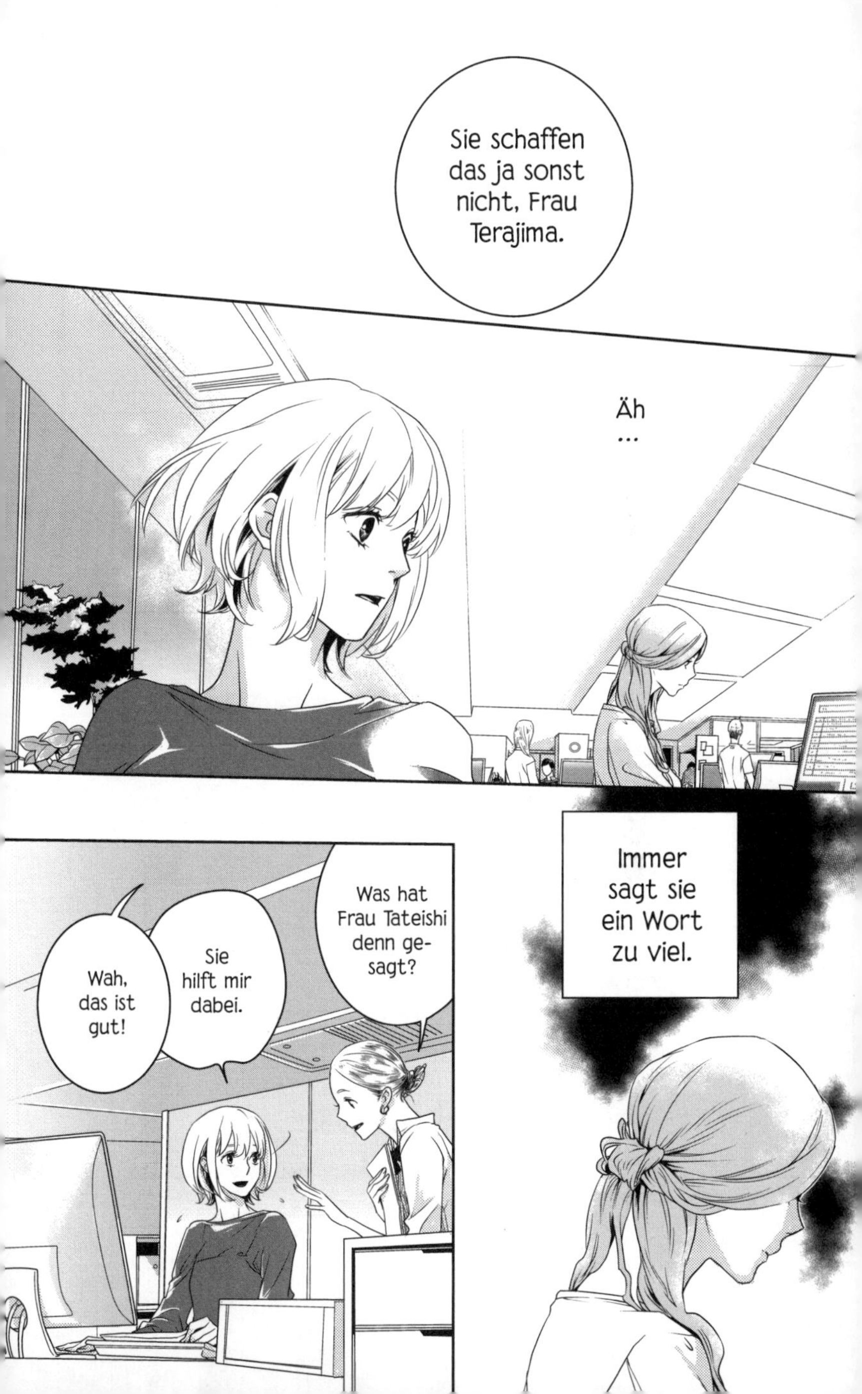
Sie schaffen das ja sonst nicht, Frau Terajima.
Äh …
Immer sagt sie ein Wort zu viel.
Was hat Frau Tateishi denn gesagt?
Sie hilft mir dabei.
Wah, das ist gut!

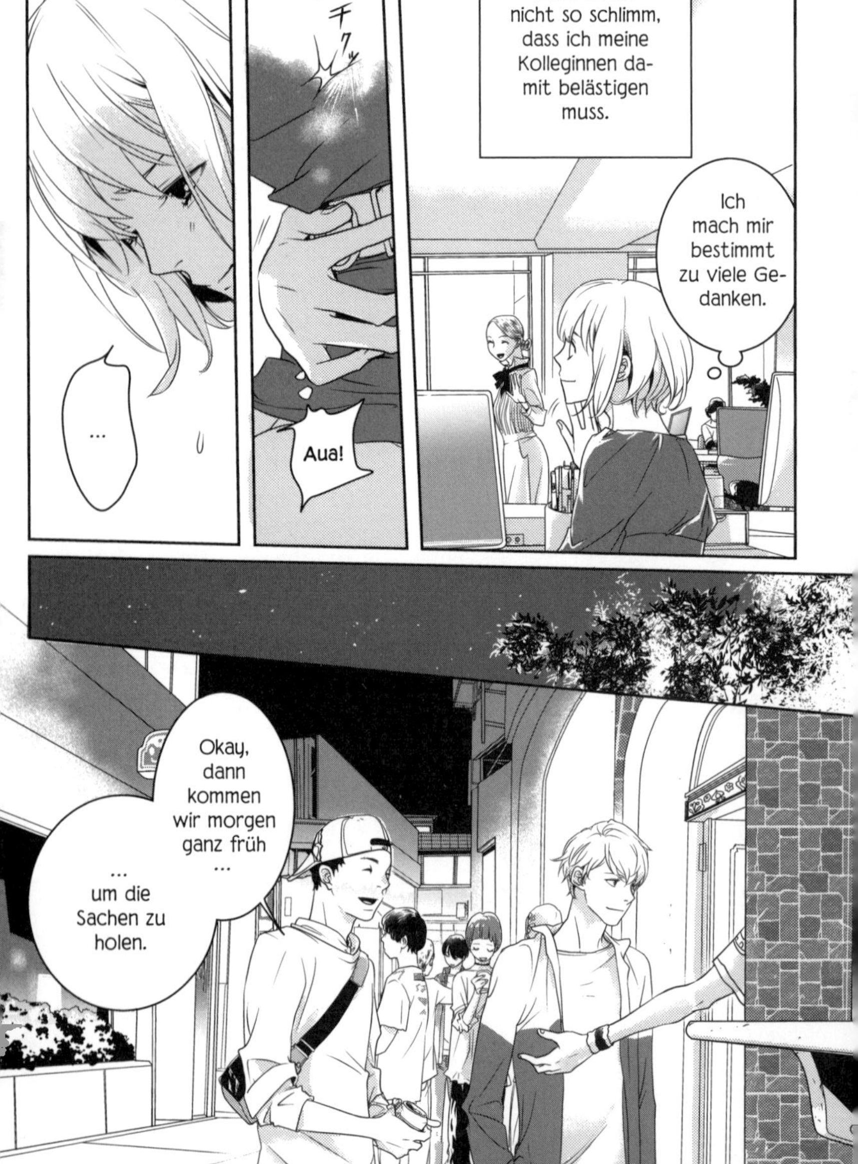
Aber es ist nicht so schlimm, dass ich meine Kolleginnen damit belästigen muss.
Ich mach mir bestimmt zu viele Gedanken.
Stech
チクッ
Aua!
...
Okay, dann kommen wir morgen ganz früh ...
... um die Sachen zu holen.

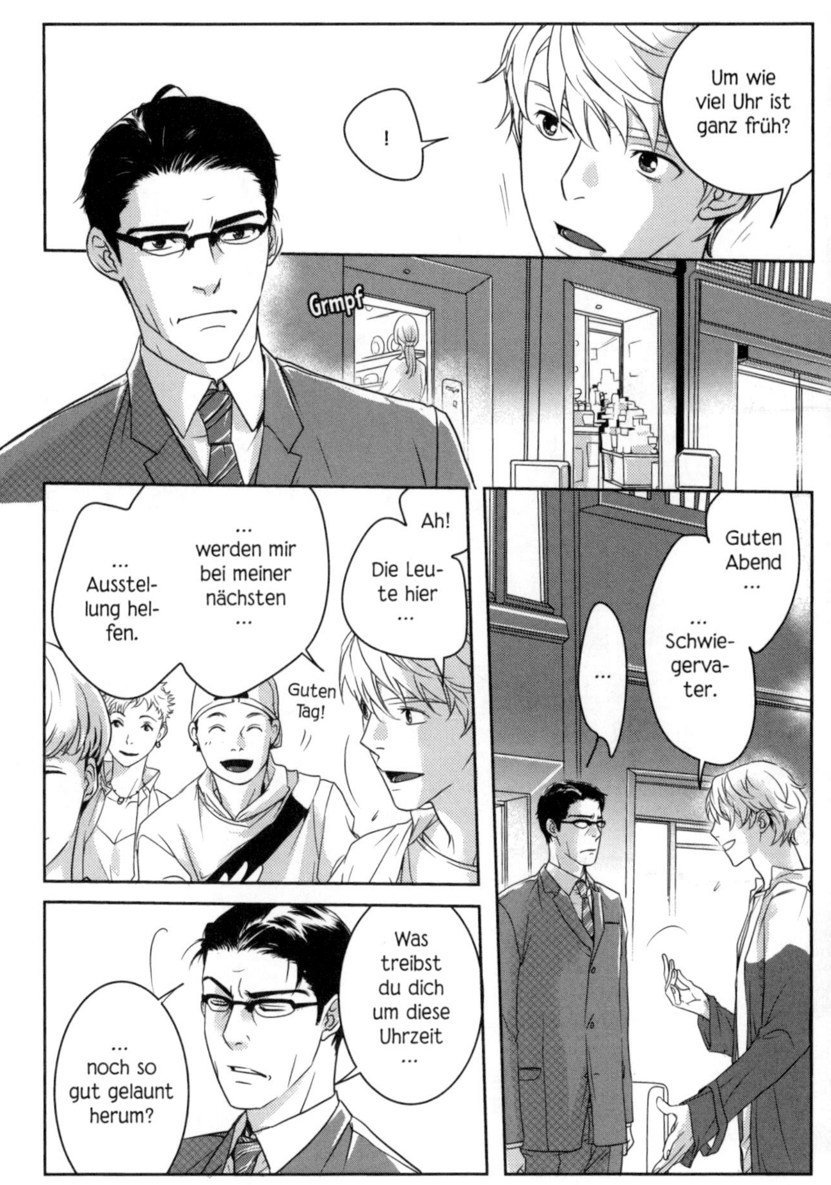

Um wie viel Uhr ist ganz früh?
!
Grmpf
Guten Abend …
… Schwie-gervater.
…
Ah!
Die Leu-te hier …
… werden mir bei meiner nächsten …
… Ausstel-lung hel-fen.
Guten Tag!
Was treibst du dich um diese Uhrzeit …
… noch so gut gelaunt herum?

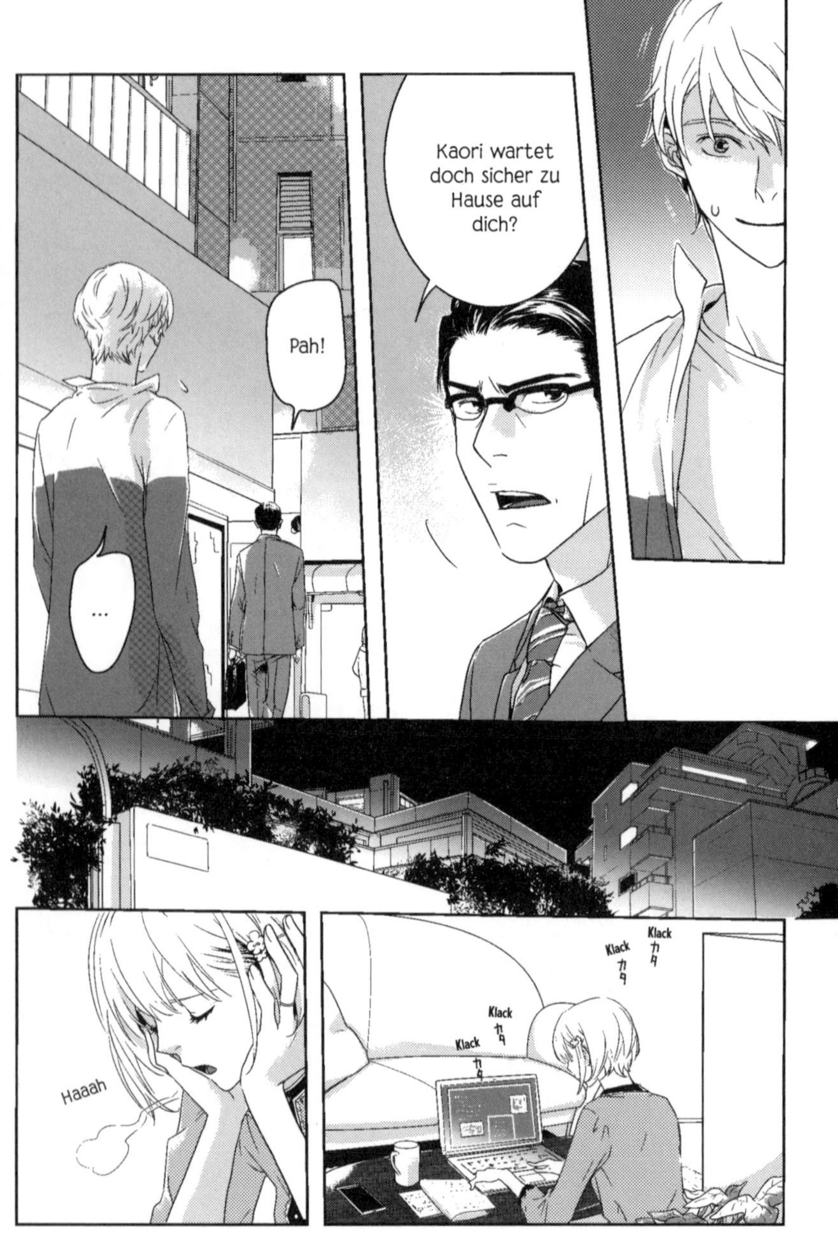
Kaori wartet doch sicher zu Hause auf dich?
Pah!
...
Klack
カタ
Klack
カタ
Klack
カタ
Klack
カタ
Haaah

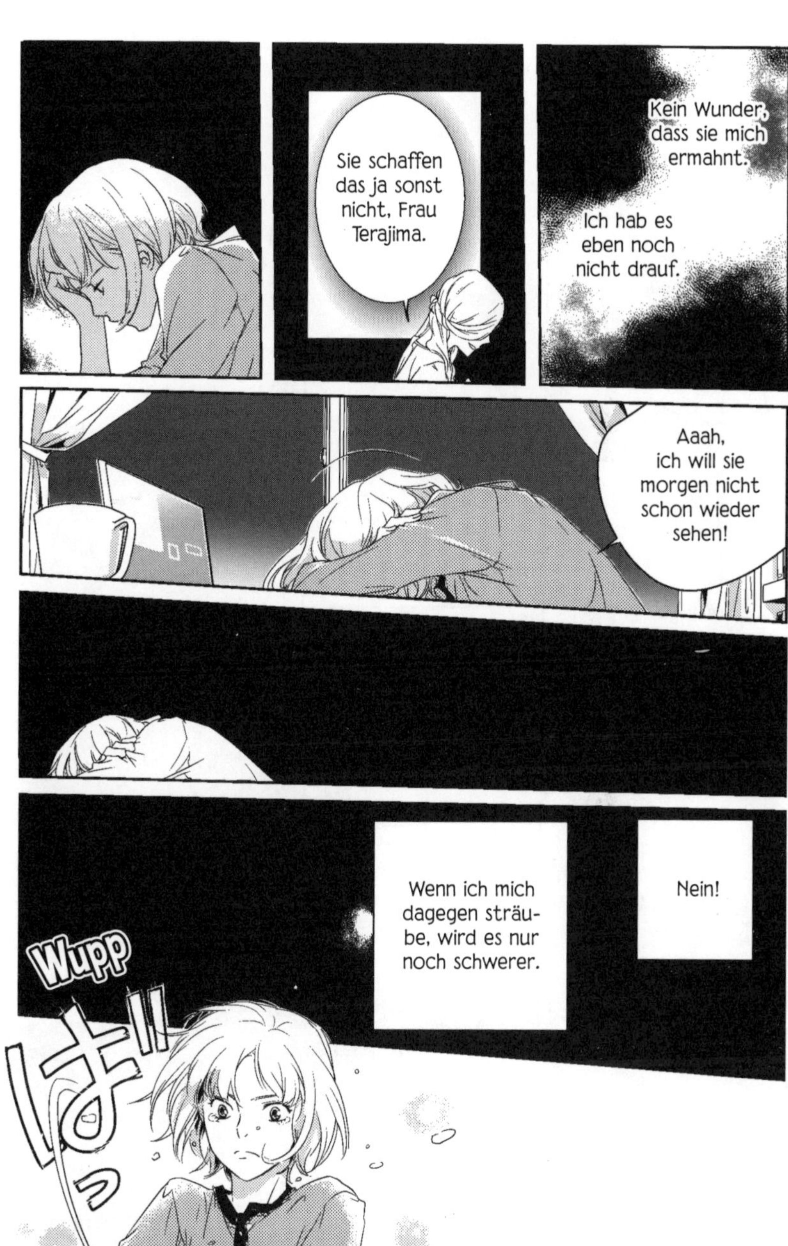
Kein Wunder, dass sie mich ermahnt.
Ich hab es eben noch nicht drauf.
Sie schaffen das ja sonst nicht, Frau Terajima.
Aaah, ich will sie morgen nicht schon wieder sehen!
Nein!
Wenn ich mich dagegen sträu-be, wird es nur noch schwerer.
Wupp
はっ

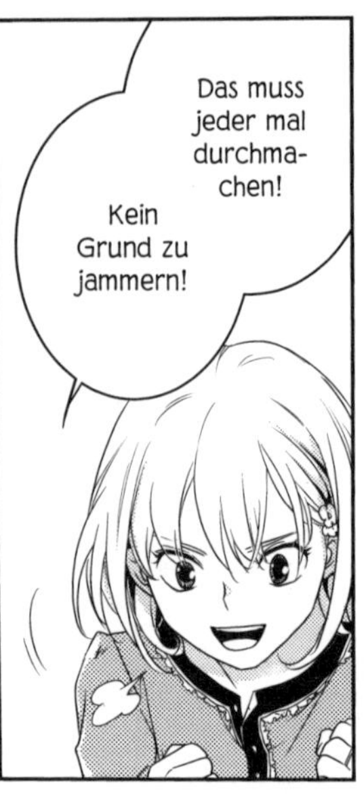
Das muss jeder mal durchmachen!
Kein Grund zu jammern!

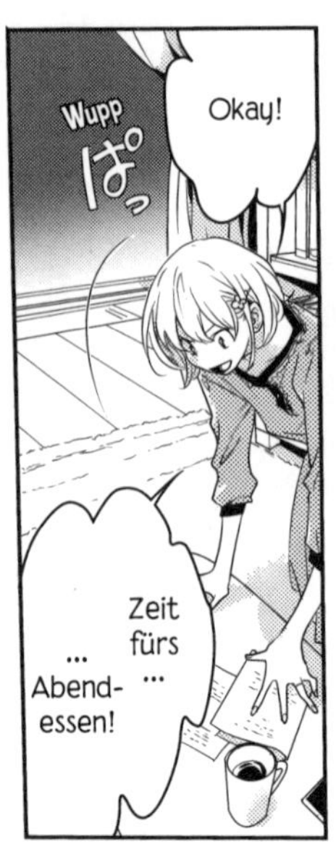
Okay!
Wupp
ぱっ
Zeit fürs ...
... Abendessen!

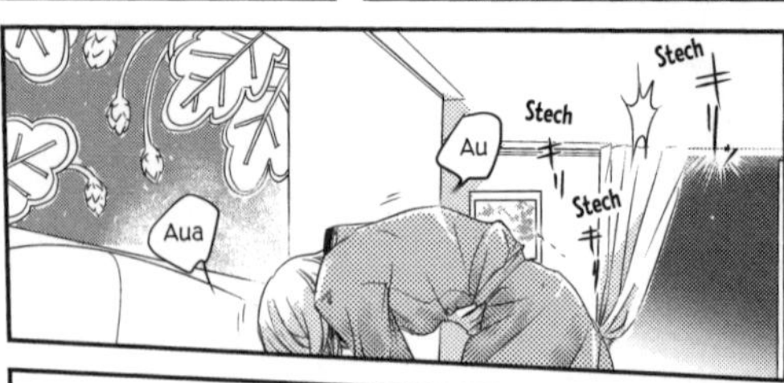
Stech
Stech
Au
Stech
Aua

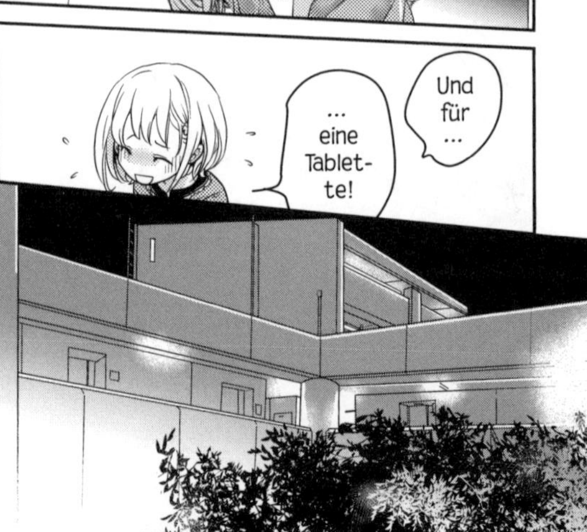
Und für ...
... eine Tablette!

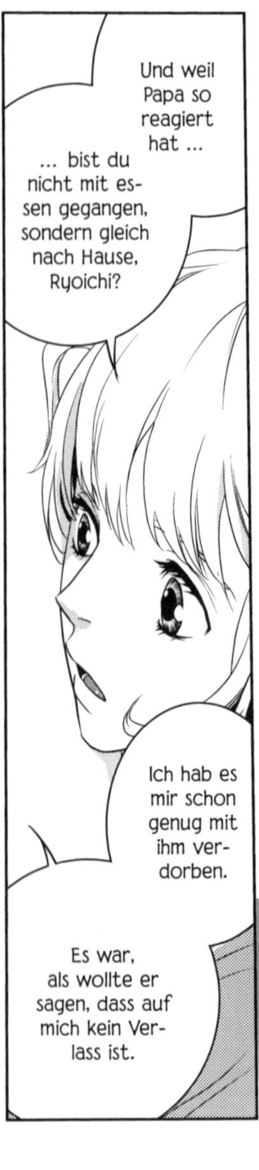
Und weil Papa so reagiert hat ...
... bist du nicht mit essen gegangen, sondern gleich nach Hause, Ryoichi?
Ich hab es mir schon genug mit ihm verdorben.
Es war, als wollte er sagen, dass auf mich kein Verlass ist.

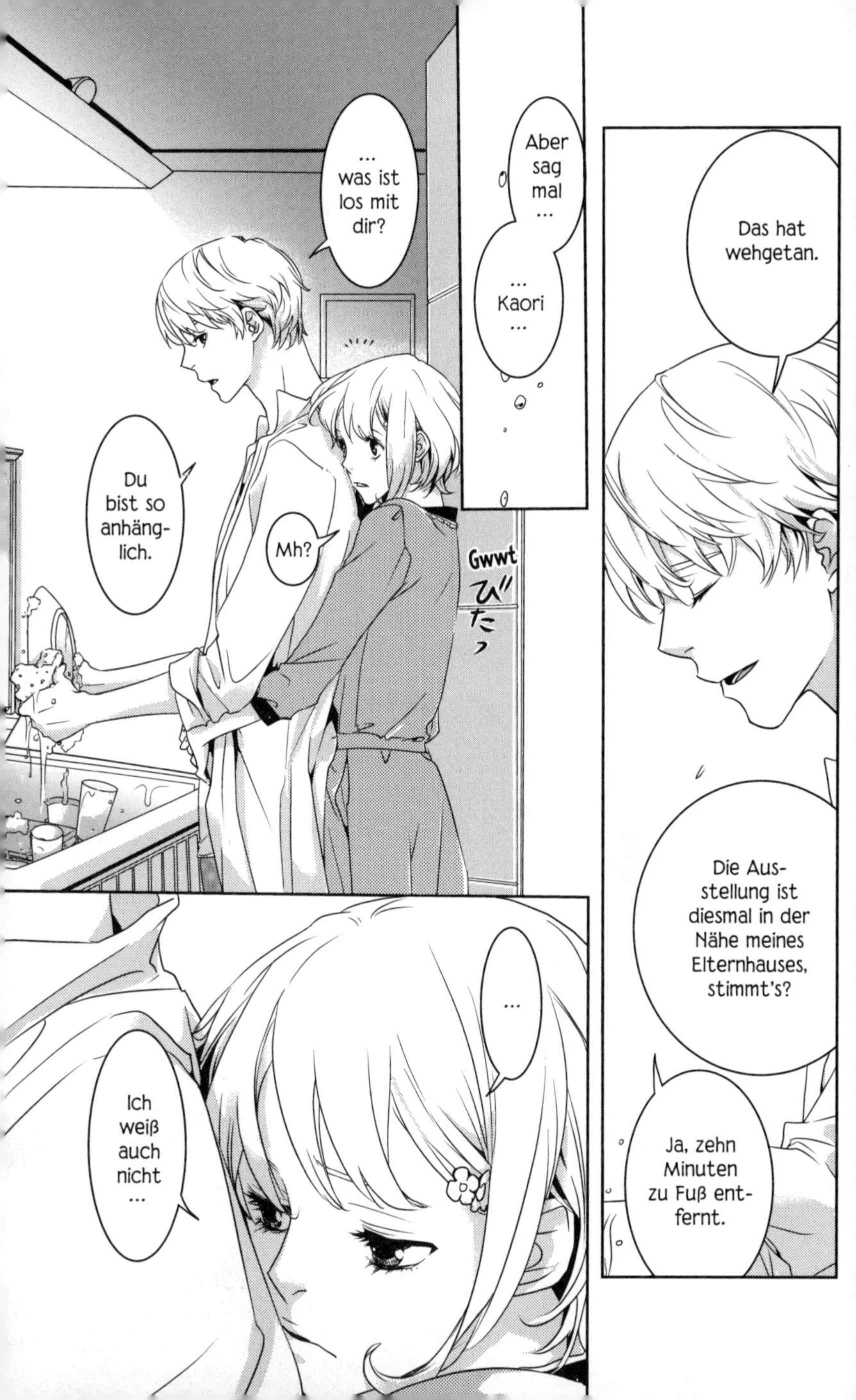
Das hat wehgetan.
Die Ausstellung ist diesmal in der Nähe meines Elternhauses, stimmt's?
Ja, zehn Minuten zu Fuß entfernt.
Aber sag mal ...
... Kaori ...
Gwwt
びたっ
Mh?
Du bist so anhänglich.
... was ist los mit dir?
...
Ich weiß auch nicht ...

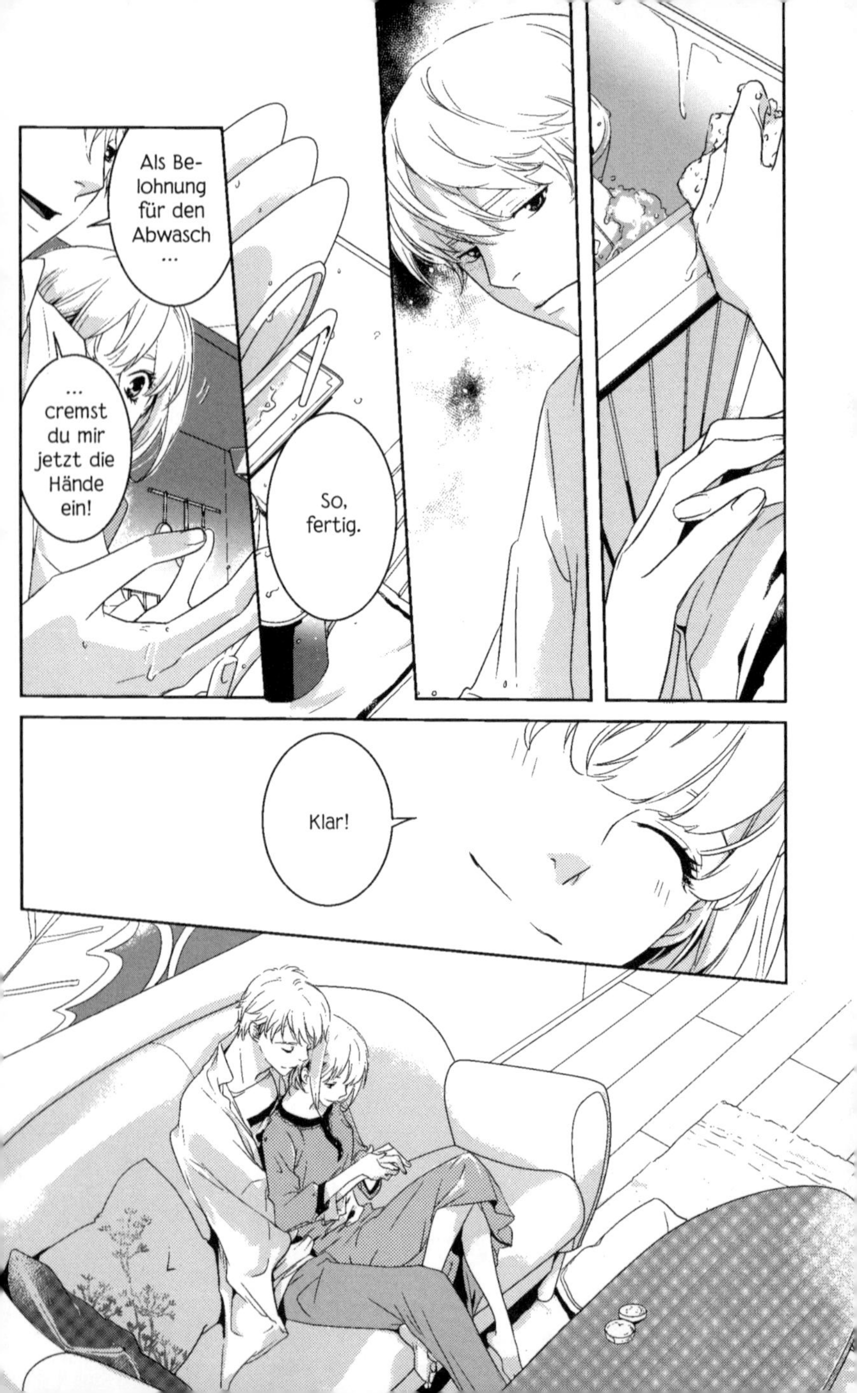
So, fertig.
Als Belohnung für den Abwasch ...
... cremst du mir jetzt die Hände ein!
Klar!

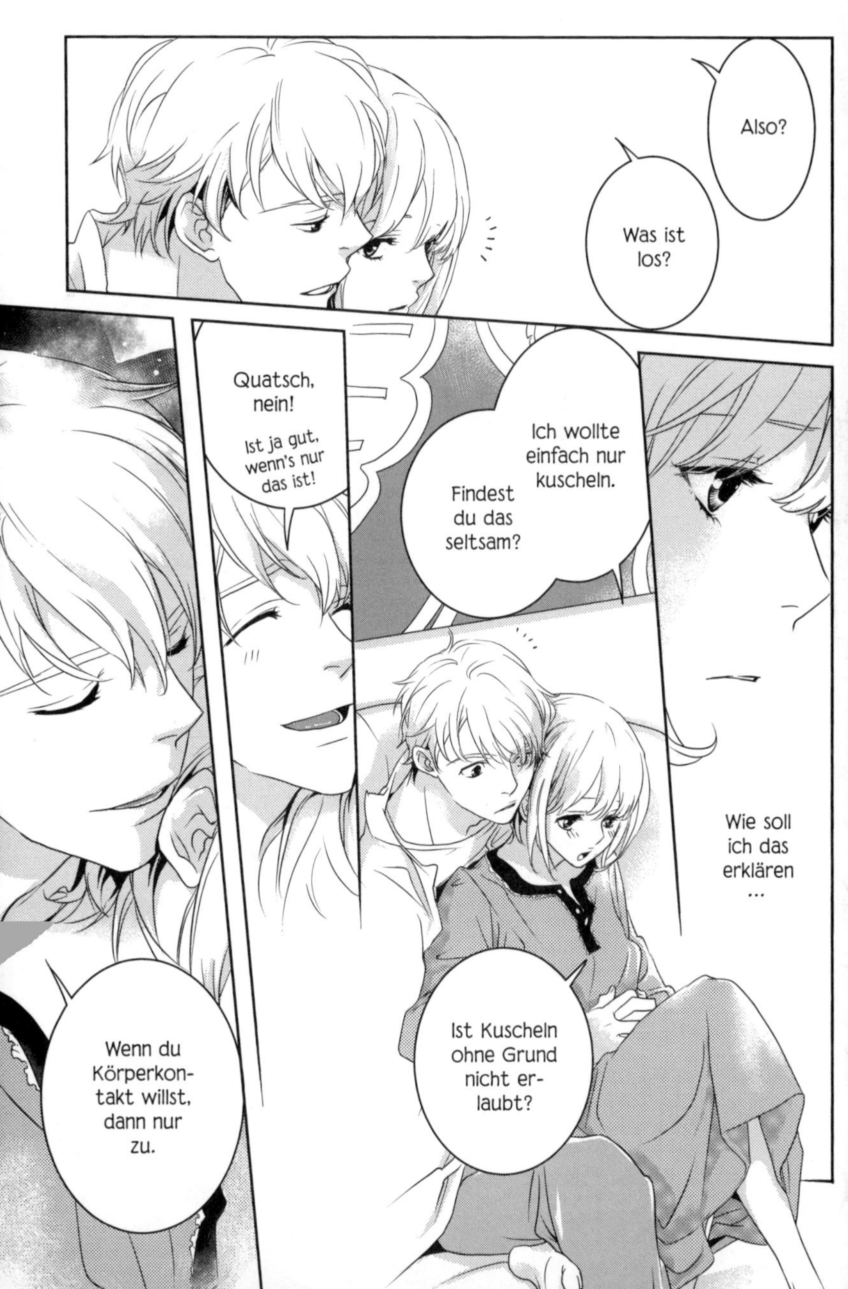

Also?
Was ist los?
Ich wollte einfach nur kuscheln.
Findest du das seltsam?
Quatsch, nein!
Ist ja gut, wenn's nur das ist!
Wie soll ich das erklären ...
Ist Kuscheln ohne Grund nicht erlaubt?
Wenn du Körperkontakt willst, dann nur zu.

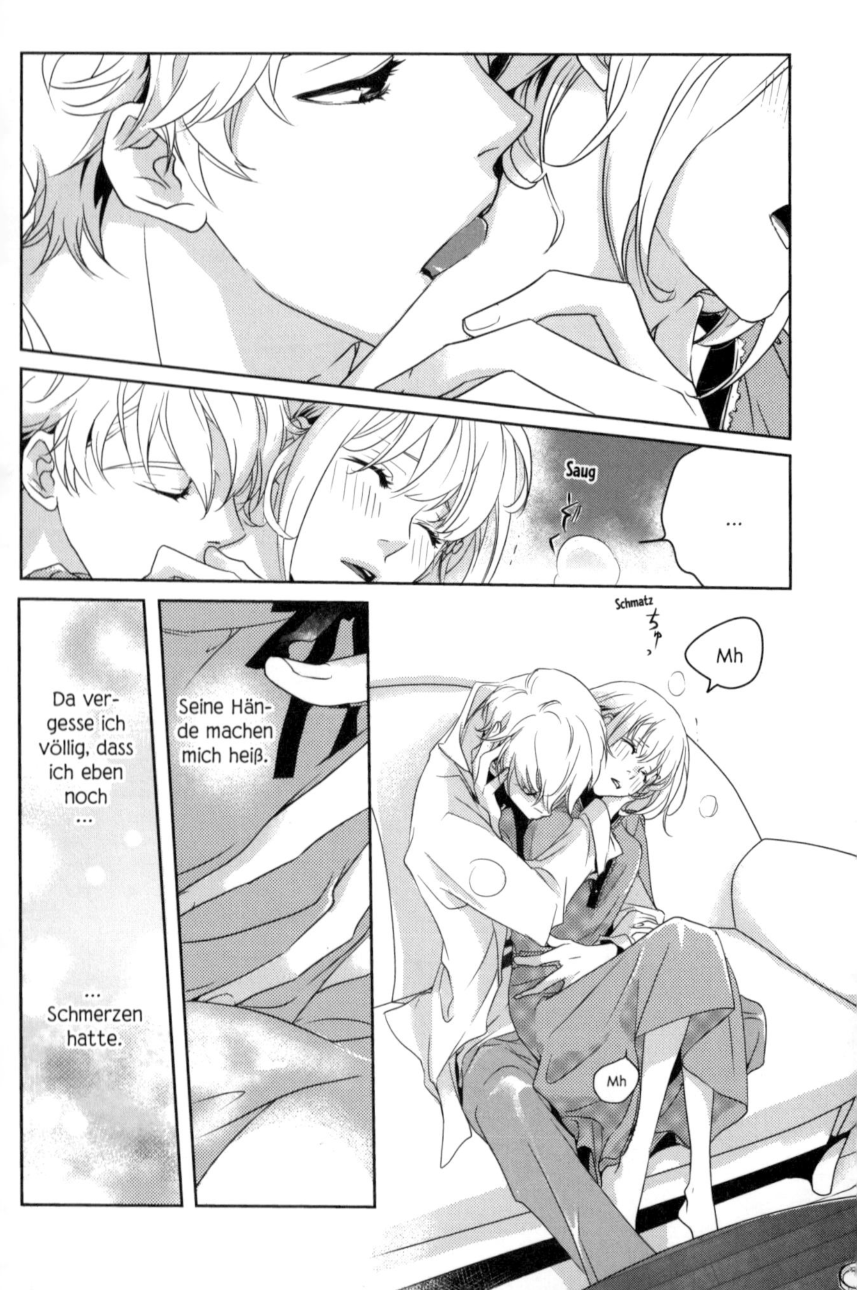
…
Saug
Schmatz
Mh
Mh
Seine Hände machen mich heiß.
Da vergesse ich völlig, dass ich eben noch …
… Schmerzen hatte.

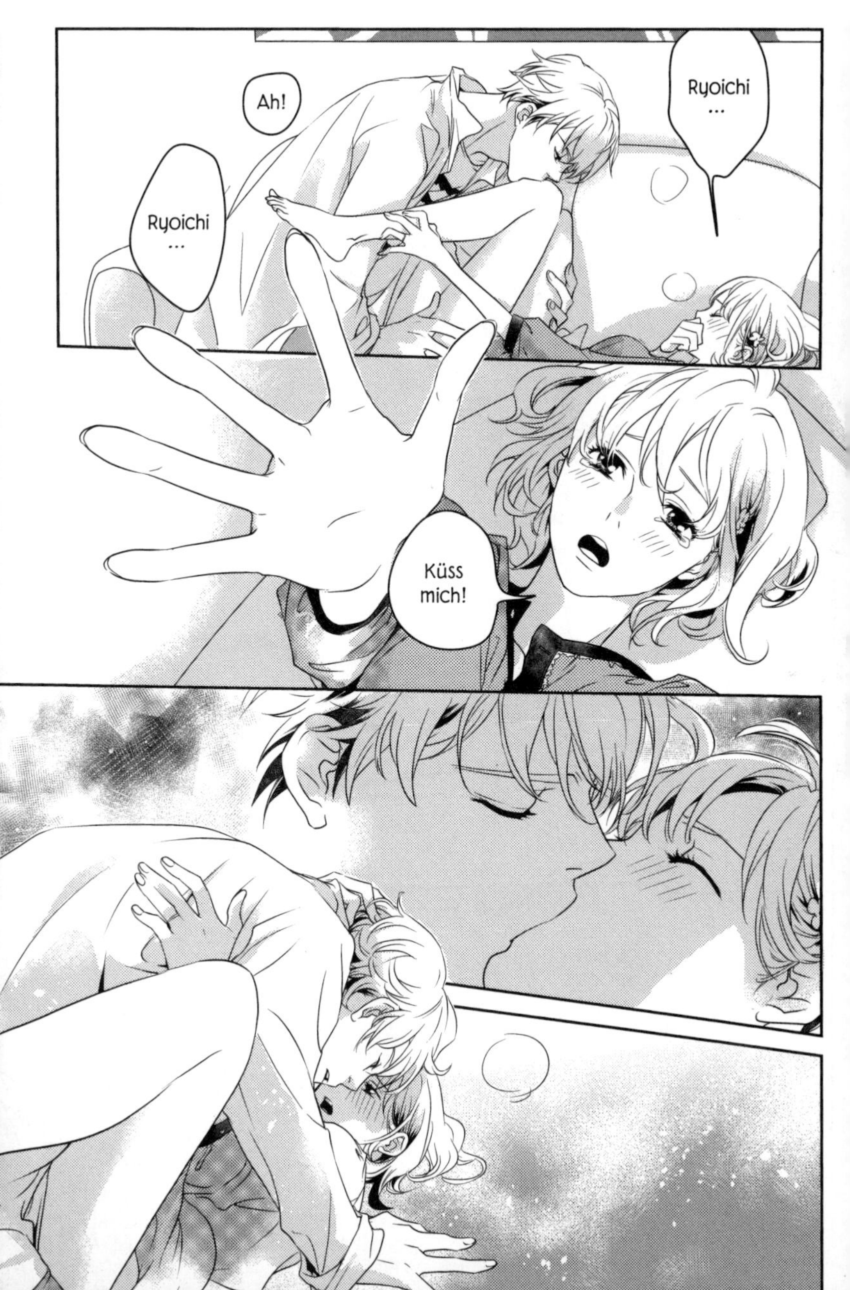
Ryoichi ...
Ah!
Ryoichi ...
Küss mich!

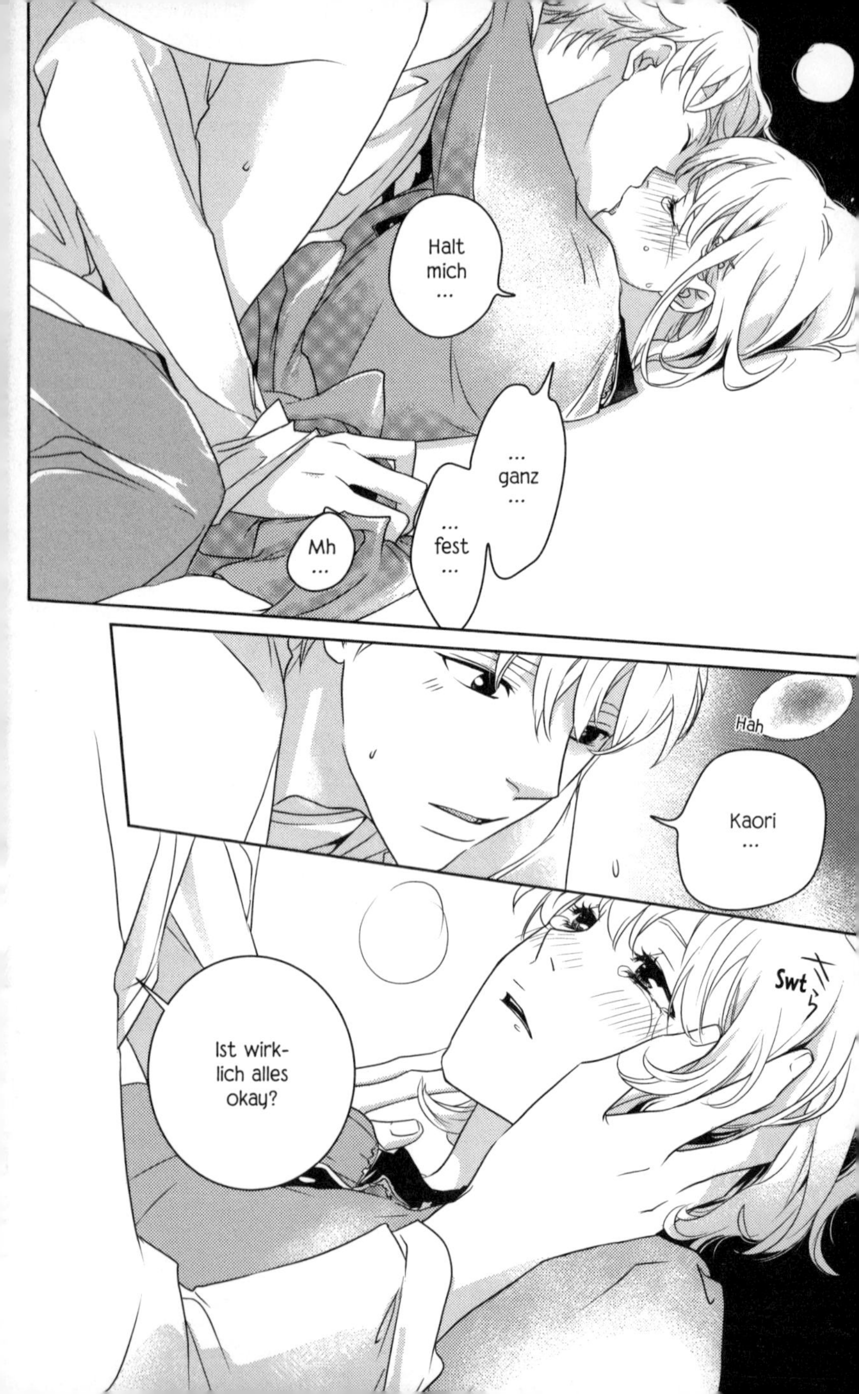
Halt mich …
… ganz … … fest …
Mh …
Hah
Kaori …
Swt
Ist wirk-lich alles okay?

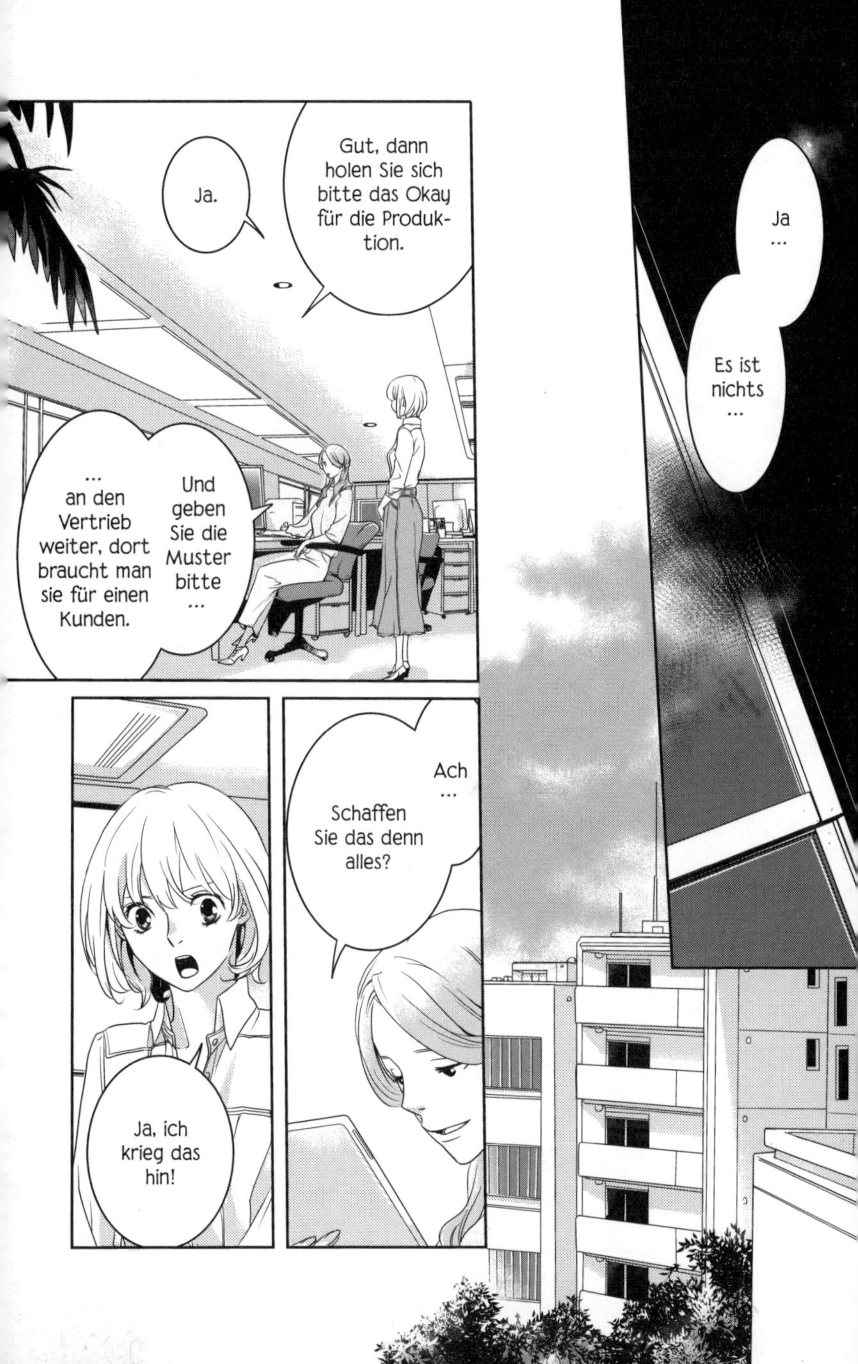
Ja …
Es ist nichts …
Gut, dann holen Sie sich bitte das Okay für die Produktion.
Ja.
Und geben Sie die Muster bitte …
… an den Vertrieb weiter, dort braucht man sie für einen Kunden.
Ach … Schaffen Sie das denn alles?
Ja, ich krieg das hin!

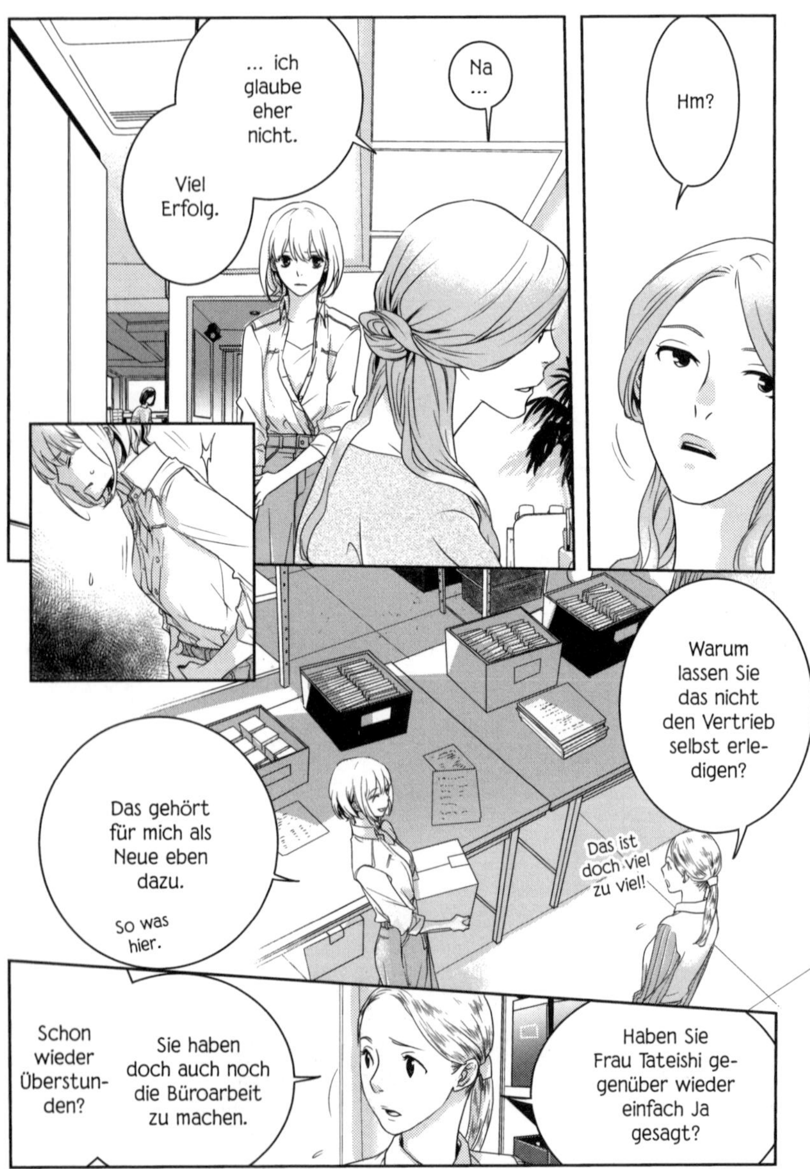

Hm?
Na ...
... ich glaube eher nicht.
Viel Erfolg.
Warum lassen Sie das nicht den Vertrieb selbst erledigen?
Das ist doch viel zu viel!
Das gehört für mich als Neue eben dazu.
So was hier.
Haben Sie Frau Tateishi gegenüber wieder einfach Ja gesagt?
Sie haben doch auch noch die Büroarbeit zu machen.
Schon wieder Überstunden?

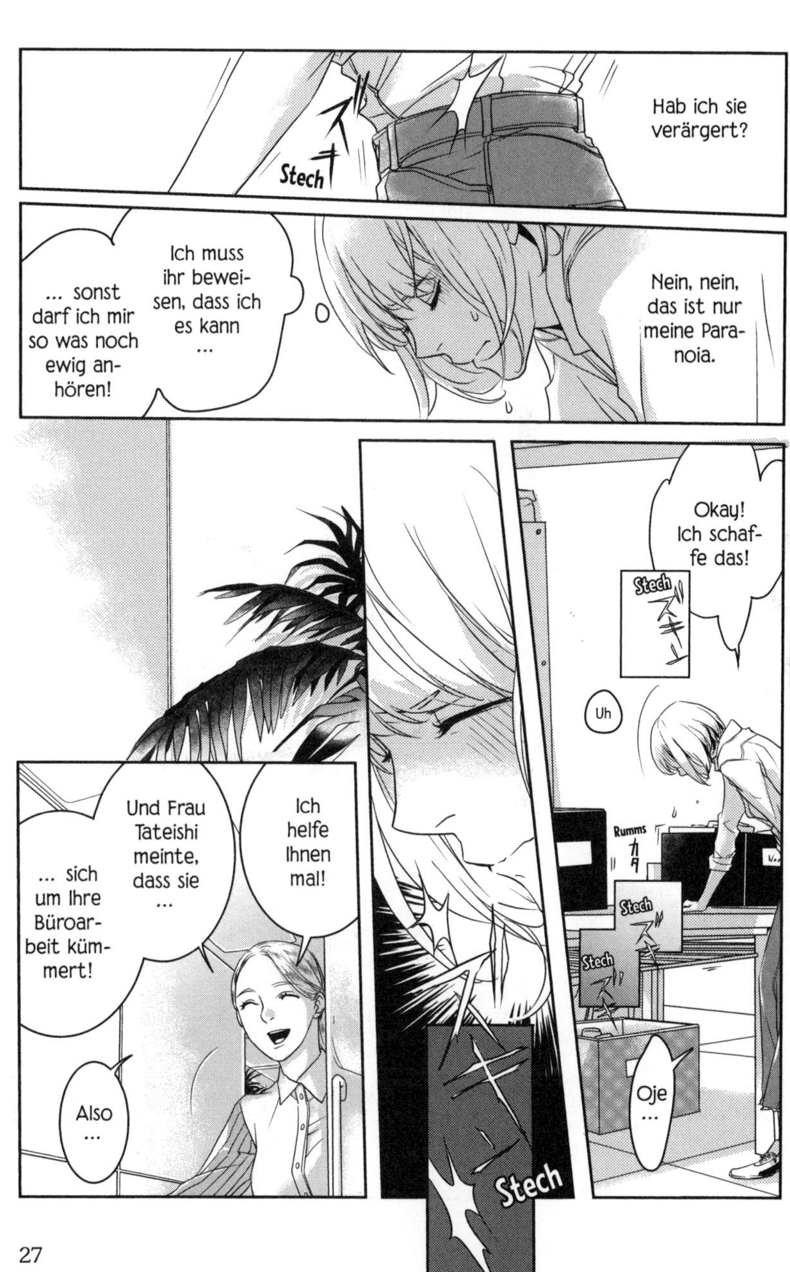
Hab ich sie verärgert?
Stech
Nein, nein, das ist nur meine Paranoia.
Ich muss ihr beweisen, dass ich es kann ...
... sonst darf ich mir so was noch ewig anhören!
Okay! Ich schaffe das!
Stech
Uh
Rumms
Stech
Stech
Oje ...
Stech
Ich helfe Ihnen mal!
Und Frau Tateishi meinte, dass sie ...
... sich um Ihre Büroarbeit kümmert!
Also ...

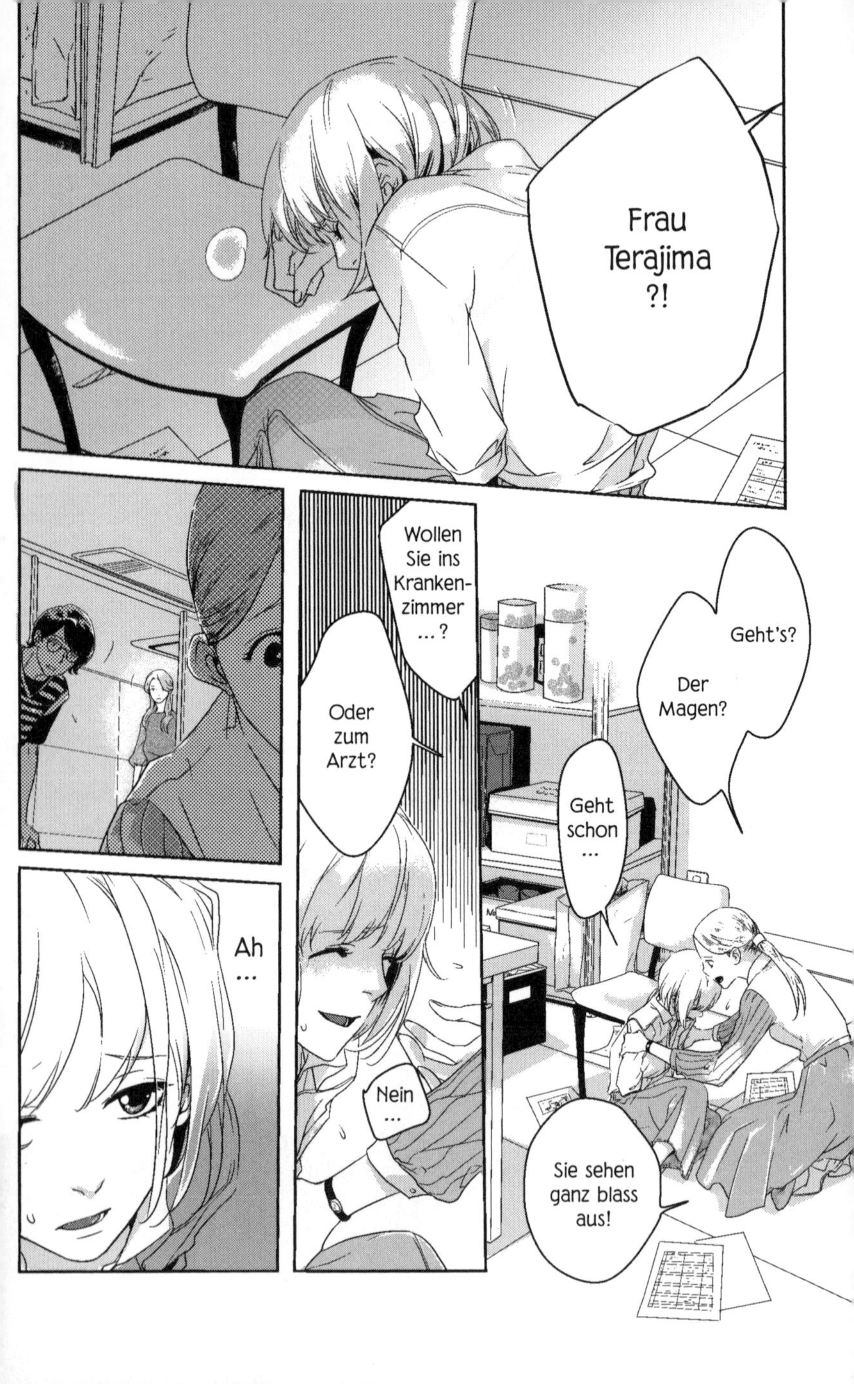
Frau Terajima ?!
Geht's?
Der Magen?
Geht schon ...
Sie sehen ganz blass aus!
Wollen Sie ins Kranken-zimmer ...?
Oder zum Arzt?
Nein ...
Ah ...

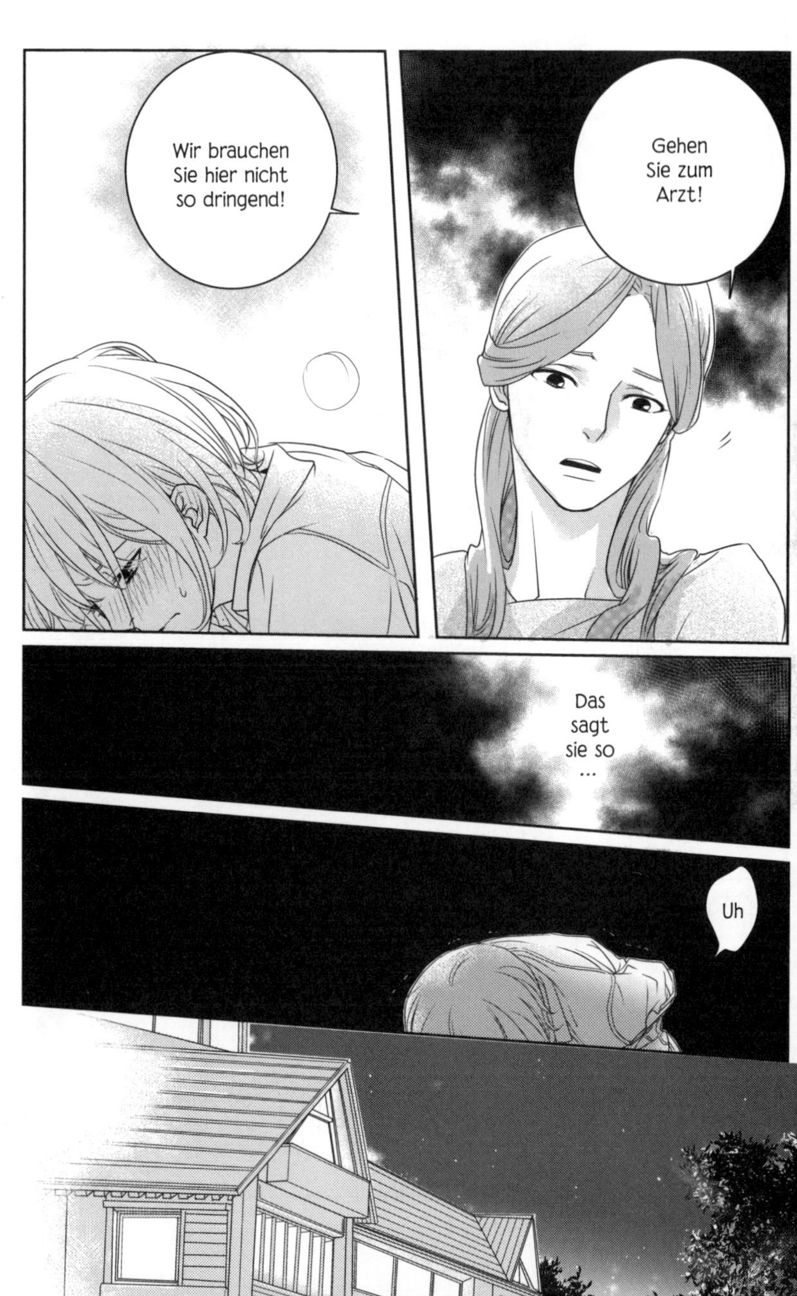
Gehen Sie zum Arzt!
Wir brauchen Sie hier nicht so dringend!
Das sagt sie so ...
Uh

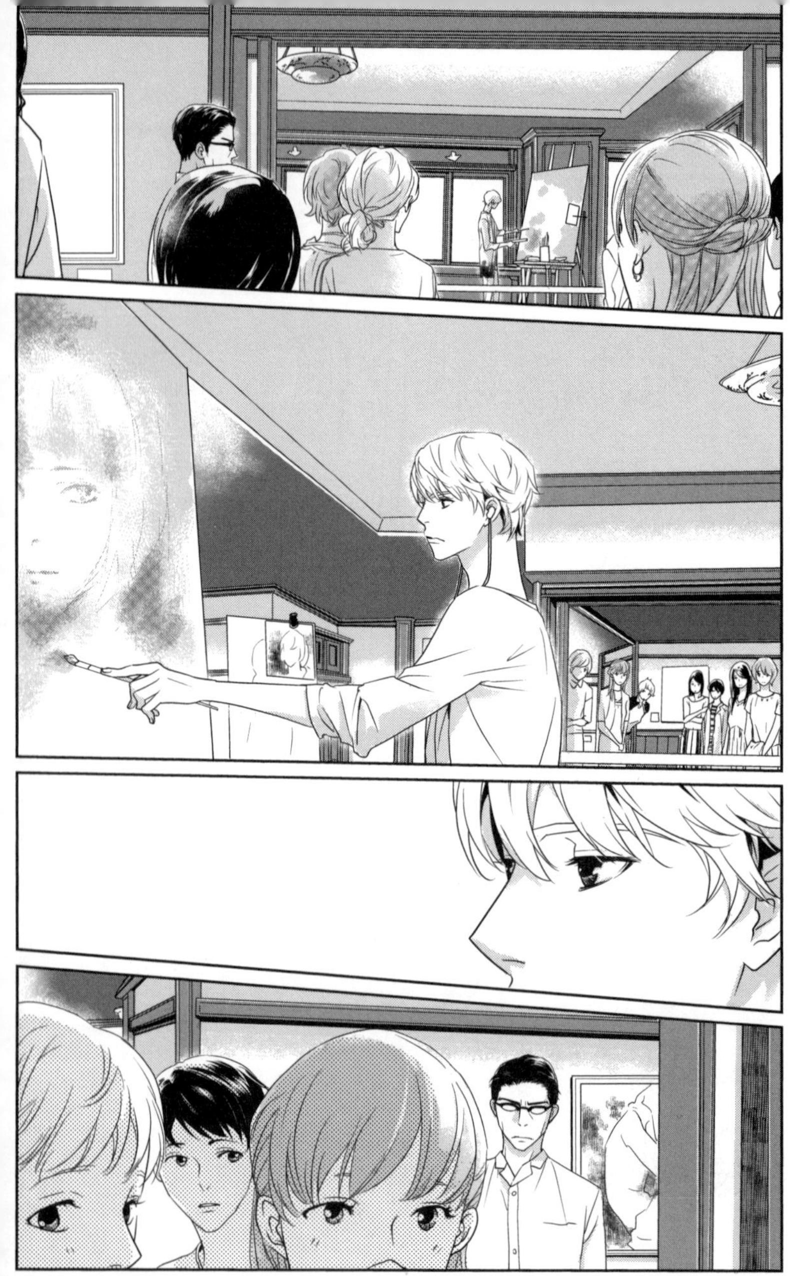

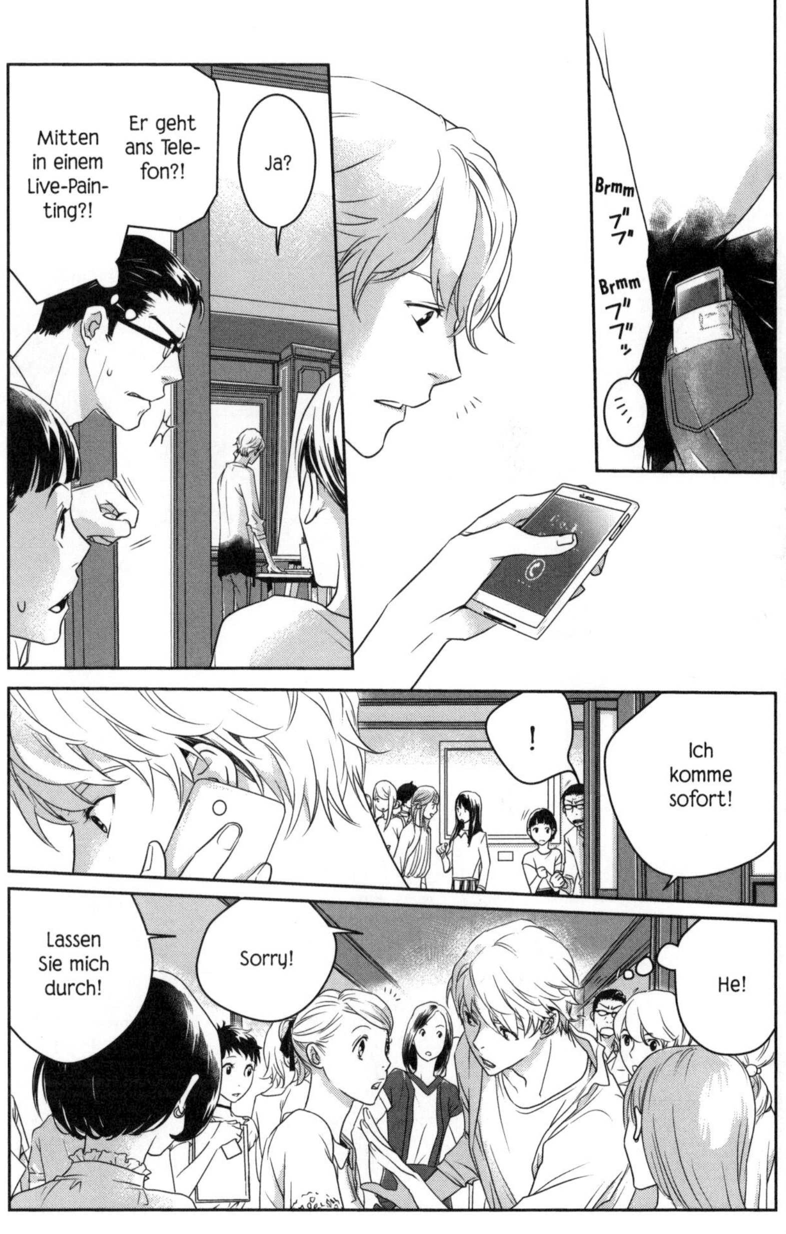

Brrm
ブブ
Brrm
ブブッ
…
Ja?
Er geht ans Telefon?!
Mitten in einem Live-Painting?!
Ich komme sofort!
!
He!
Sorry!
Lassen Sie mich durch!

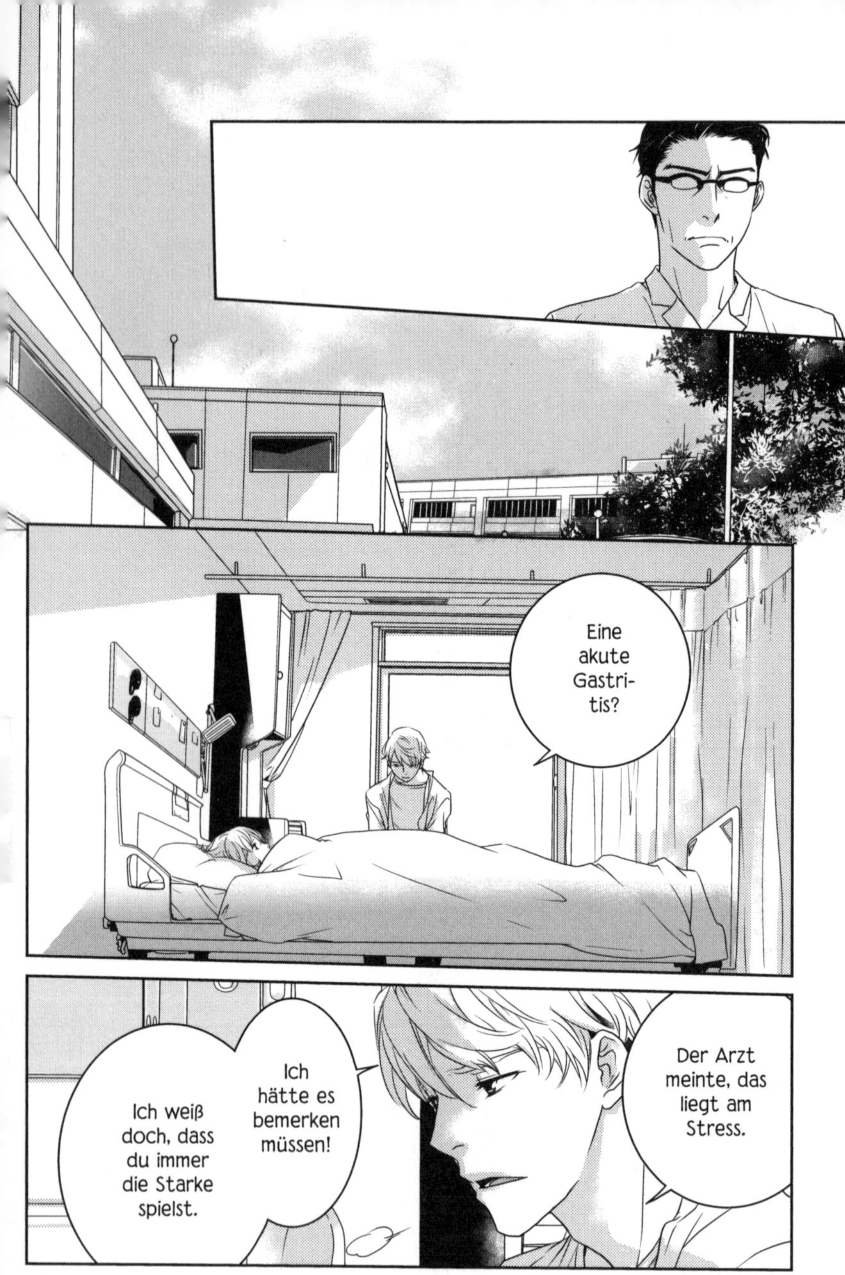
Eine akute Gastritis?
Der Arzt meinte, das liegt am Stress.
Ich hätte es bemerken müssen!
Ich weiß doch, dass du immer die Starke spielst.

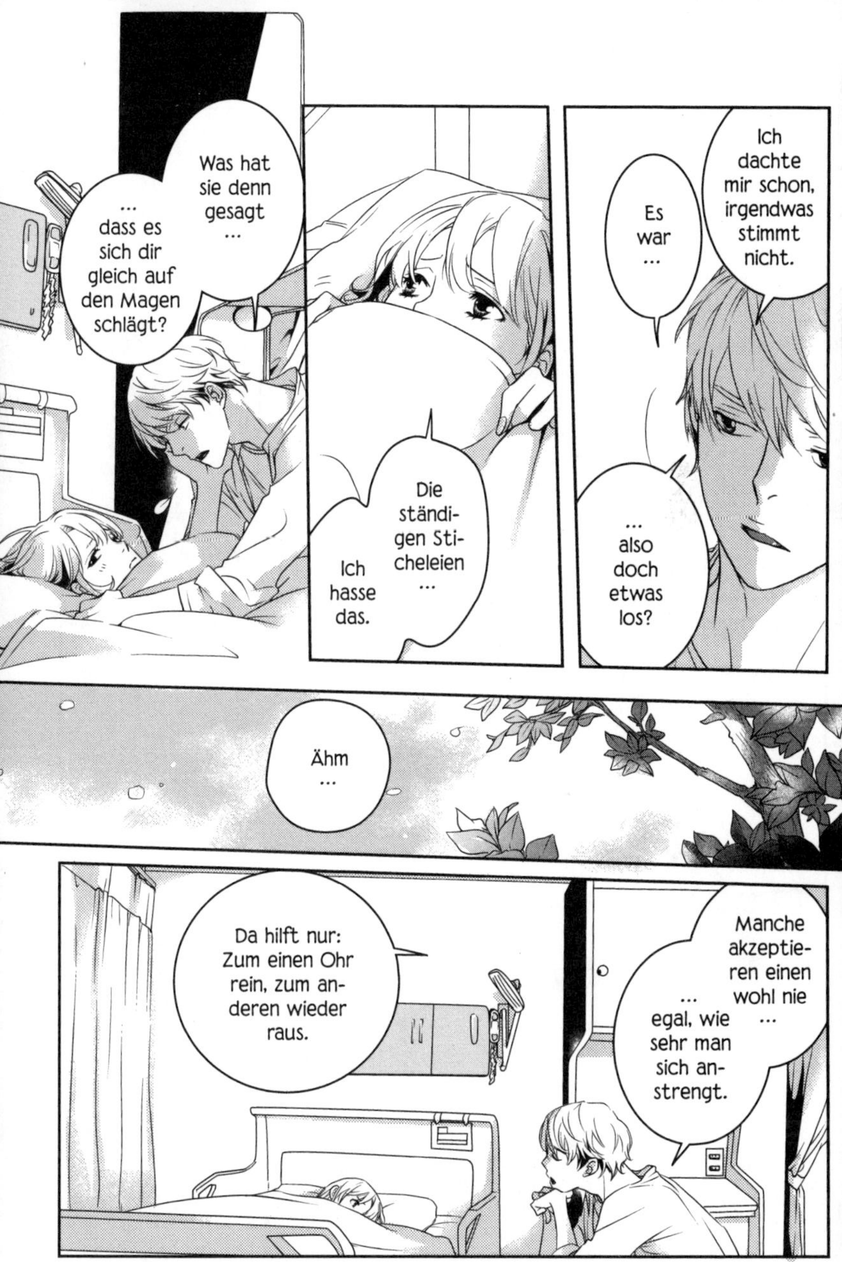

Ich dachte mir schon, irgendwas stimmt nicht.
Es war …
… also doch etwas los?
Die ständigen Sticheleien …
Ich hasse das.
Was hat sie denn gesagt …
… dass es sich dir gleich auf den Magen schlägt?
Ähm …
Manche akzeptieren einen wohl nie …
… egal, wie sehr man sich anstrengt.
Da hilft nur: Zum einen Ohr rein, zum anderen wieder raus.

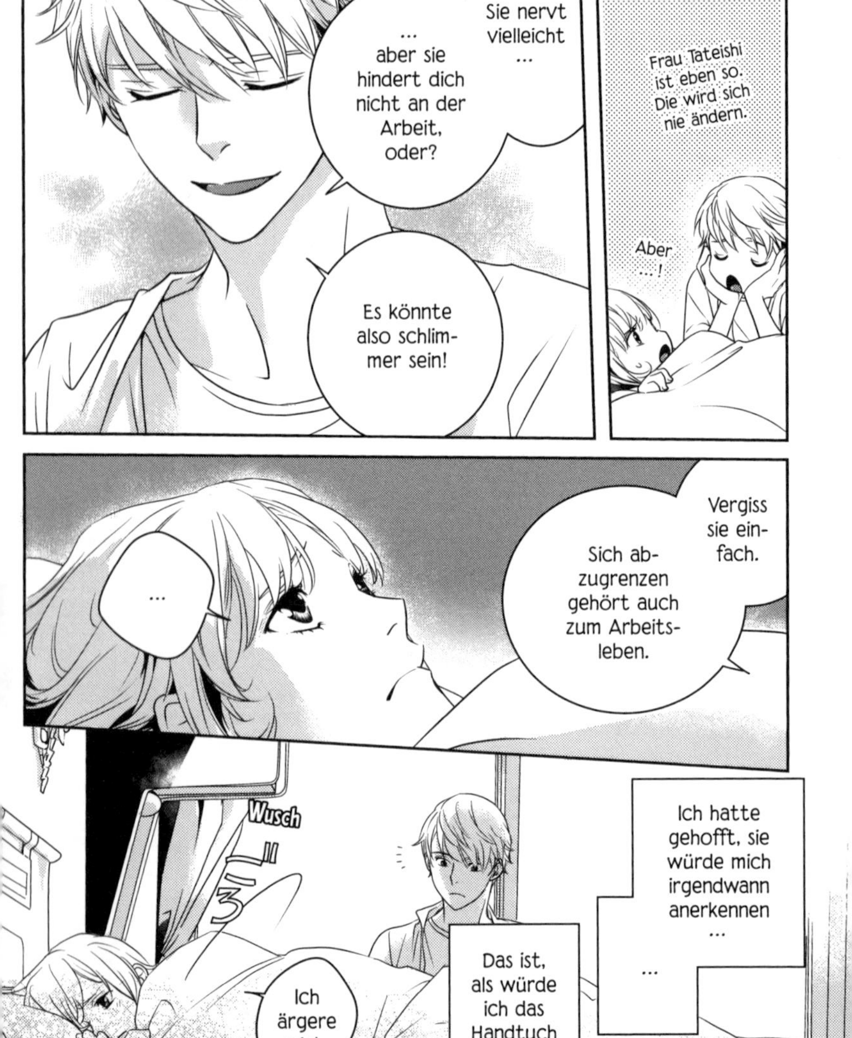

Frau Tateishi ist eben so. Die wird sich nie ändern.
Aber …!
Sie nervt vielleicht …
… aber sie hindert dich nicht an der Arbeit, oder?
Es könnte also schlimmer sein!
Vergiss sie einfach.
Sich abzugrenzen gehört auch zum Arbeitsleben.
…
Wusch
Ich hatte gehofft, sie würde mich irgendwann anerkennen …
…
Das ist, als würde ich das Handtuch werfen.
Ich ärgere mich.

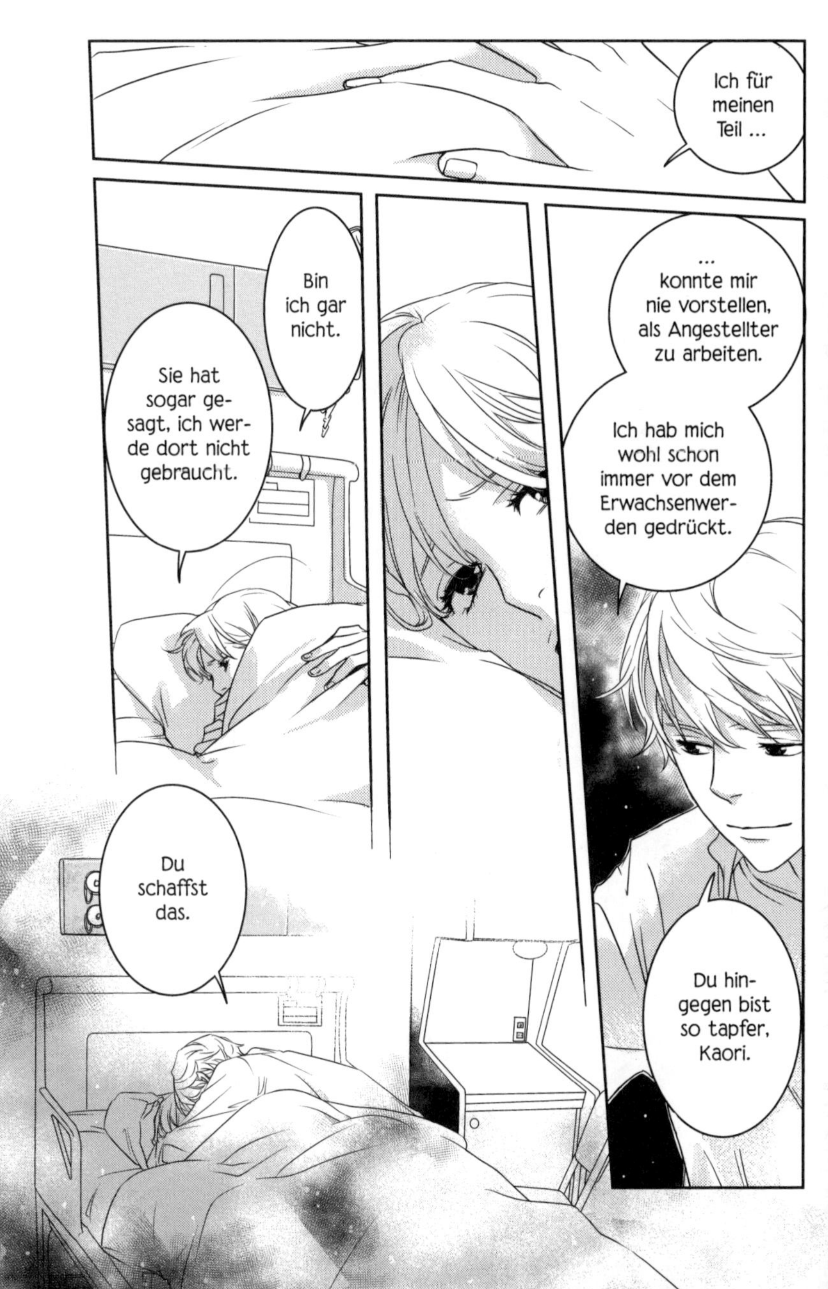
Ich für meinen Teil ...
... konnte mir nie vorstellen, als Angestellter zu arbeiten.
Ich hab mich wohl schon immer vor dem Erwachsenwerden gedrückt.
Bin ich gar nicht.
Sie hat sogar gesagt, ich werde dort nicht gebraucht.
Du hingegen bist so tapfer, Kaori.
Du schaffst das.

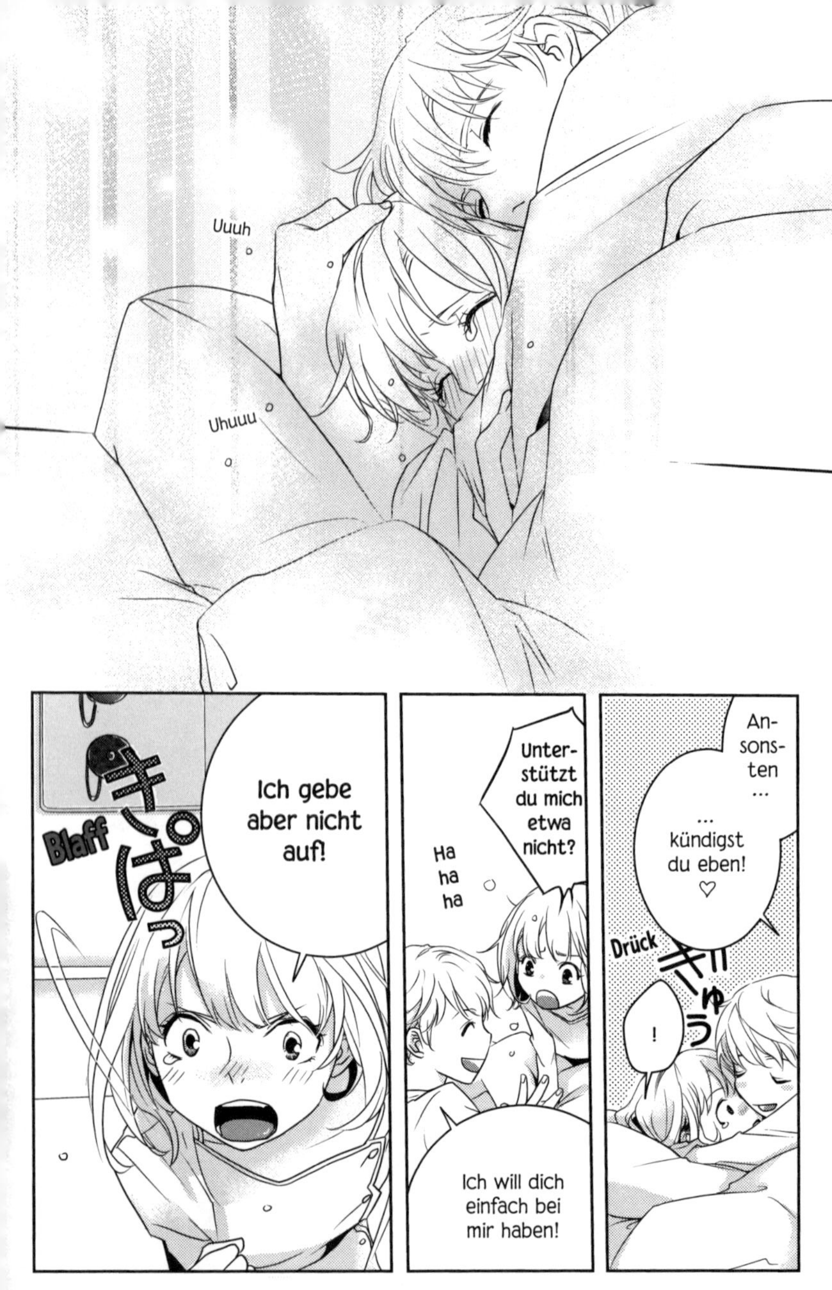
Uuuh
Uhuuu
An-
sons-
ten
...
...
kündigst
du eben!
♡
Drück
!
Unter-
stützt
du mich
etwa
nicht?
Ha
ha
ha
Ich will dich
einfach bei
mir haben!
Ich gebe
aber nicht
auf!
Blaff

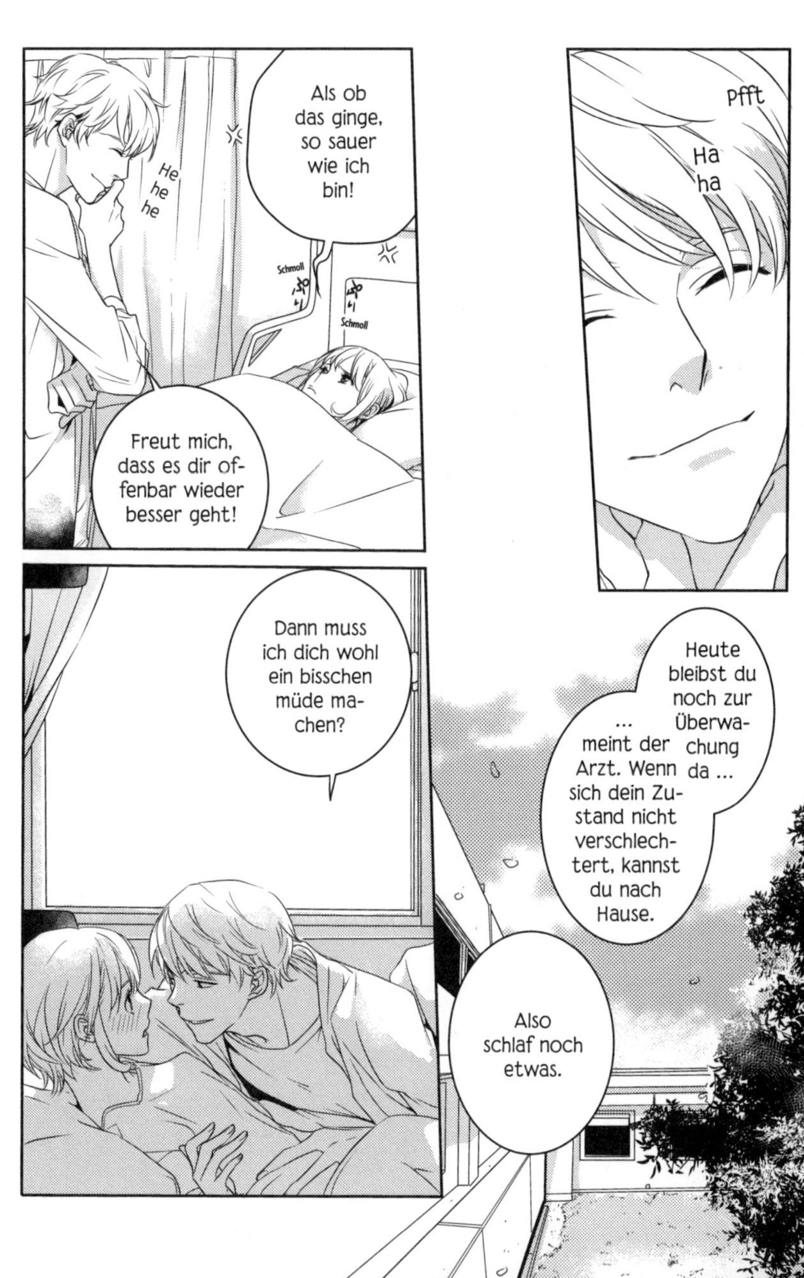
Pfft
Ha ha
Freut mich, dass es dir offenbar wieder besser geht!
Als ob das ginge, so sauer wie ich bin!
He he he
Schmoll
Schmoll
Heute bleibst du noch zur Überwachung da ...
... meint der Arzt. Wenn sich dein Zustand nicht verschlechtert, kannst du nach Hause.
Also schlaf noch etwas.
Dann muss ich dich wohl ein bisschen müde machen?

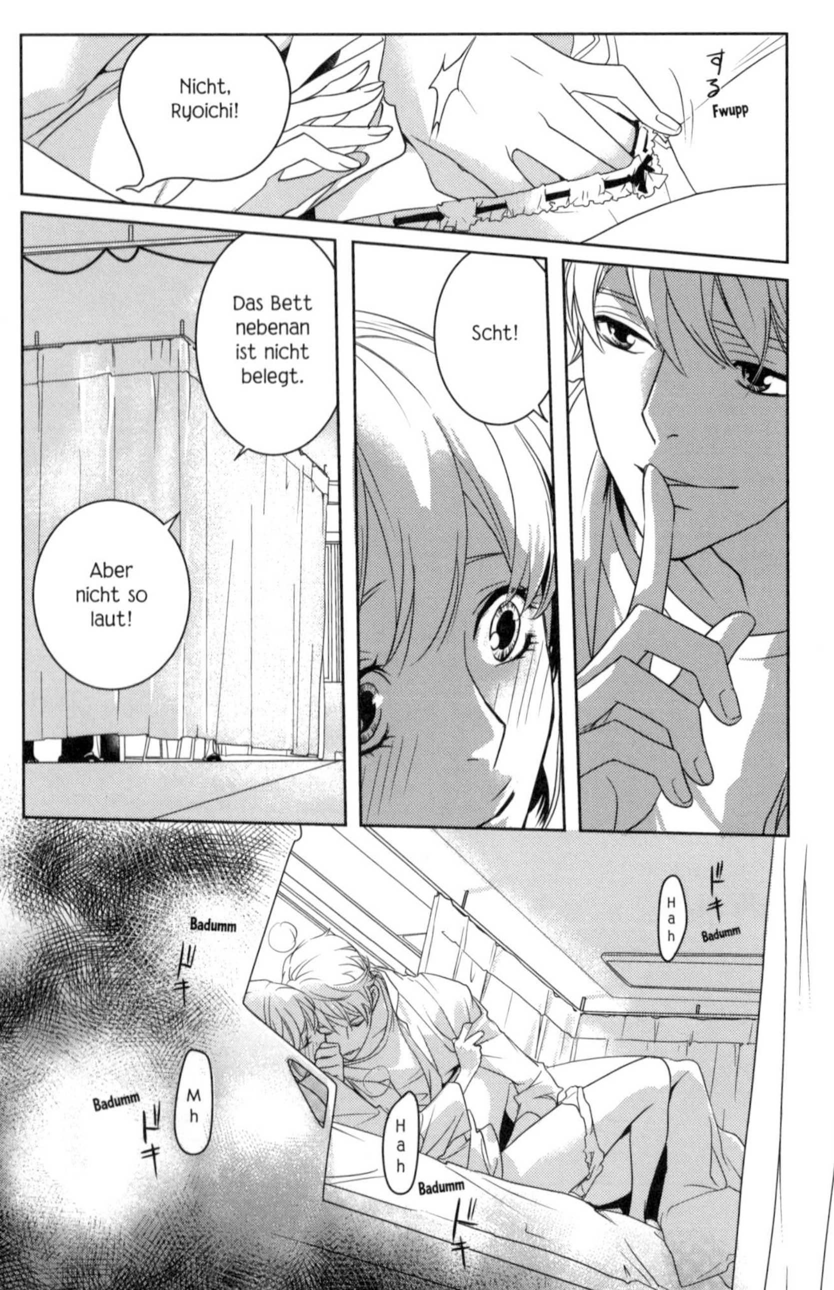

する
Fwupp
Nicht, Ryoichi!
Scht!
Das Bett nebenan ist nicht belegt.
Aber nicht so laut!
ドキ
Badumm
Hah
Badumm
ドキ
Mh
Badumm
ドキ
Hah
Badumm
ドキ

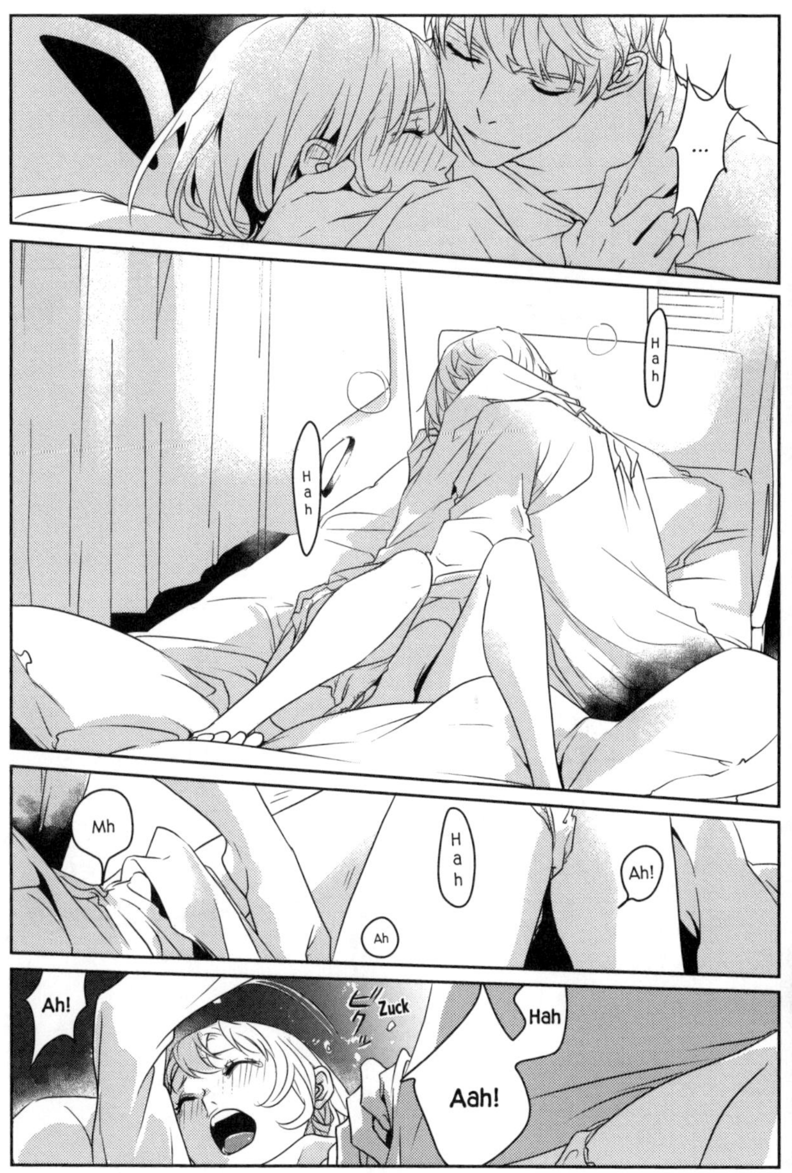
...
Hah
Hah
Ah!
Hah
Ah
Mh
Hah
Aah!
Zuck
Ah!

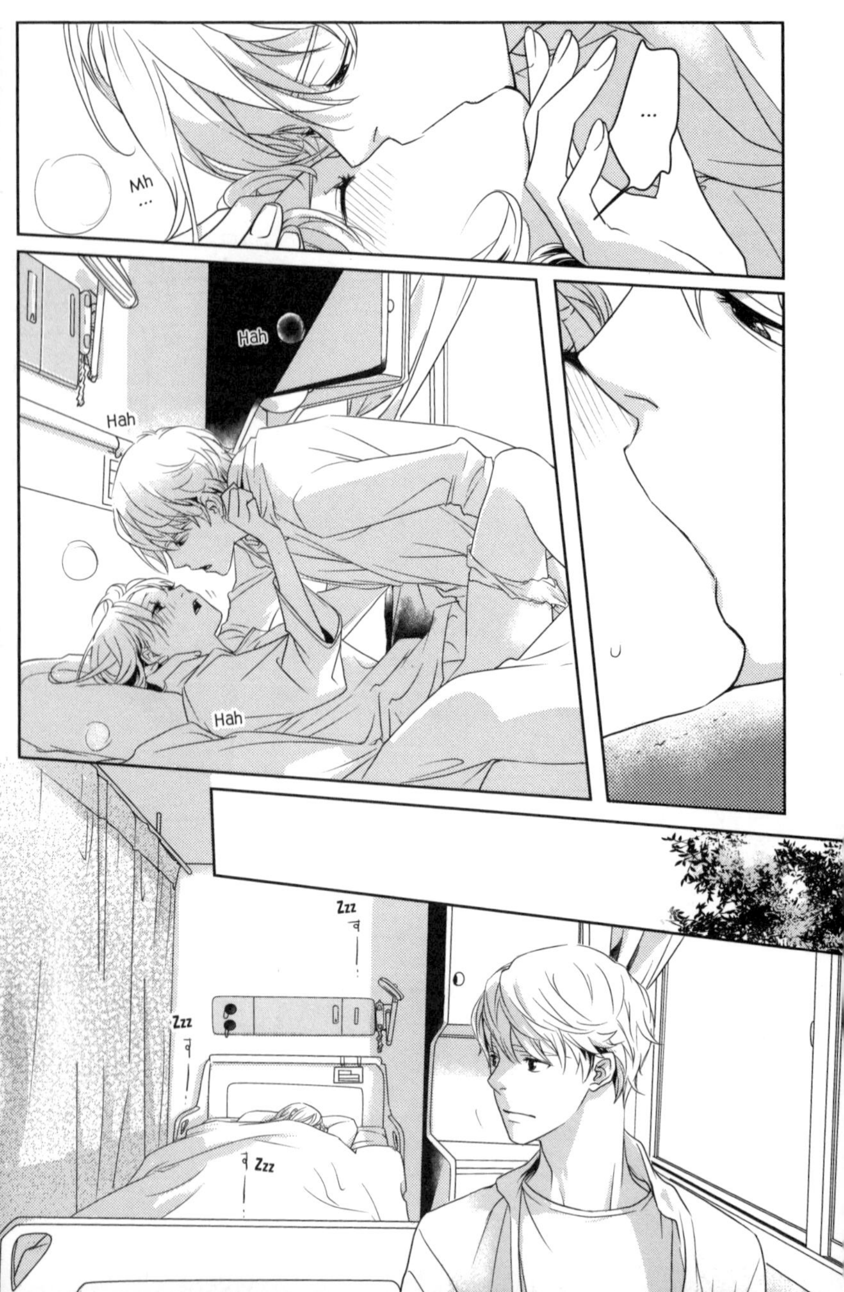
...
Mh
...
Hah
Hah
Hah
Zzz
Zzz
Zzz

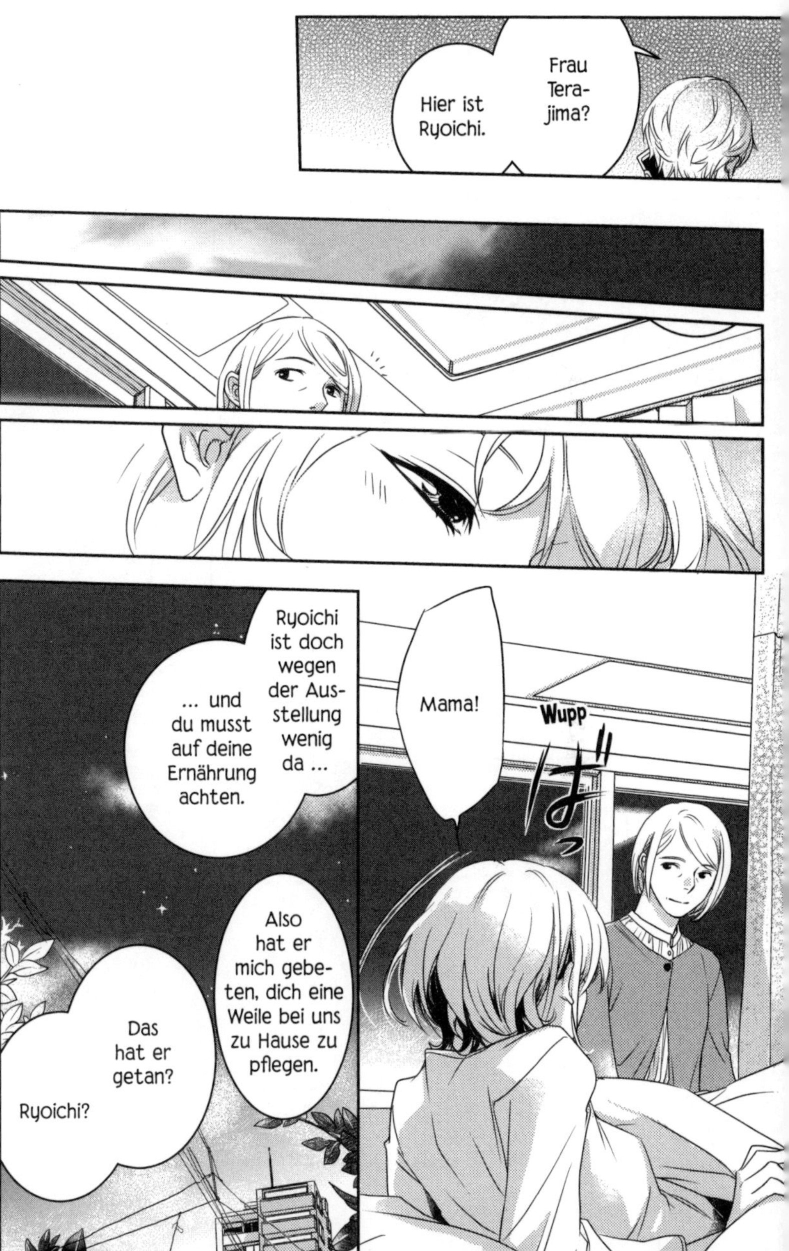
Frau Terajima?
Hier ist Ryoichi.
Mama!
Wupp
Ryoichi ist doch wegen der Ausstellung wenig da ...
... und du musst auf deine Ernährung achten.
Also hat er mich gebeten, dich eine Weile bei uns zu Hause zu pflegen.
Das hat er getan?
Ryoichi?

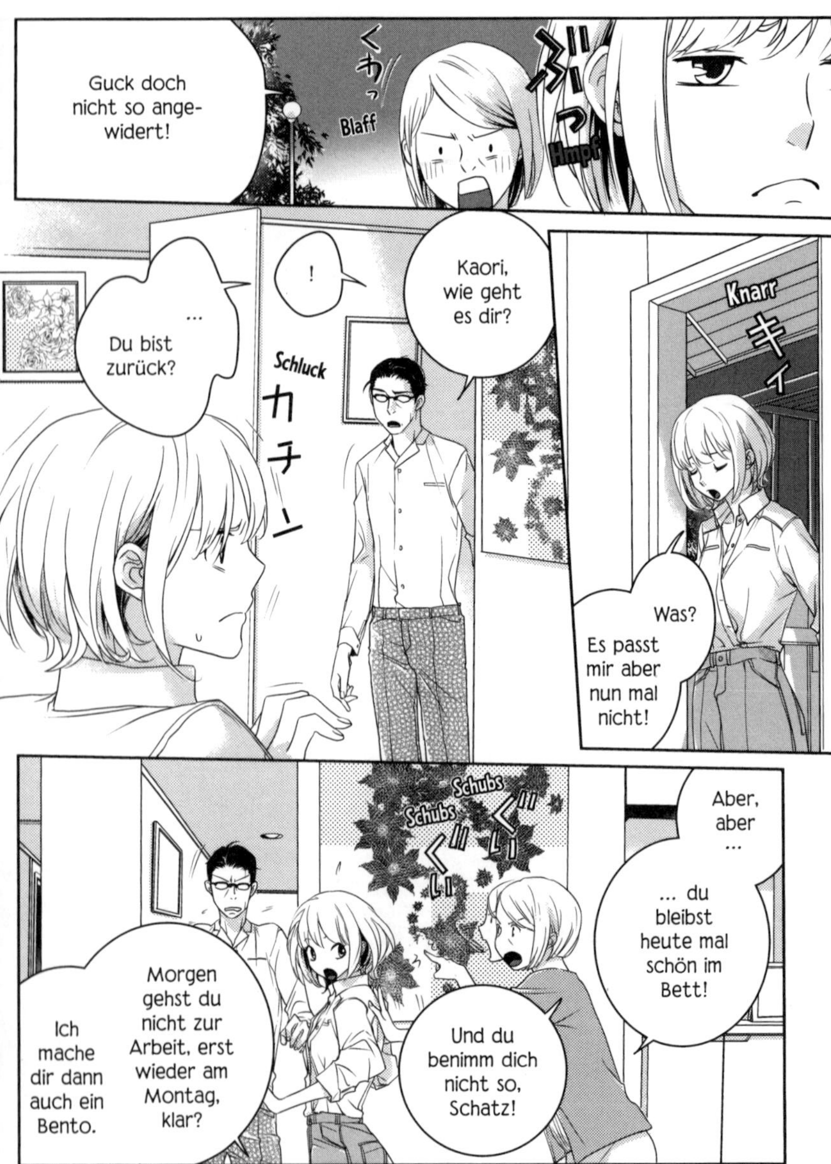
Hmpf
Blaff
Guck doch nicht so angewidert!
Knarr
Was? Es passt mir aber nun mal nicht!
Kaori, wie geht es dir?
!
Schluck
... Du bist zurück?
Aber, aber ...
... du bleibst heute mal schön im Bett!
Schubs
Schubs
Und du benimm dich nicht so, Schatz!
Morgen gehst du nicht zur Arbeit, erst wieder am Montag, klar?
Ich mache dir dann auch ein Bento.

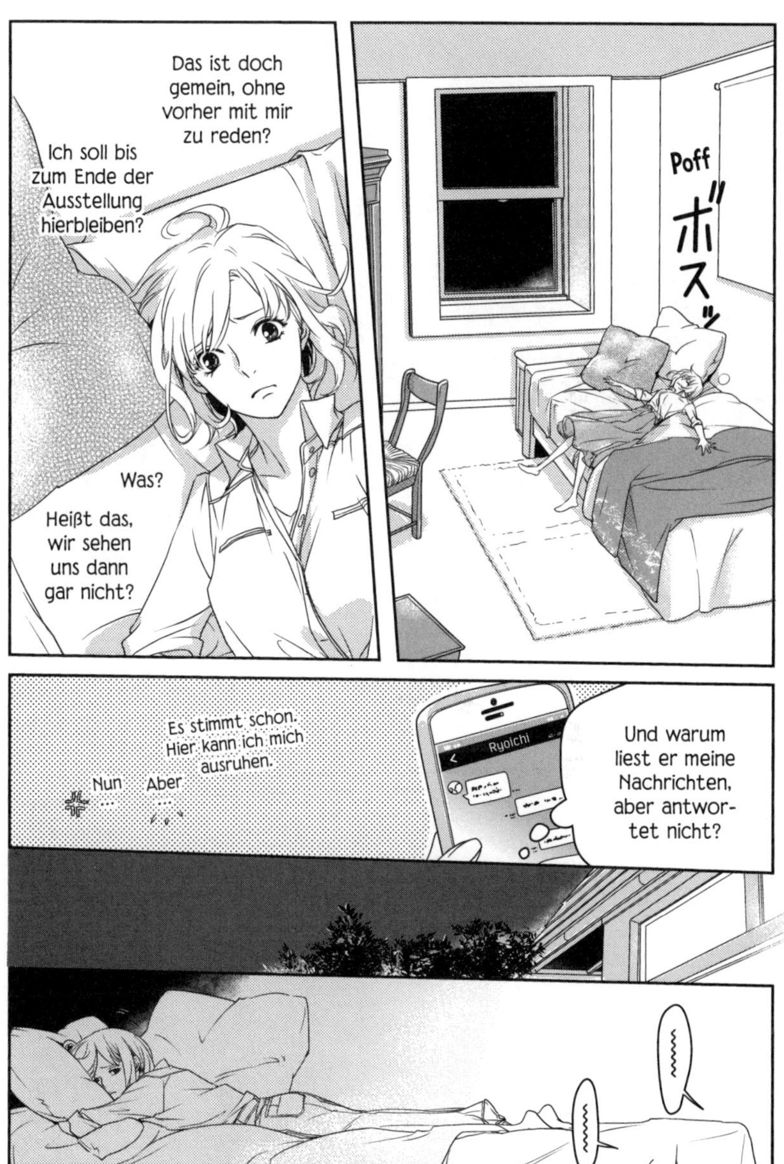
Poff
ボスッ
Das ist doch gemein, ohne vorher mit mir zu reden?
Ich soll bis zum Ende der Ausstellung hierbleiben?
Was?
Heißt das, wir sehen uns dann gar nicht?
Und warum liest er meine Nachrichten, aber antwortet nicht?
Ryoichi
Es stimmt schon. Hier kann ich mich ausruhen.
Aber ...
Nun ...
......
......

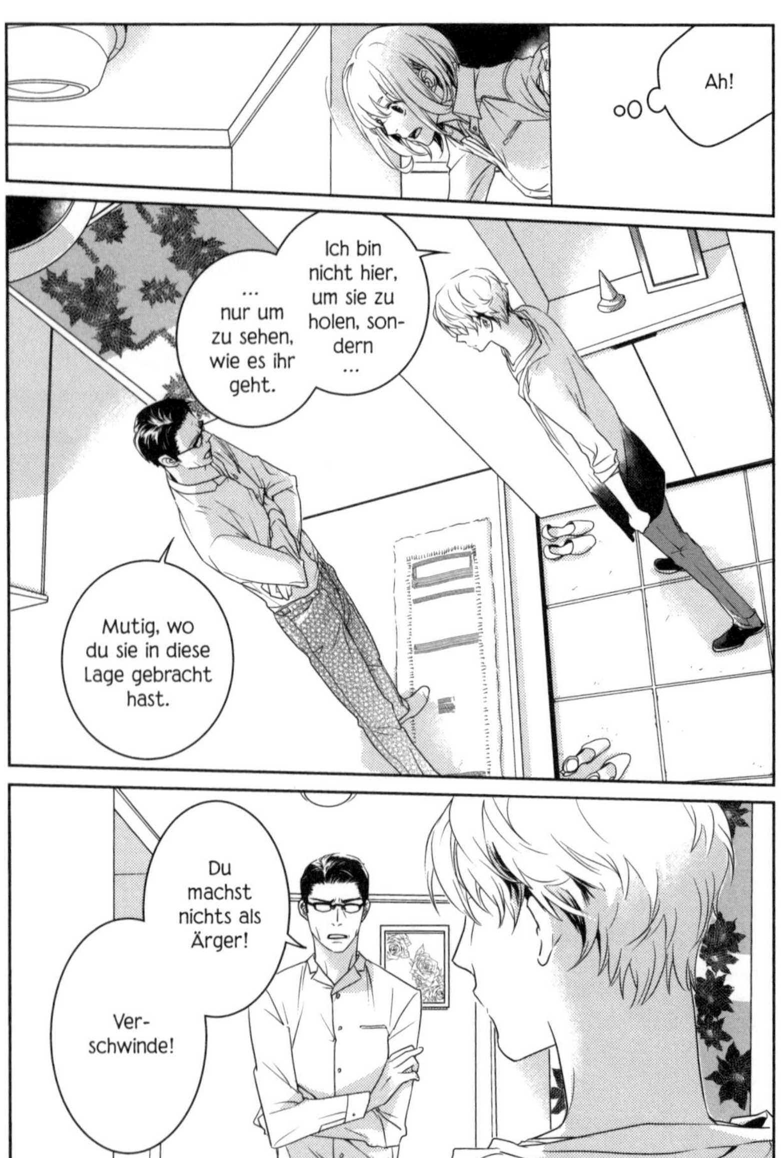

oO
Ah!
Ich bin nicht hier, um sie zu holen, sondern ...
... nur um zu sehen, wie es ihr geht.
Mutig, wo du sie in diese Lage gebracht hast.
Du machst nichts als Ärger!
Verschwinde!

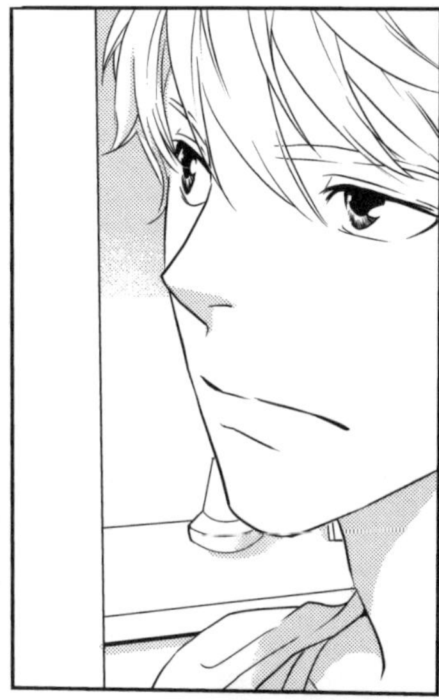

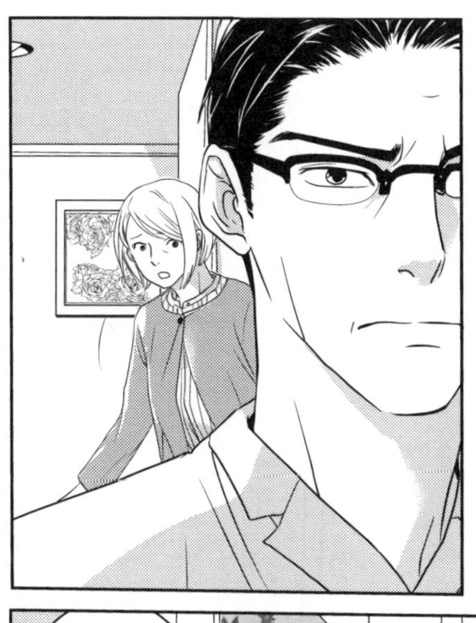

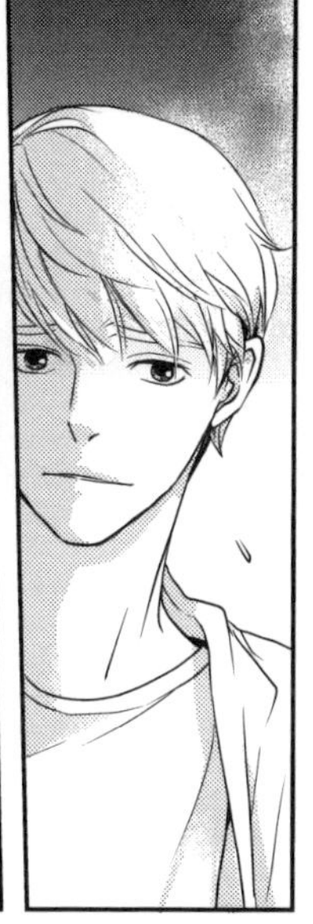

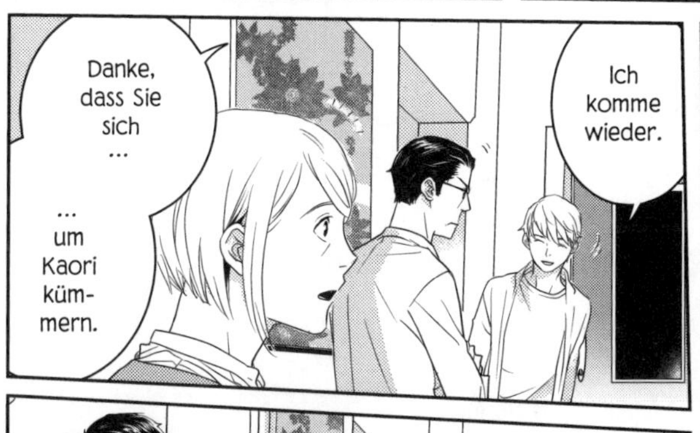
Ich komme wieder.
Danke, dass Sie sich ...
... um Kaori kümmern.

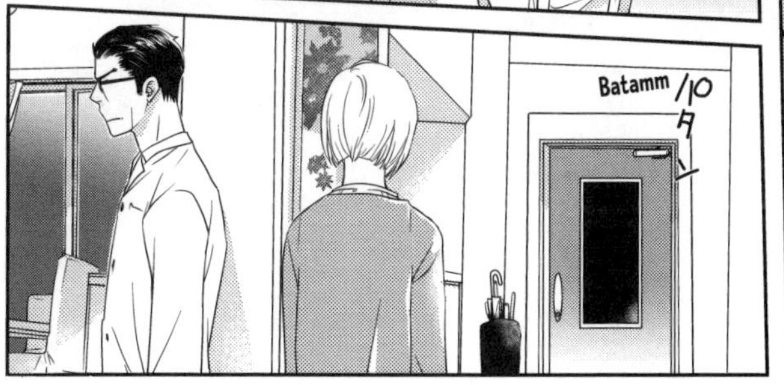
Batamm

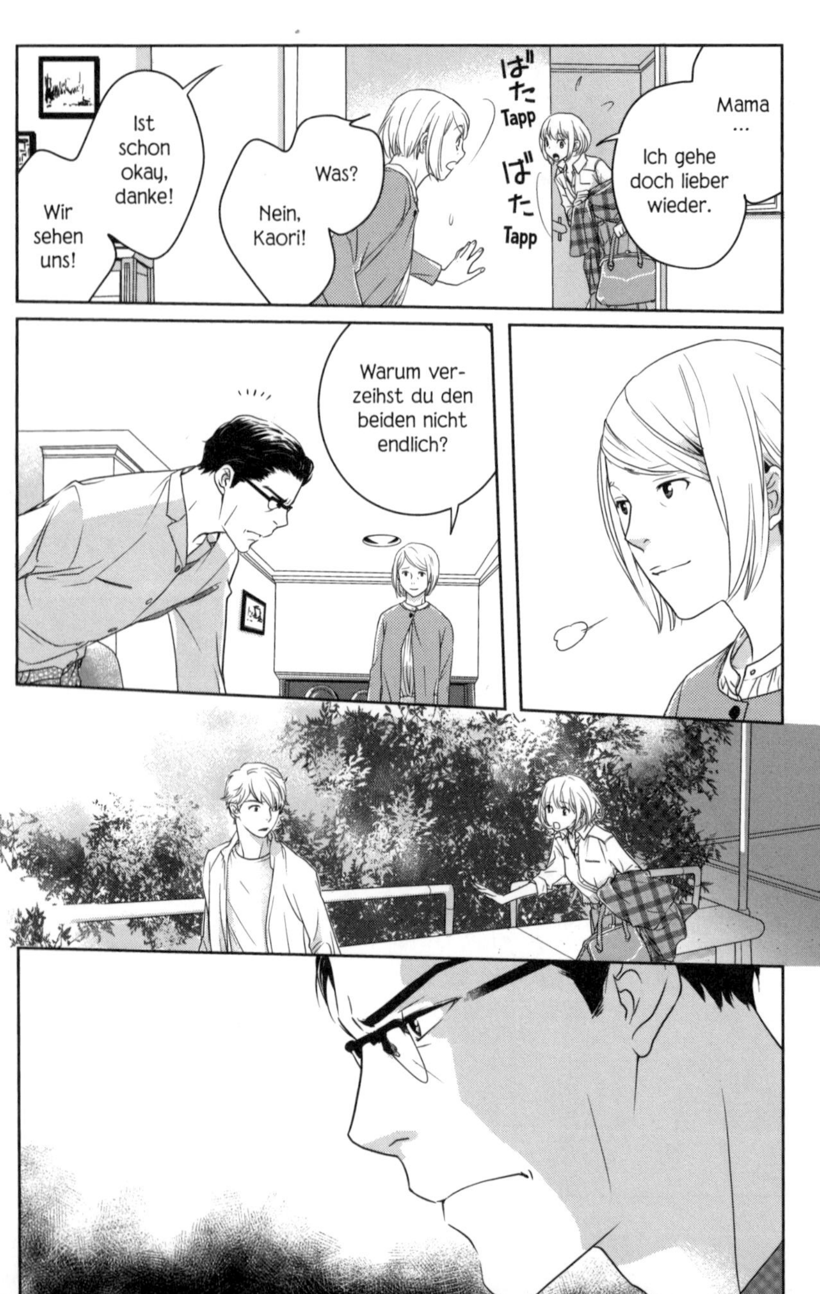
Mama …
Ich gehe doch lieber wieder.
ばた Tapp
ばた Tapp
Was?
Nein, Kaori!
Ist schon okay, danke!
Wir sehen uns!
Warum verzeihst du den beiden nicht endlich?

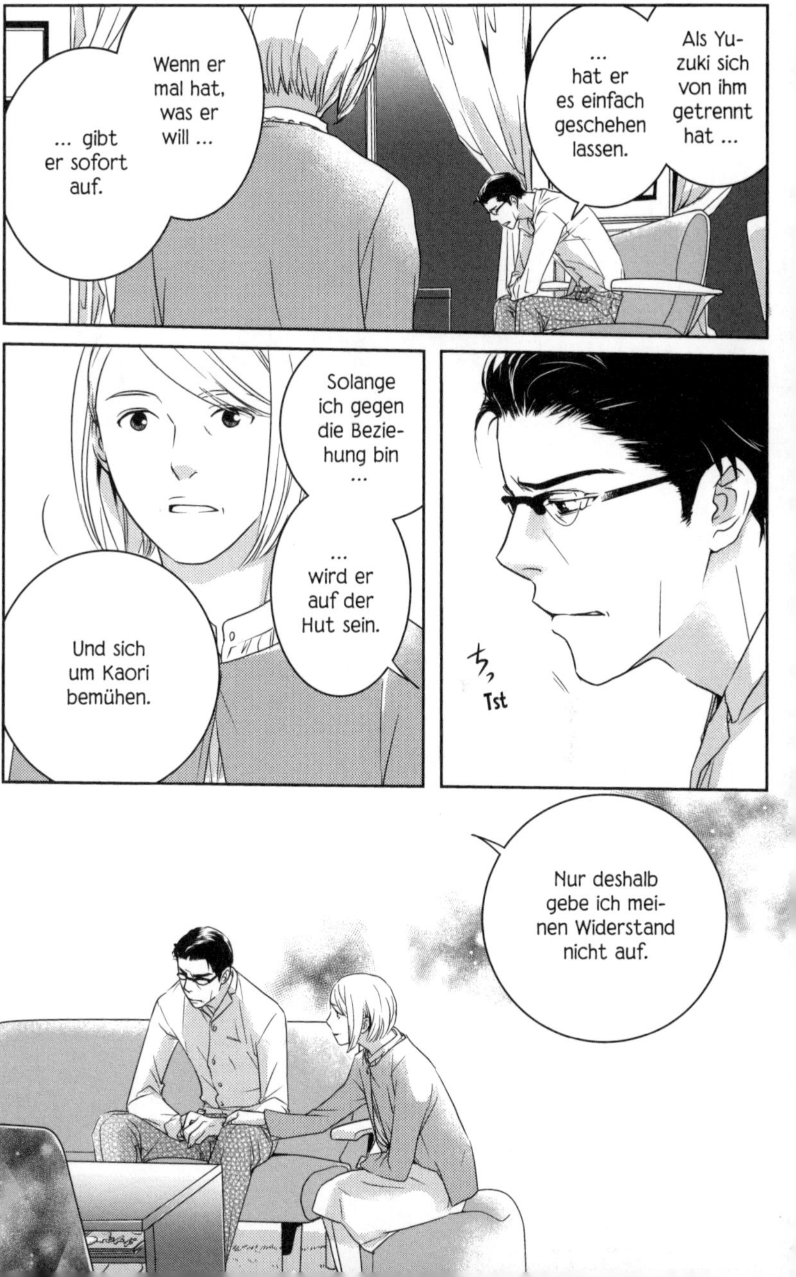

Als Yuzuki sich von ihm getrennt hat ...
... hat er es einfach geschehen lassen.
Wenn er mal hat, was er will ...
... gibt er sofort auf.
ちっ
Tst
Solange ich gegen die Beziehung bin ...
... wird er auf der Hut sein.
Und sich um Kaori bemühen.

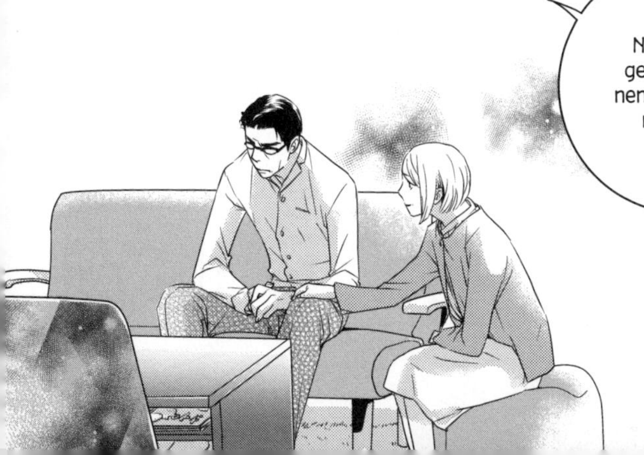

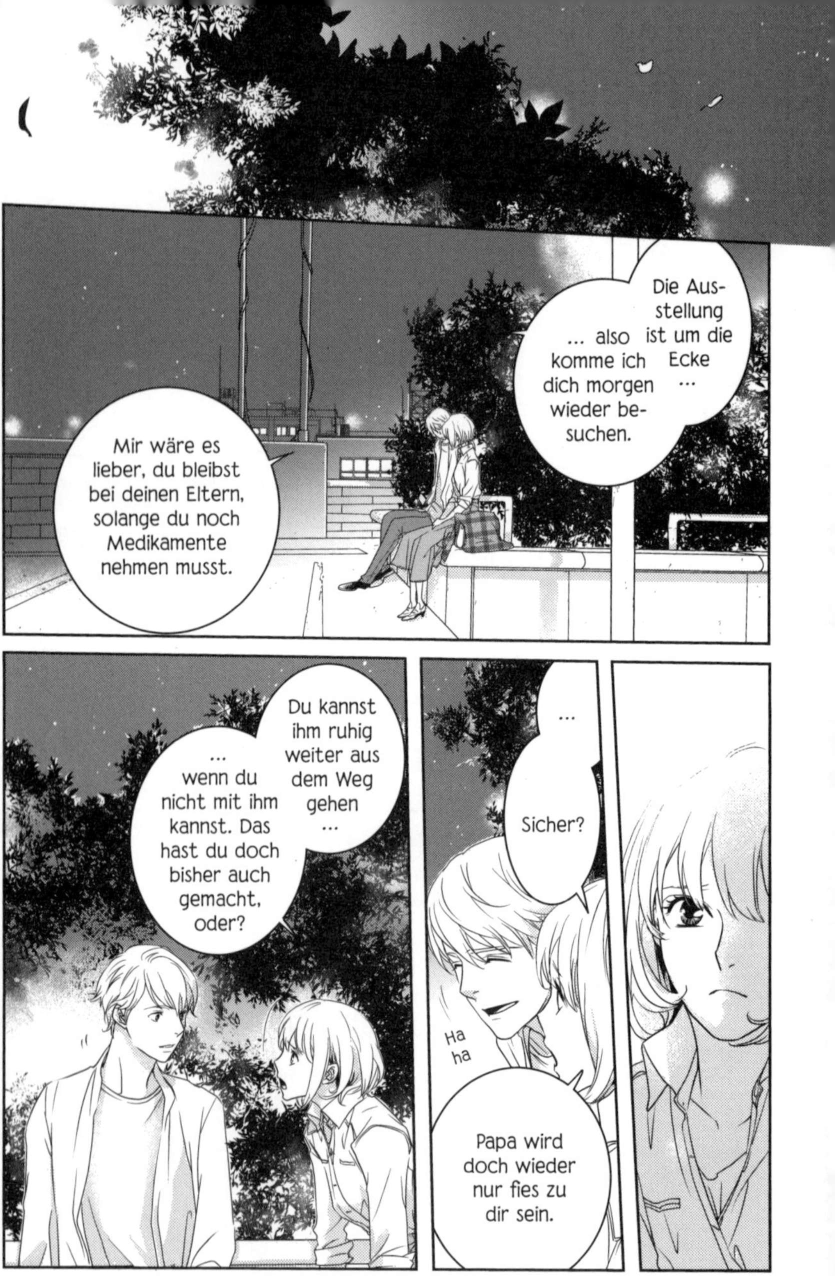

Die Ausstellung ist um die Ecke ...
... also komme ich dich morgen wieder besuchen.
Mir wäre es lieber, du bleibst bei deinen Eltern, solange du noch Medikamente nehmen musst.

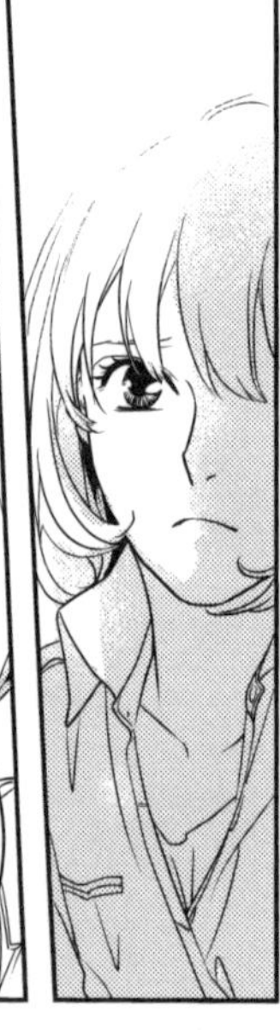

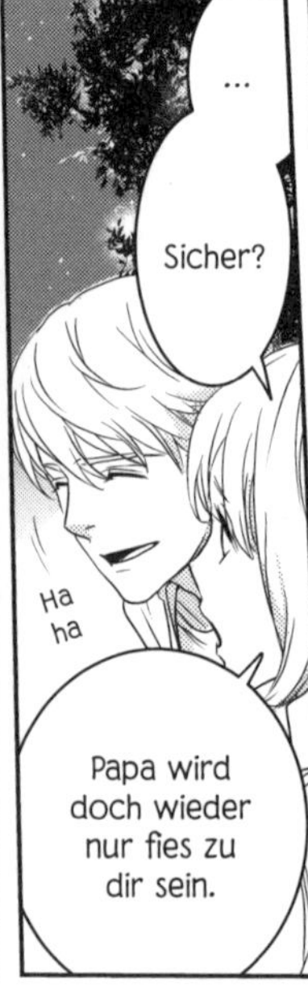

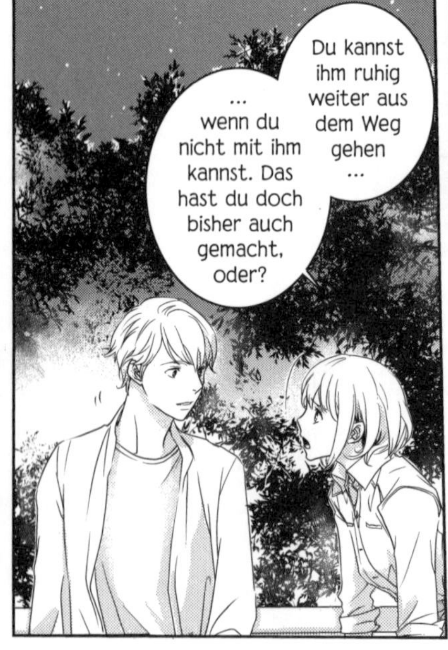

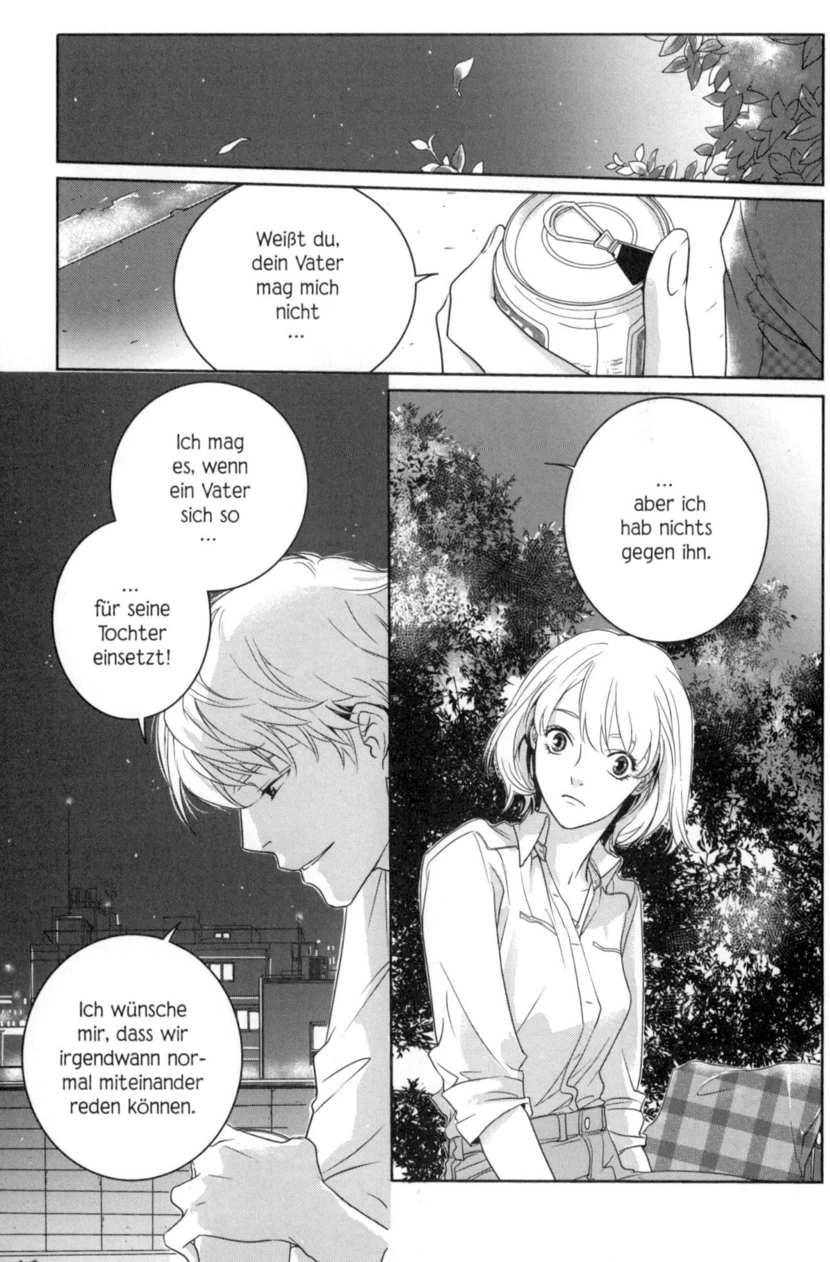
Weißt du, dein Vater mag mich nicht ...
... aber ich hab nichts gegen ihn.
Ich mag es, wenn ein Vater sich so ...
... für seine Tochter einsetzt!
Ich wünsche mir, dass wir irgendwann normal miteinander reden können.

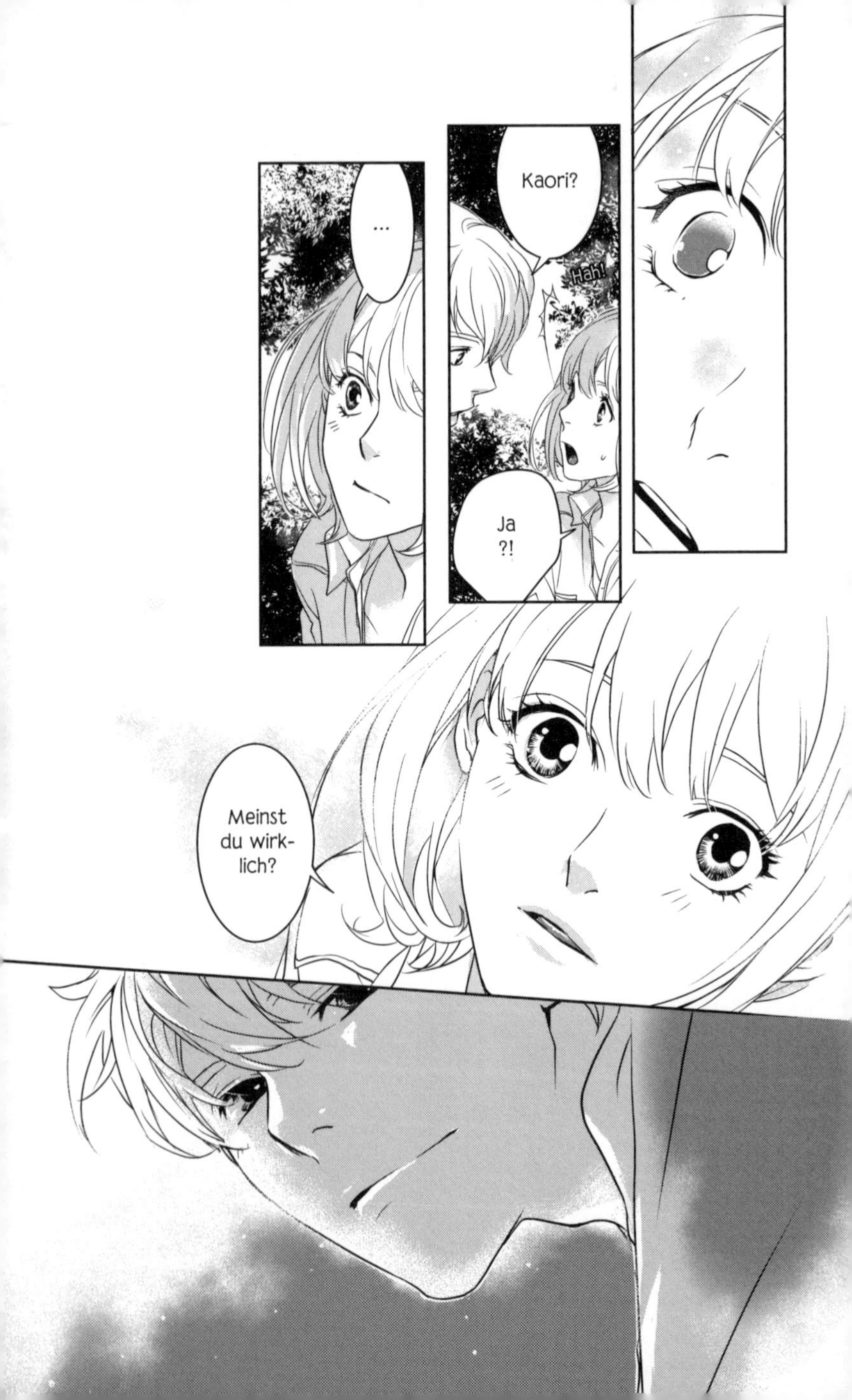
Kaori?
Hah!
...
Ja ?!
Meinst du wirk-lich?

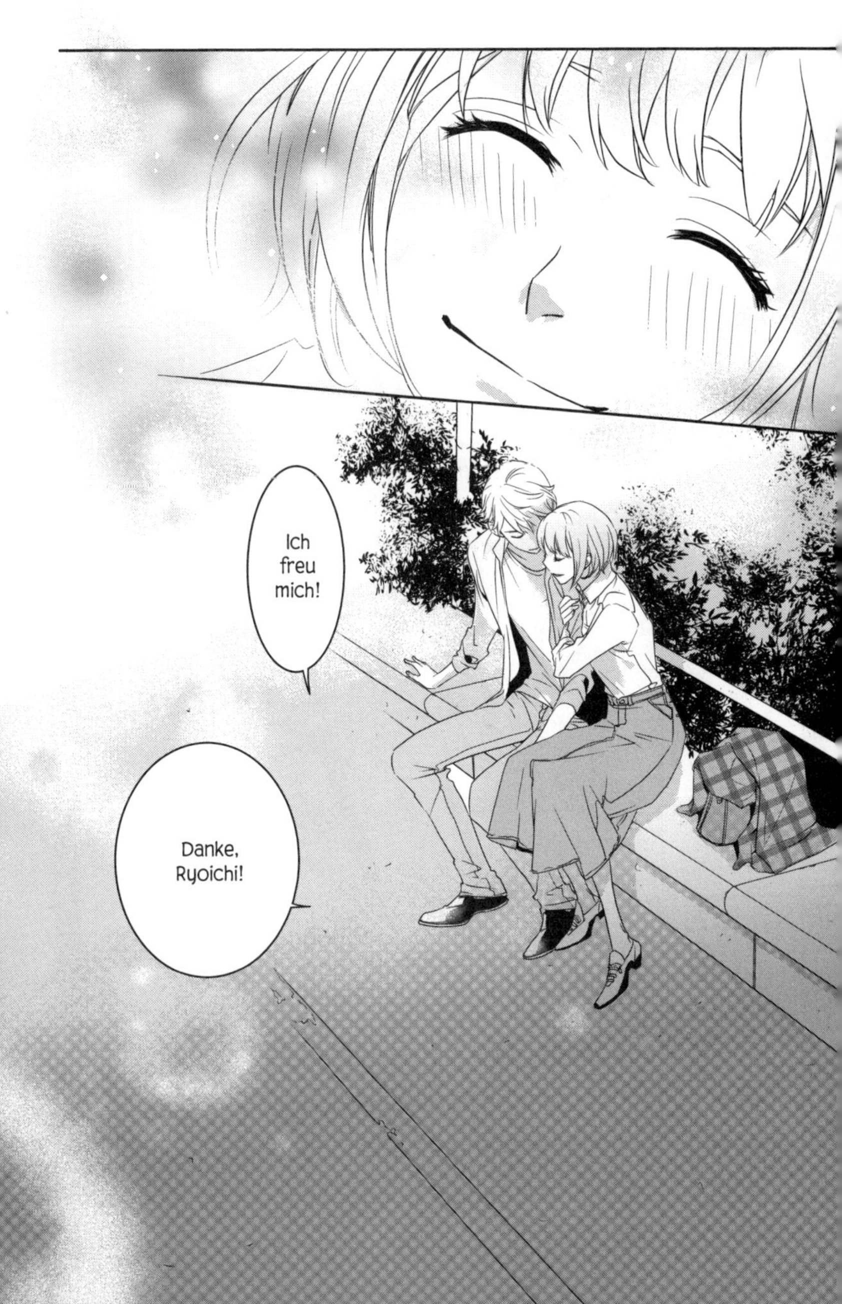
Ich freu mich!
Danke, Ryoichi!

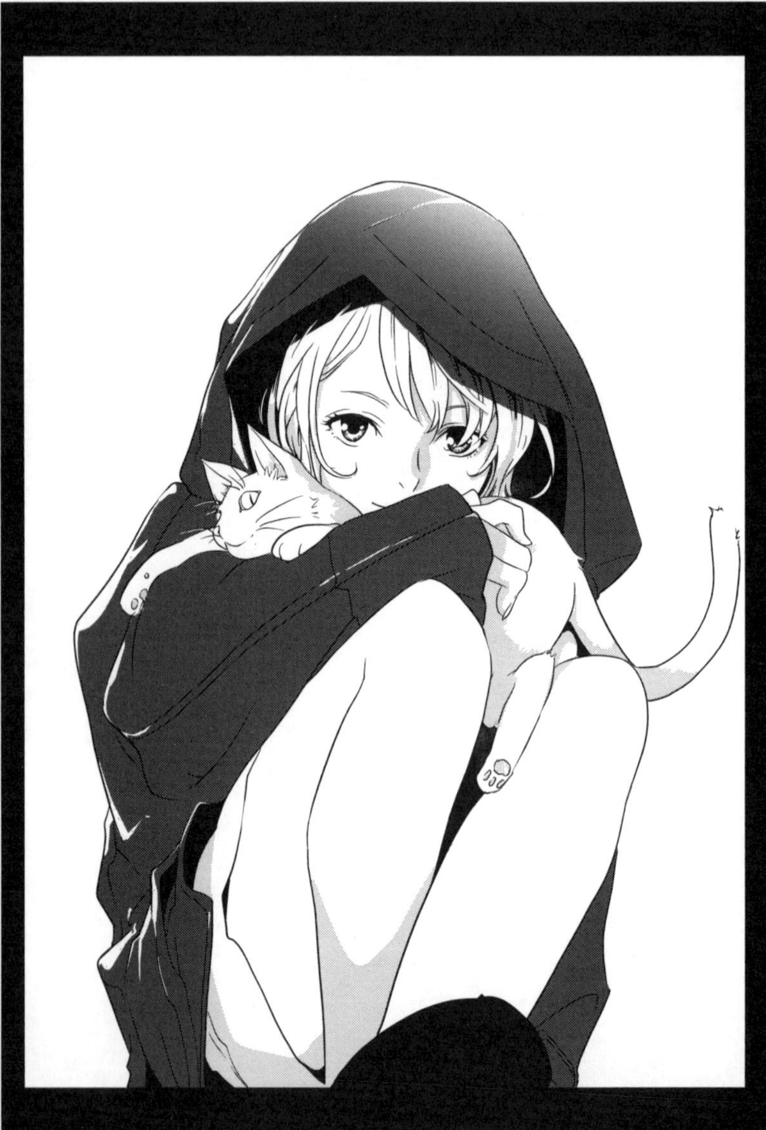

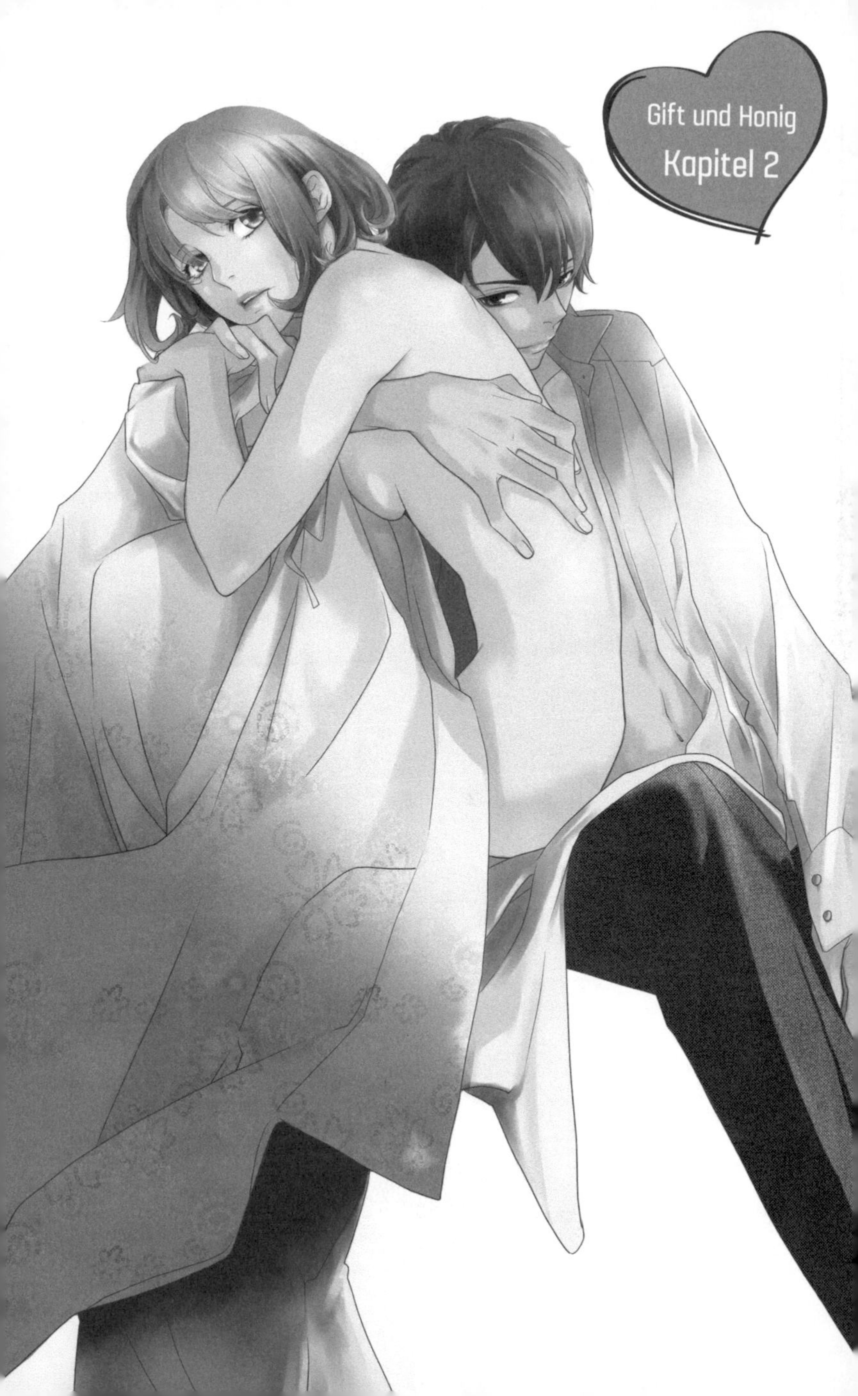
Gift und Honig
Kapitel 2

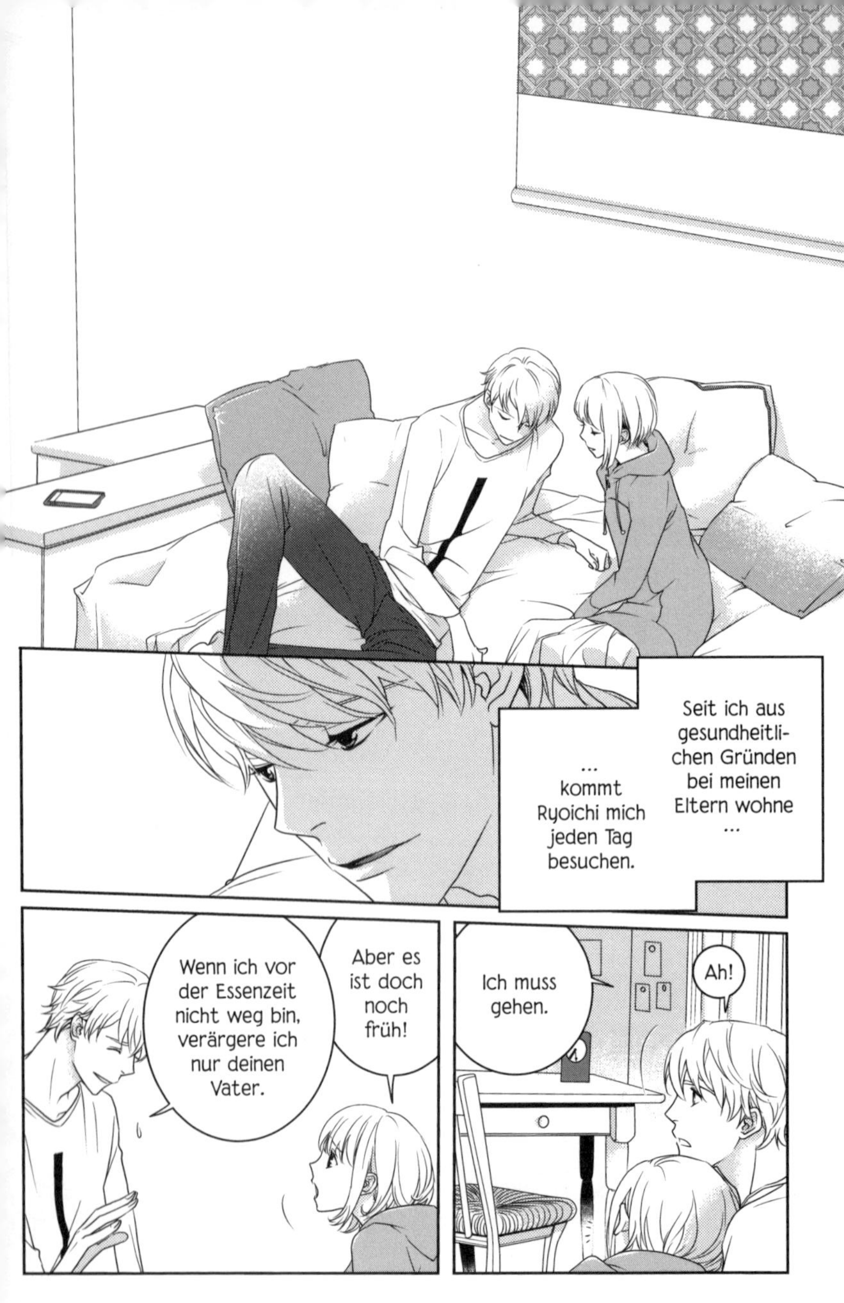
Seit ich aus gesundheitlichen Gründen bei meinen Eltern wohne ...
... kommt Ryoichi mich jeden Tag besuchen.
Ah!
Ich muss gehen.
Aber es ist doch noch früh!
Wenn ich vor der Essenzeit nicht weg bin, verärgere ich nur deinen Vater.

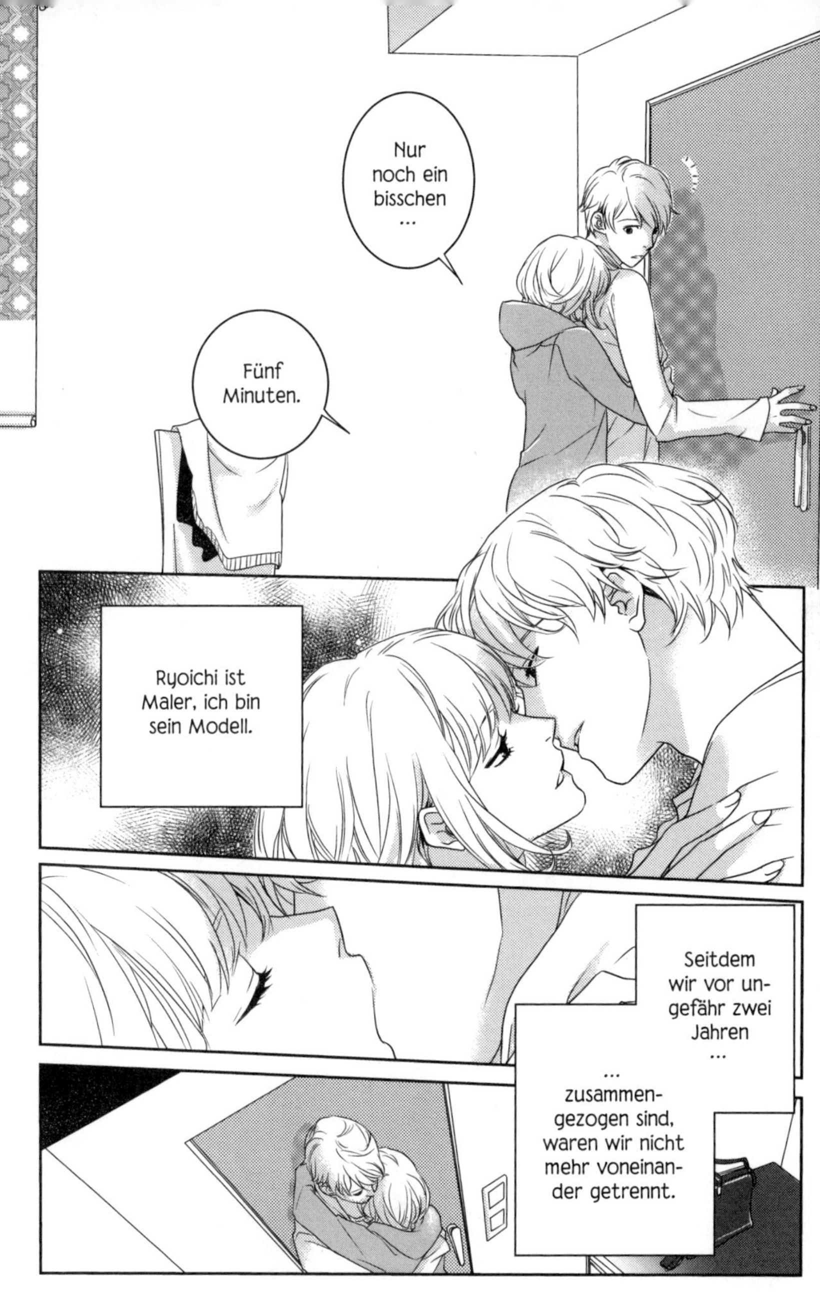
Nur noch ein bisschen ...
Fünf Minuten.
Ryoichi ist Maler, ich bin sein Modell.
Seitdem wir vor ungefähr zwei Jahren ...
... zusammengezogen sind, waren wir nicht mehr voneinander getrennt.

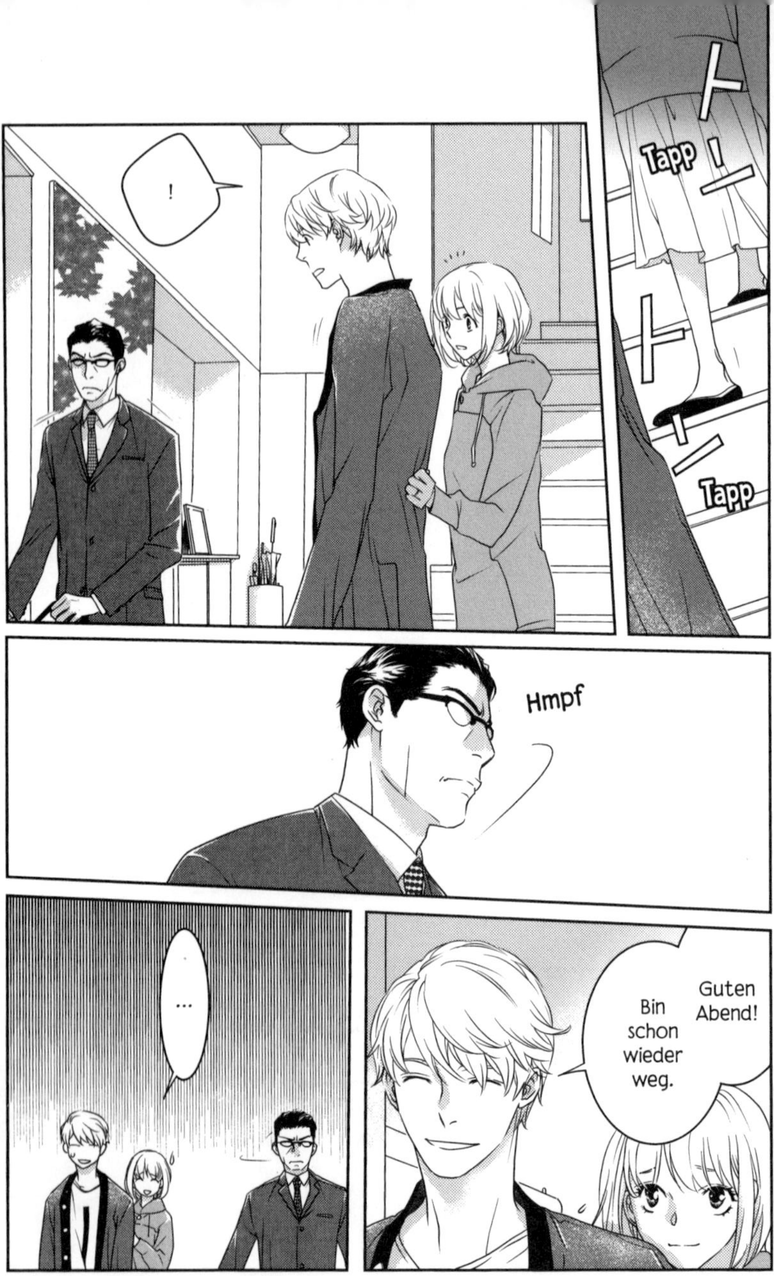

Tapp
Tapp
!

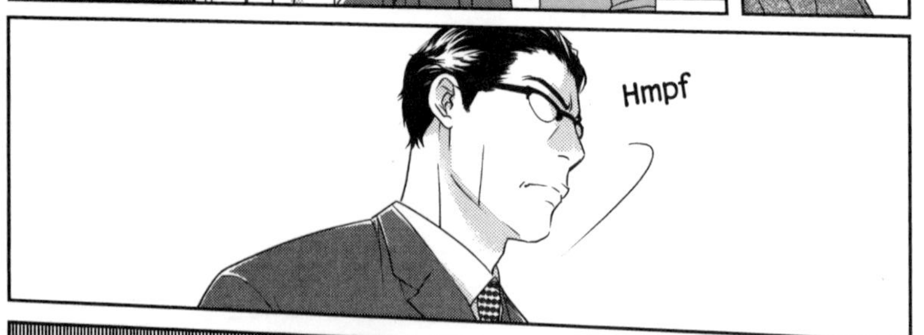

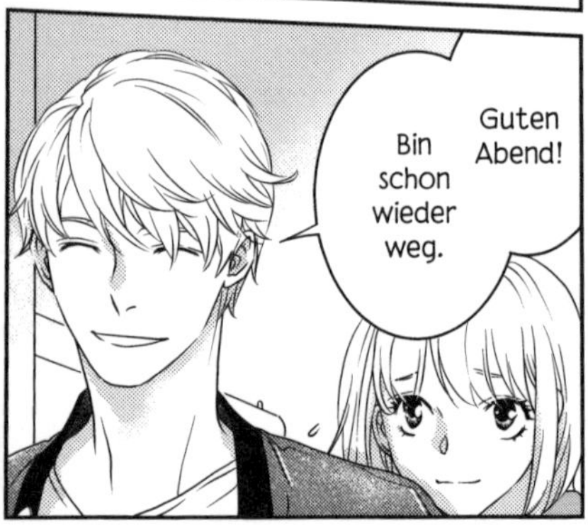

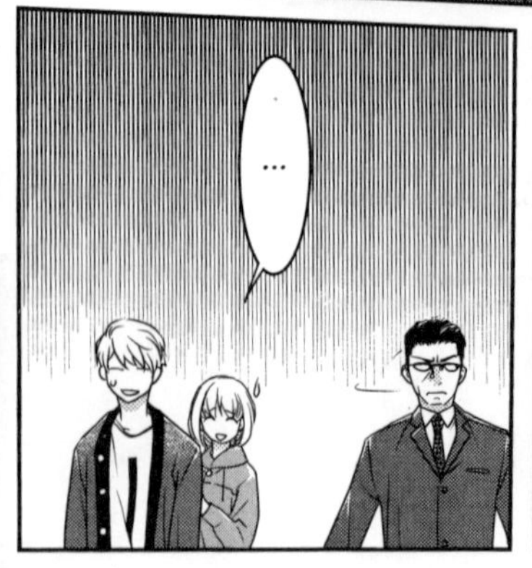

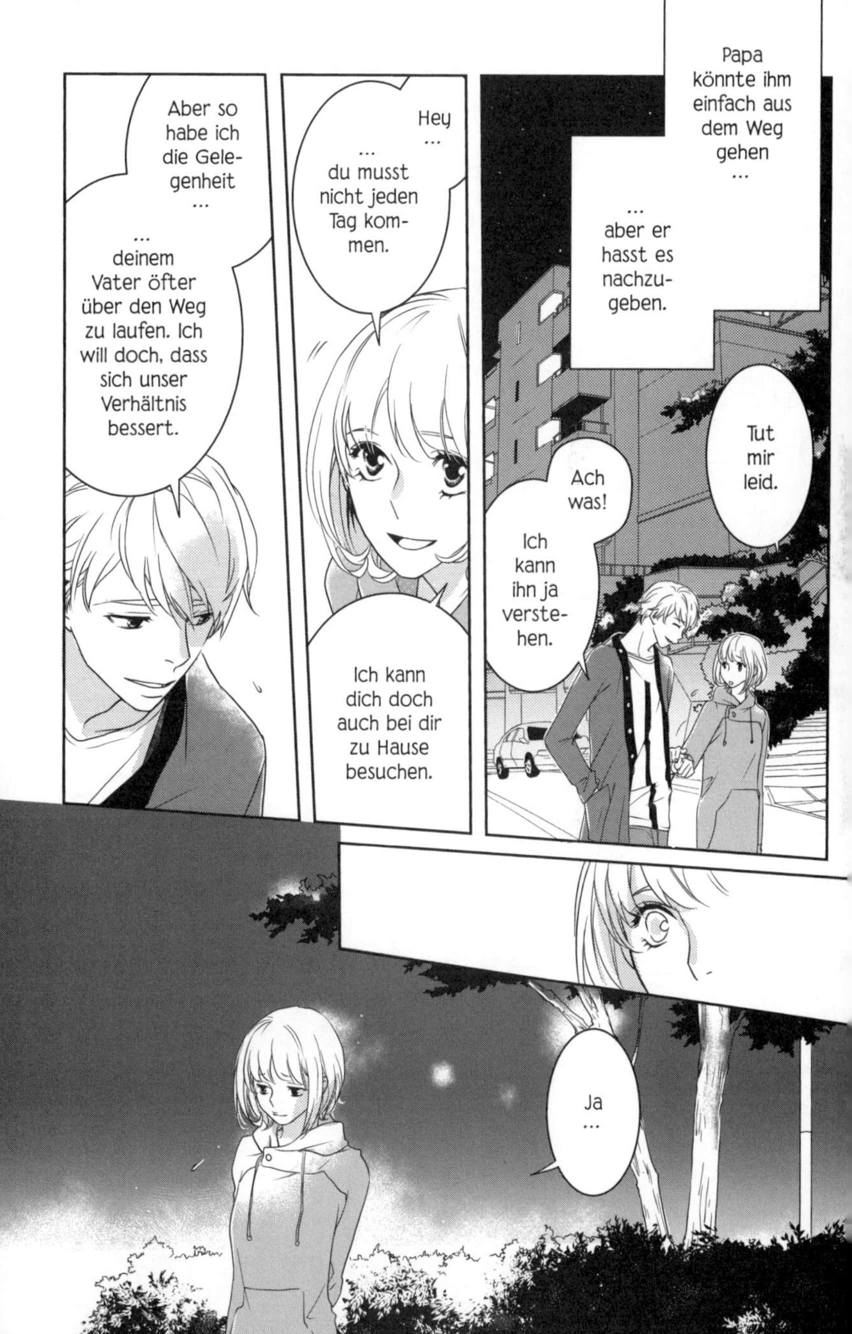
Papa könnte ihm einfach aus dem Weg gehen ...
... aber er hasst es nachzugeben.
Tut mir leid.
Ach was!
Ich kann ihn ja verstehen.
Hey ...
... du musst nicht jeden Tag kommen.
Ich kann dich doch auch bei dir zu Hause besuchen.
Aber so habe ich die Gelegenheit ...
... deinem Vater öfter über den Weg zu laufen. Ich will doch, dass sich unser Verhältnis bessert.
Ja ...

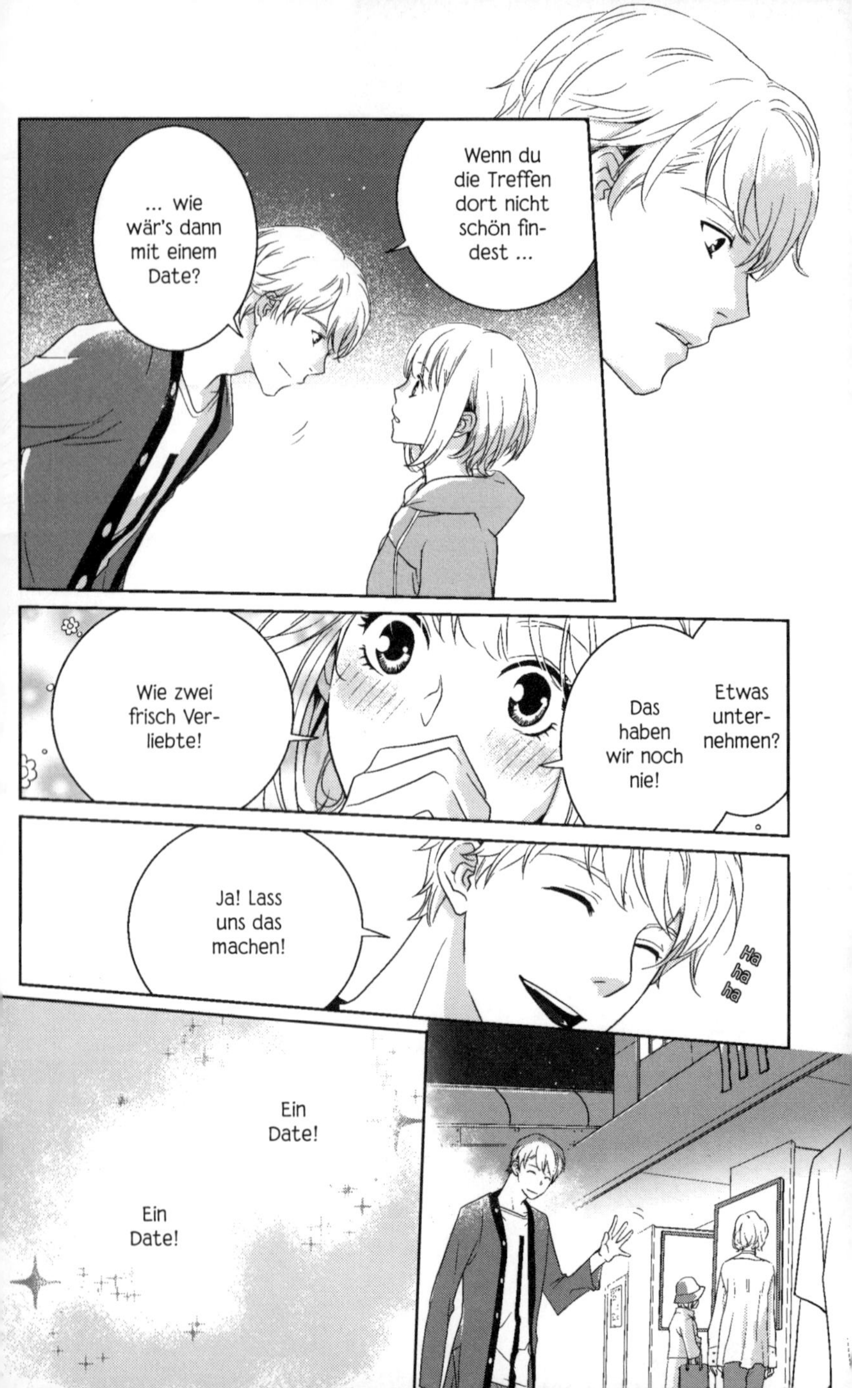
Wenn du die Treffen dort nicht schön findest ...
... wie wär's dann mit einem Date?
Etwas unternehmen?
Das haben wir noch nie!
Wie zwei frisch Verliebte!
Ja! Lass uns das machen!
Ha ha ha
Ein Date!
Ein Date!

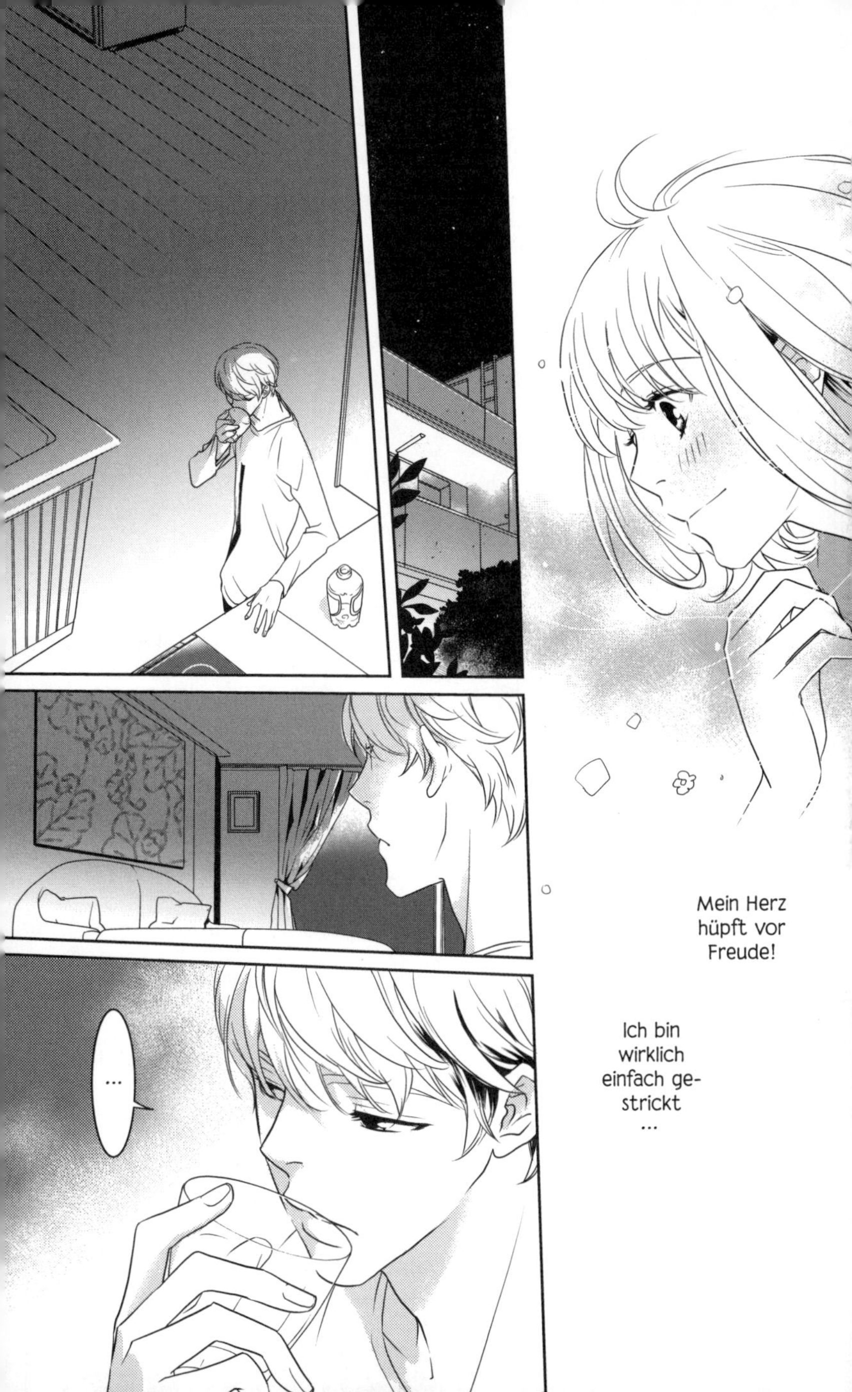
Mein Herz
hüpft vor
Freude!
Ich bin
wirklich
einfach ge-
strickt
...
...

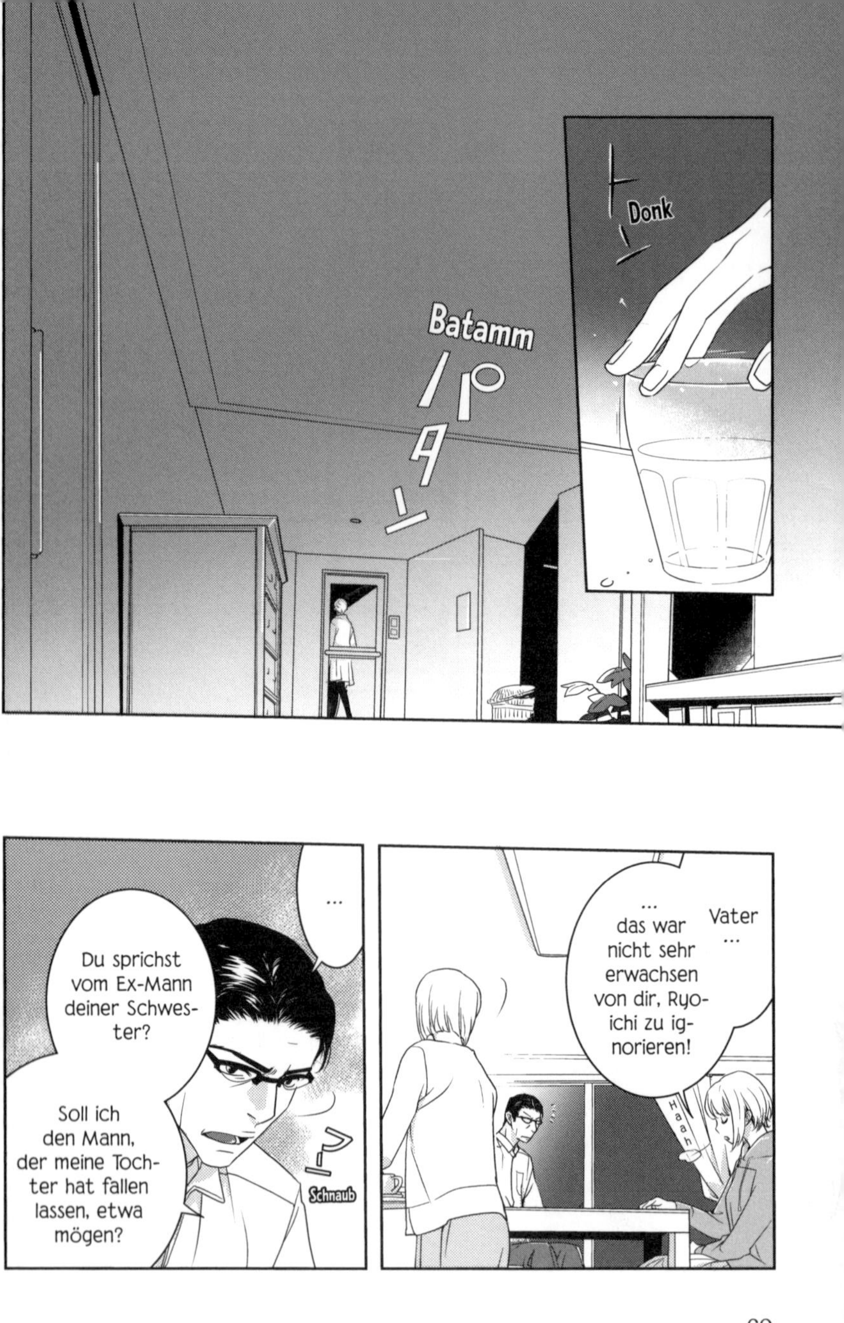

トン
Donk
パタン
Batamm

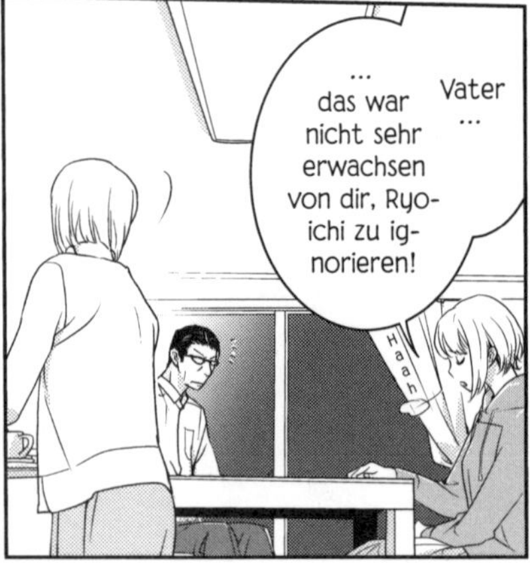

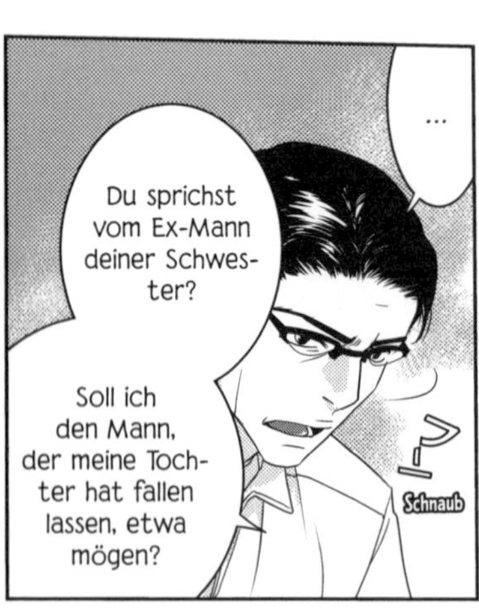

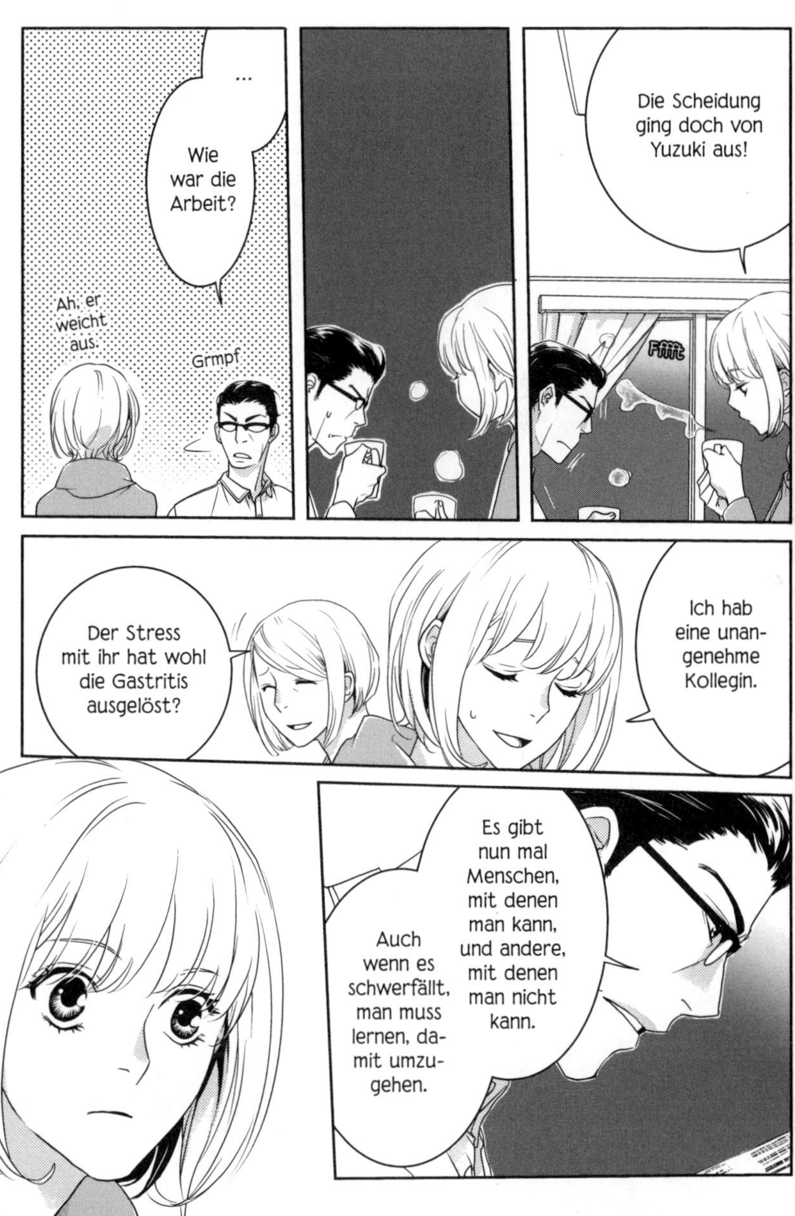
Die Scheidung ging doch von Yuzuki aus!
Fffft
...
Wie war die Arbeit?
Grmpf
Ah, er weicht aus.
Ich hab eine unangenehme Kollegin.
Der Stress mit ihr hat wohl die Gastritis ausgelöst?
Es gibt nun mal Menschen, mit denen man kann, und andere, mit denen man nicht kann.
Auch wenn es schwerfällt, man muss lernen, damit umzugehen.

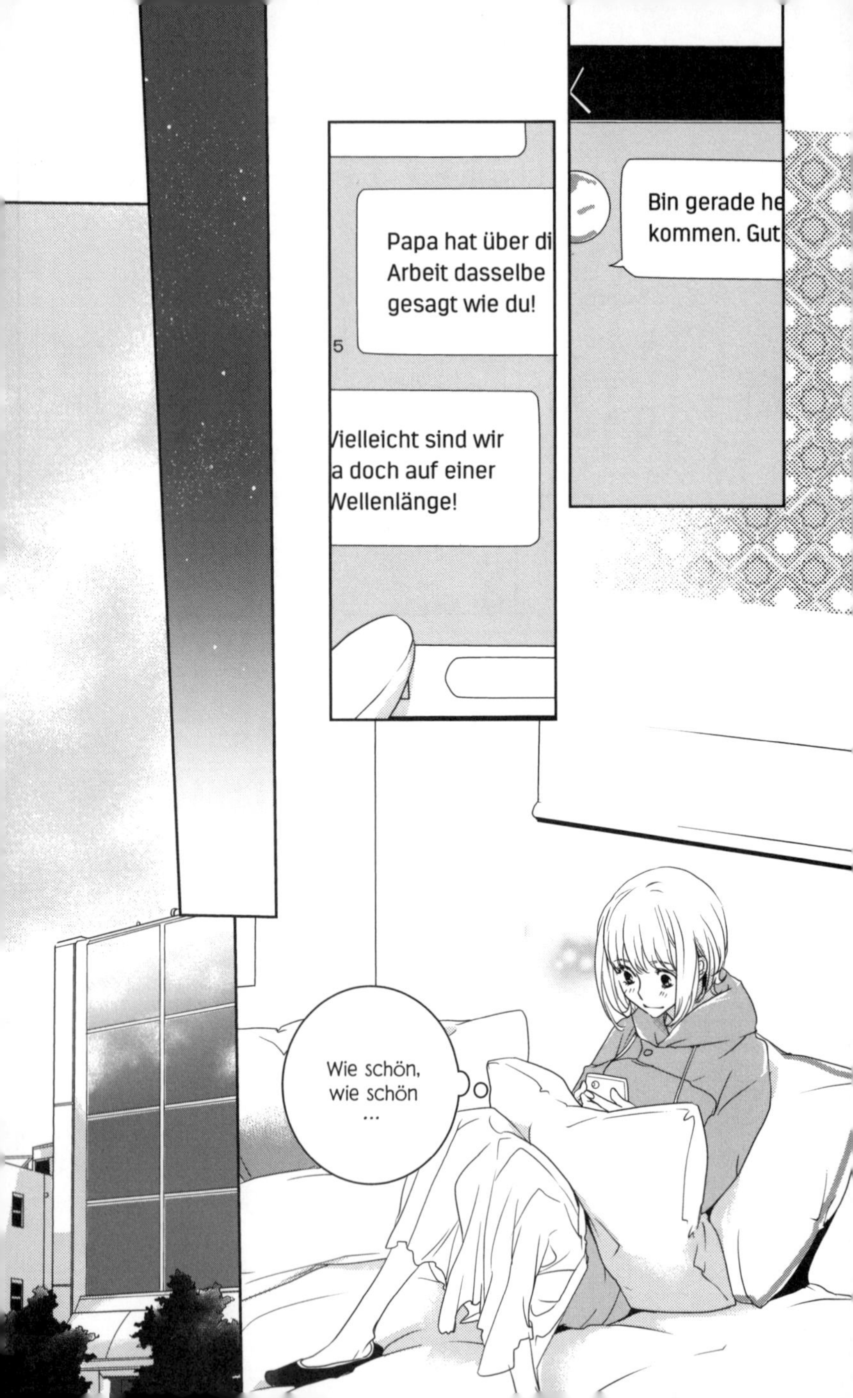

Bin gerade he
kommen. Gut
Papa hat über di
Arbeit dasselbe
gesagt wie du!
Vielleicht sind wir
a doch auf einer
Wellenlänge!
Wie schön, wie schön …

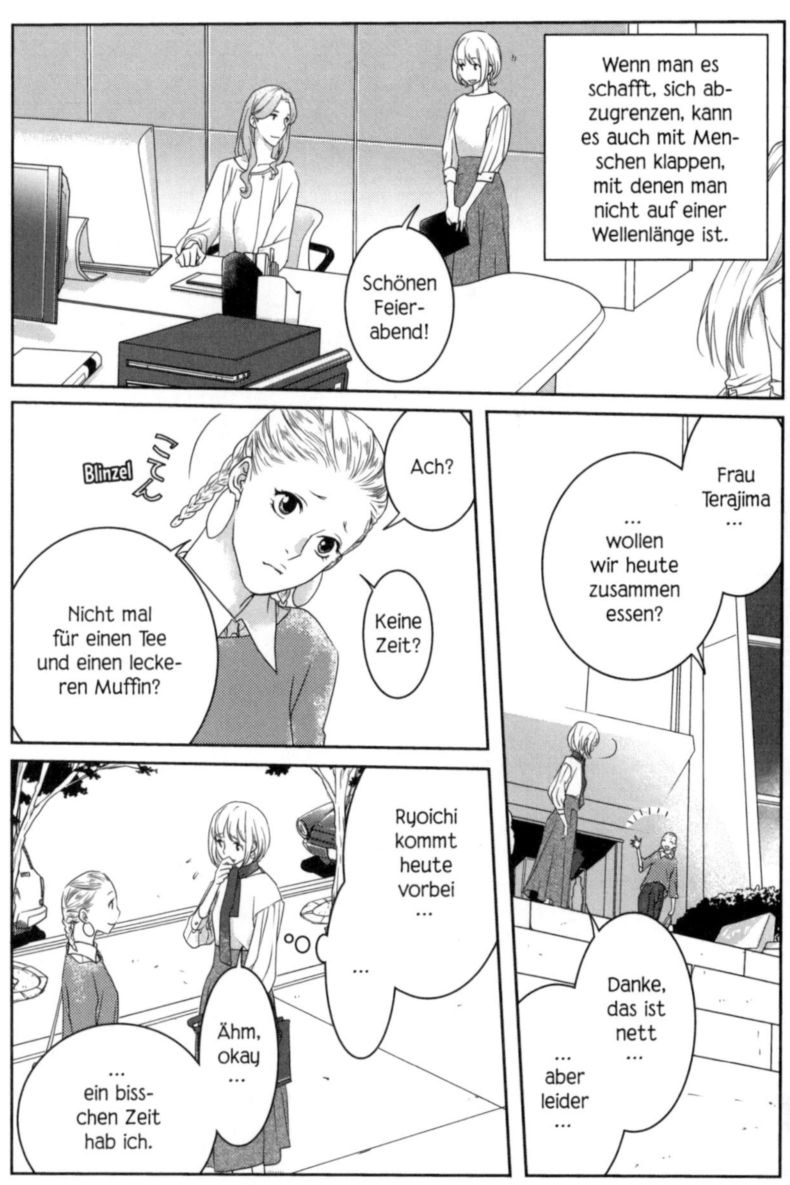

Wenn man es schafft, sich abzugrenzen, kann es auch mit Menschen klappen, mit denen man nicht auf einer Wellenlänge ist.
Schönen Feierabend!
Frau Terajima ...
... wollen wir heute zusammen essen?
Danke, das ist nett ...
... aber leider ...
Ach?
Keine Zeit?
Blinzel
こてん
Nicht mal für einen Tee und einen leckeren Muffin?
Ryoichi kommt heute vorbei ...
...
Ähm, okay ...
... ein bisschen Zeit hab ich.

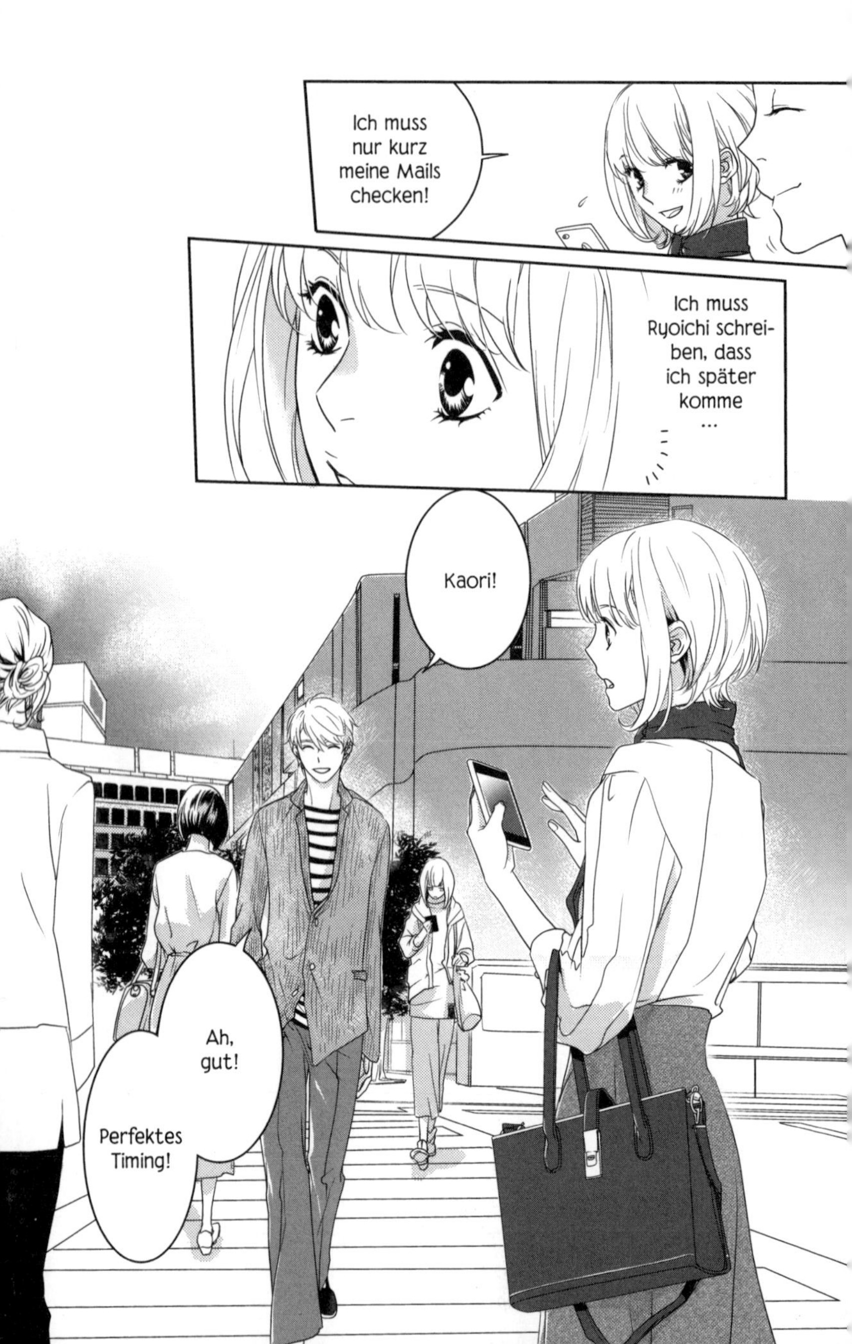
Ich muss nur kurz meine Mails checken!
Ich muss Ryoichi schreiben, dass ich später komme ...
Kaori!
Ah, gut!
Perfektes Timing!

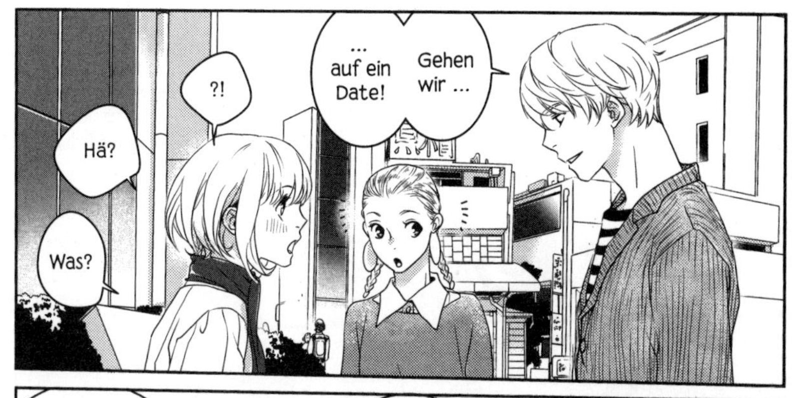

Ach, Sie haben eine Verabredung?
Dann ein anderes Mal!
Entschuldige, war das okay für deine Freundin?
Kollegin!
Sie wollte nett sein.

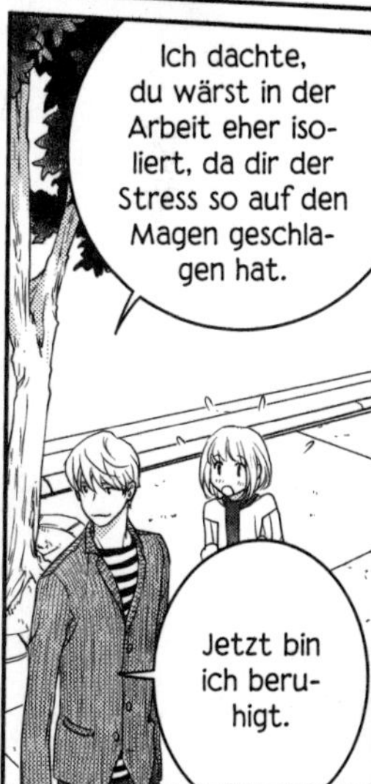

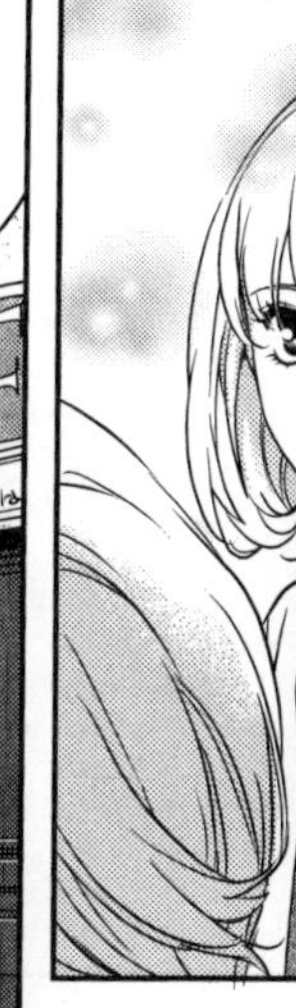

Hättest du mal früher gesagt, dass du das Date für heute planst!
Dann hätte ich mich schicker angezogen und mir die Haare gemacht!
Ach, ihr Frauen immer.

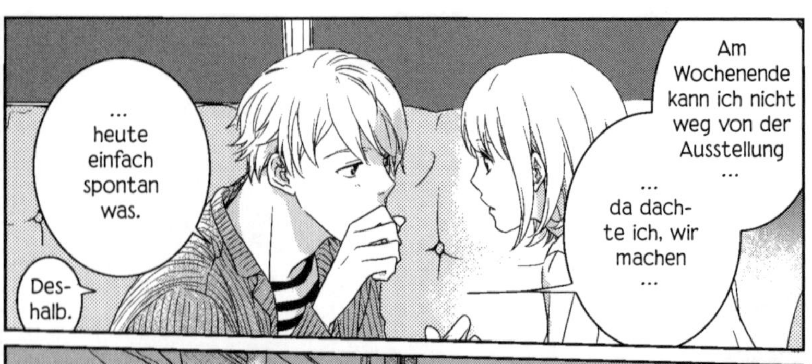
Am Wochenende kann ich nicht weg von der Ausstellung ...
... da dachte ich, wir machen ...
... heute einfach spontan was.
Deshalb.

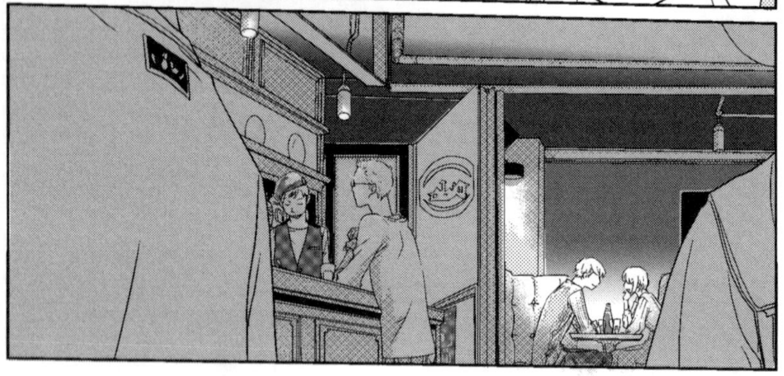

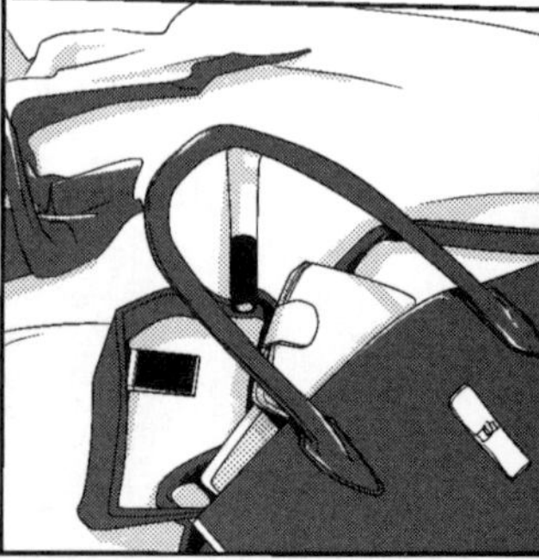

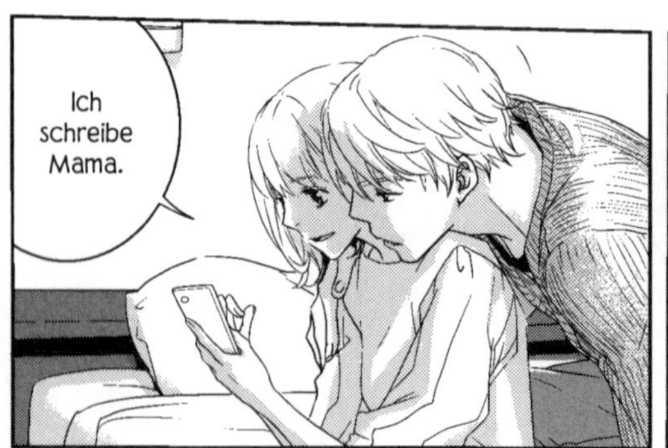
Ich schreibe Mama.

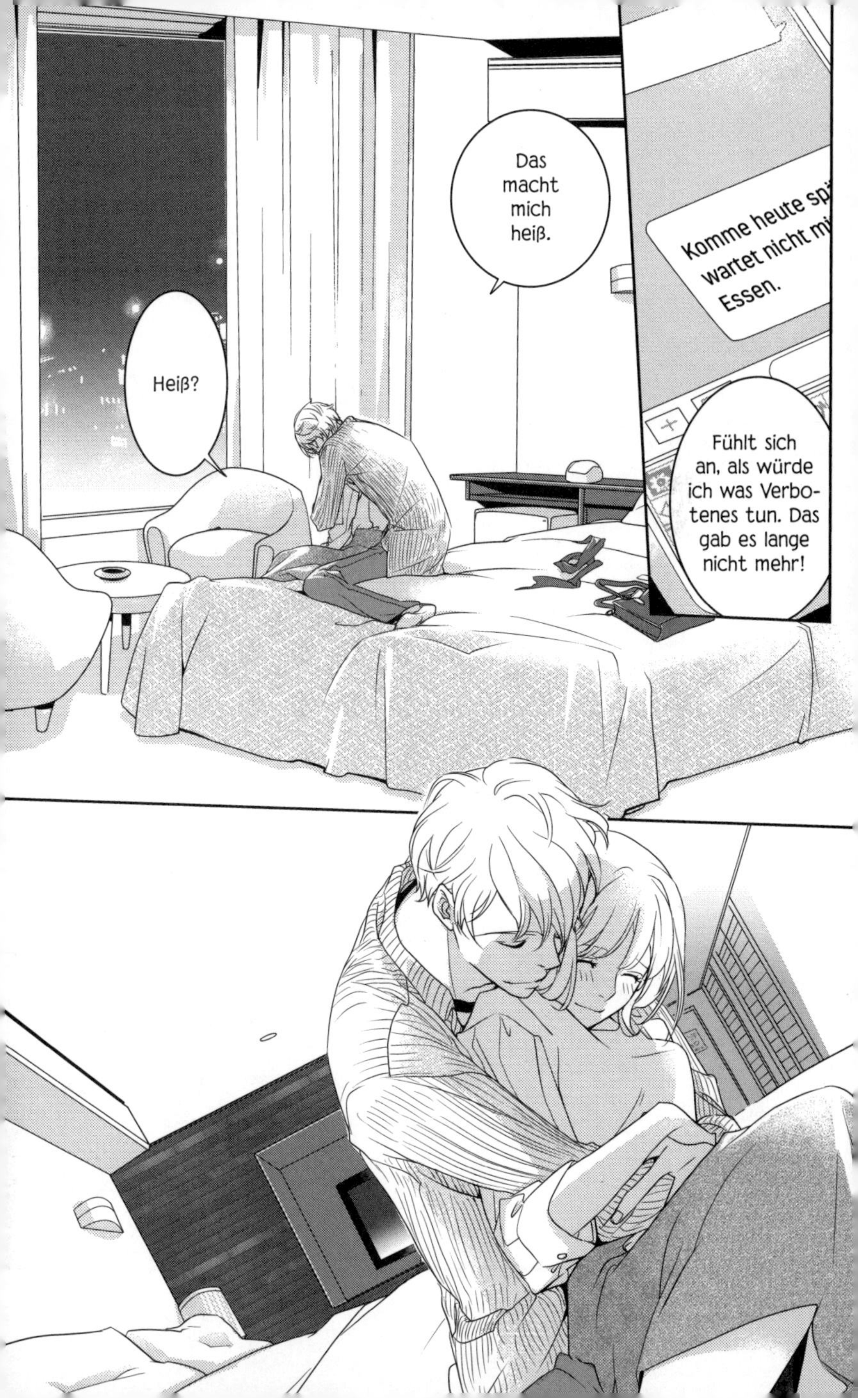
Komme heute sp
wartet nicht mi
Essen.
Fühlt sich an, als würde ich was Verbotenes tun. Das gab es lange nicht mehr!
Das macht mich heiß.
Heiß?

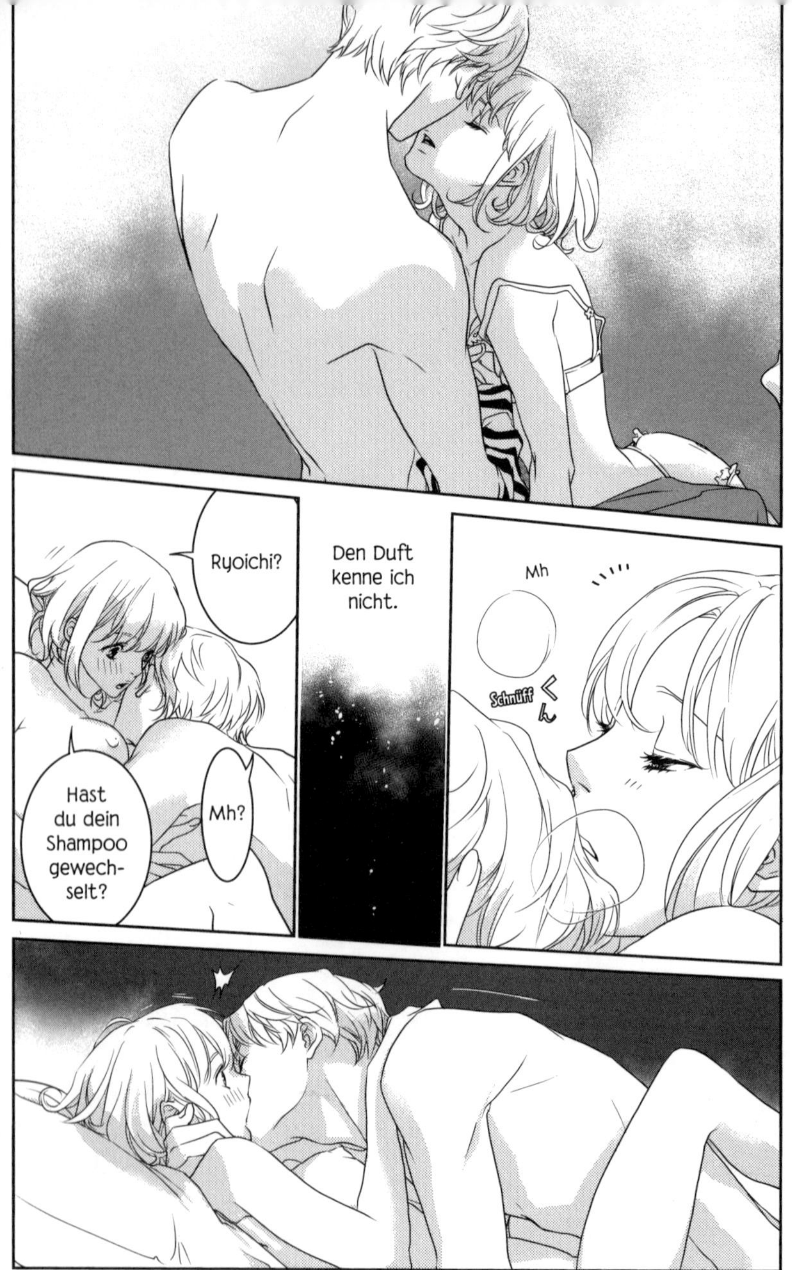
Den Duft kenne ich nicht.
Ryoichi?
Hast du dein Shampoo gewech-selt?
Mh?
Mh
Schnüff くん

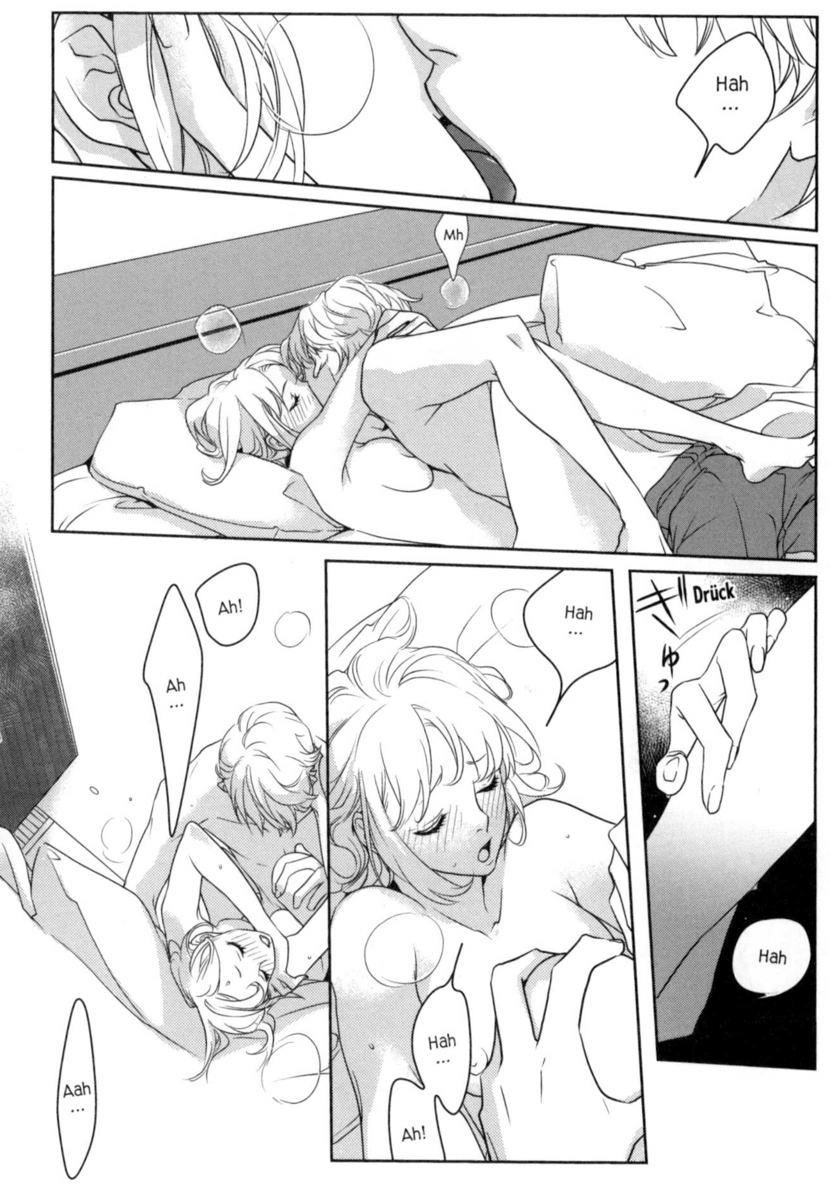

Hah ...
Mh
Drück
Hah
Hah ...
Hah ...
Ah!
Ah!
Ah ...
Aah ...

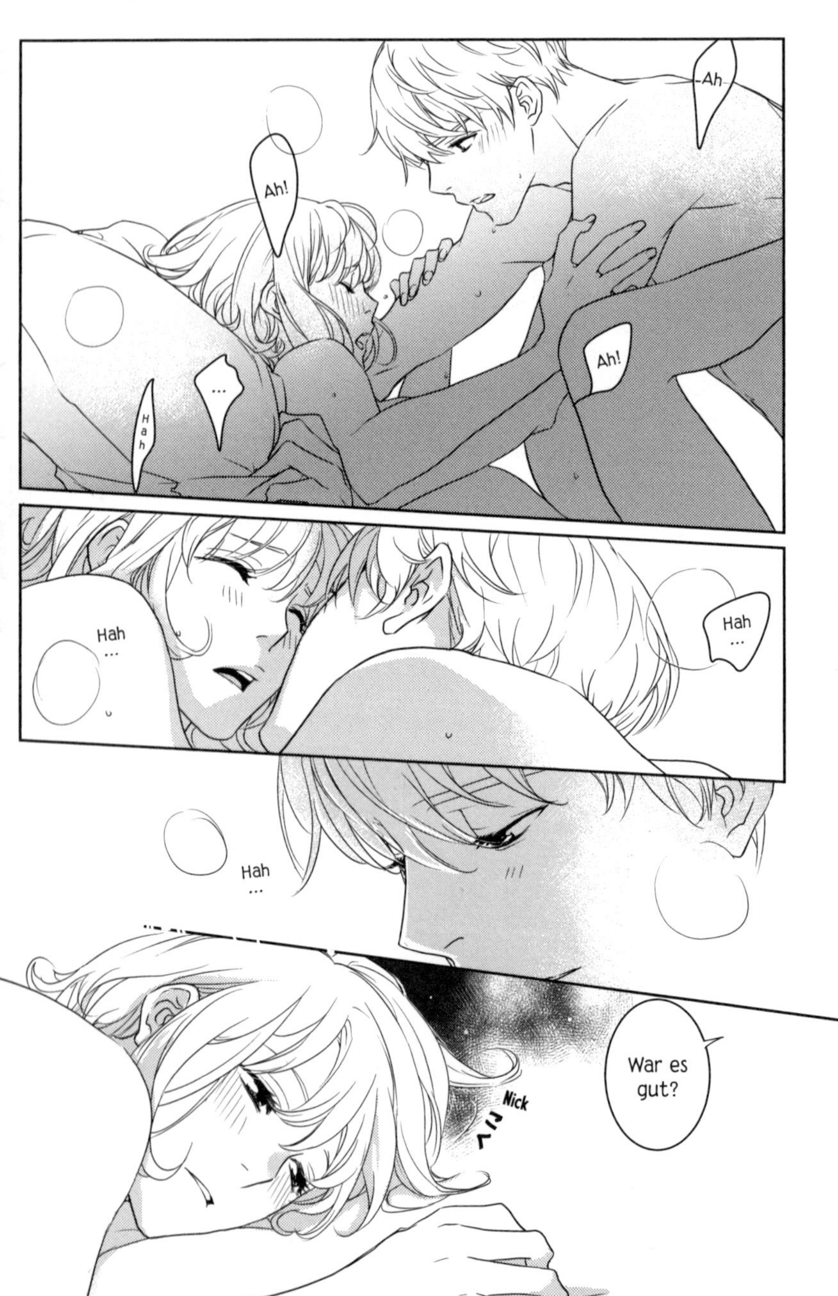
Ah
Ah!
Ah!
…
Hah
Hah …
Hah …
Hah …
War es gut?
Nick

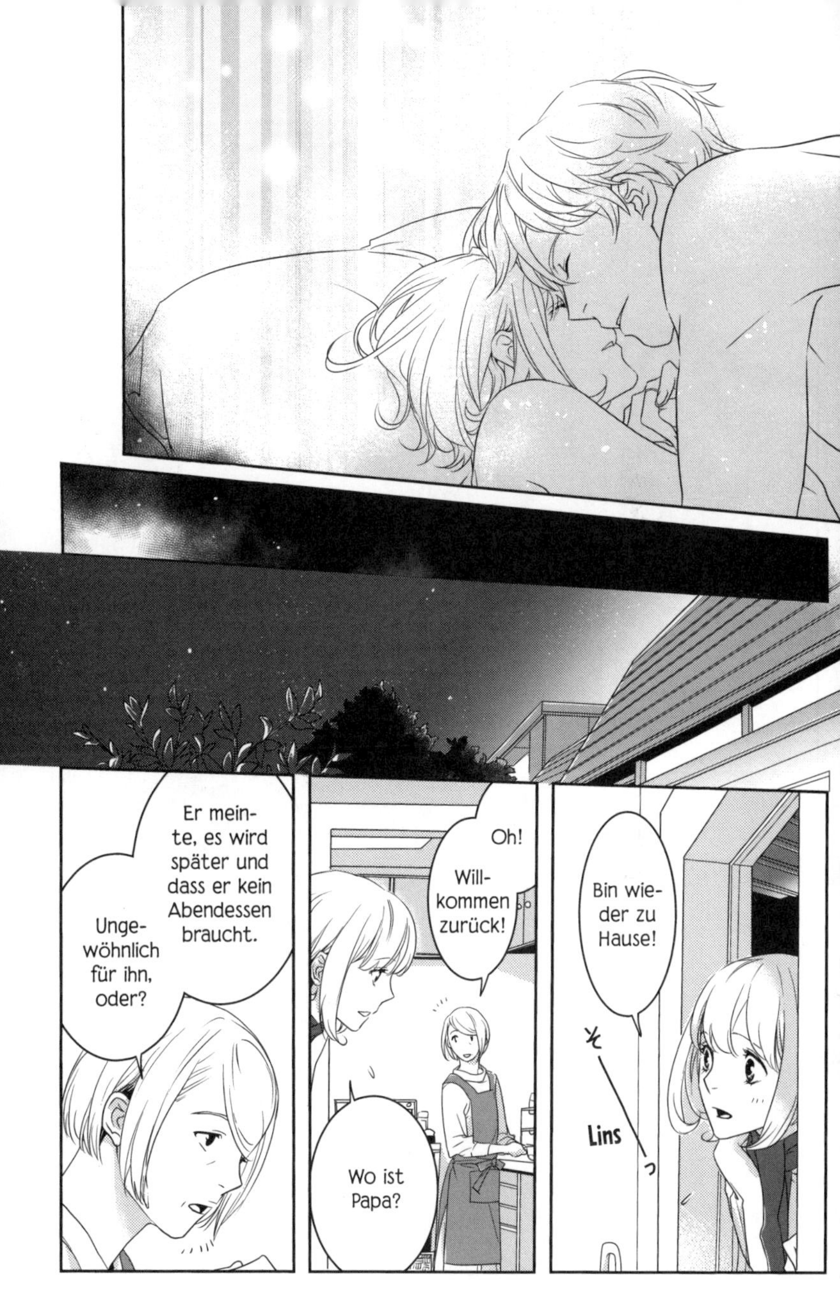
Bin wieder zu Hause!
Lins
Oh!
Willkommen zurück!
Wo ist Papa?
Er meinte, es wird später und dass er kein Abendessen braucht.
Ungewöhnlich für ihn, oder?

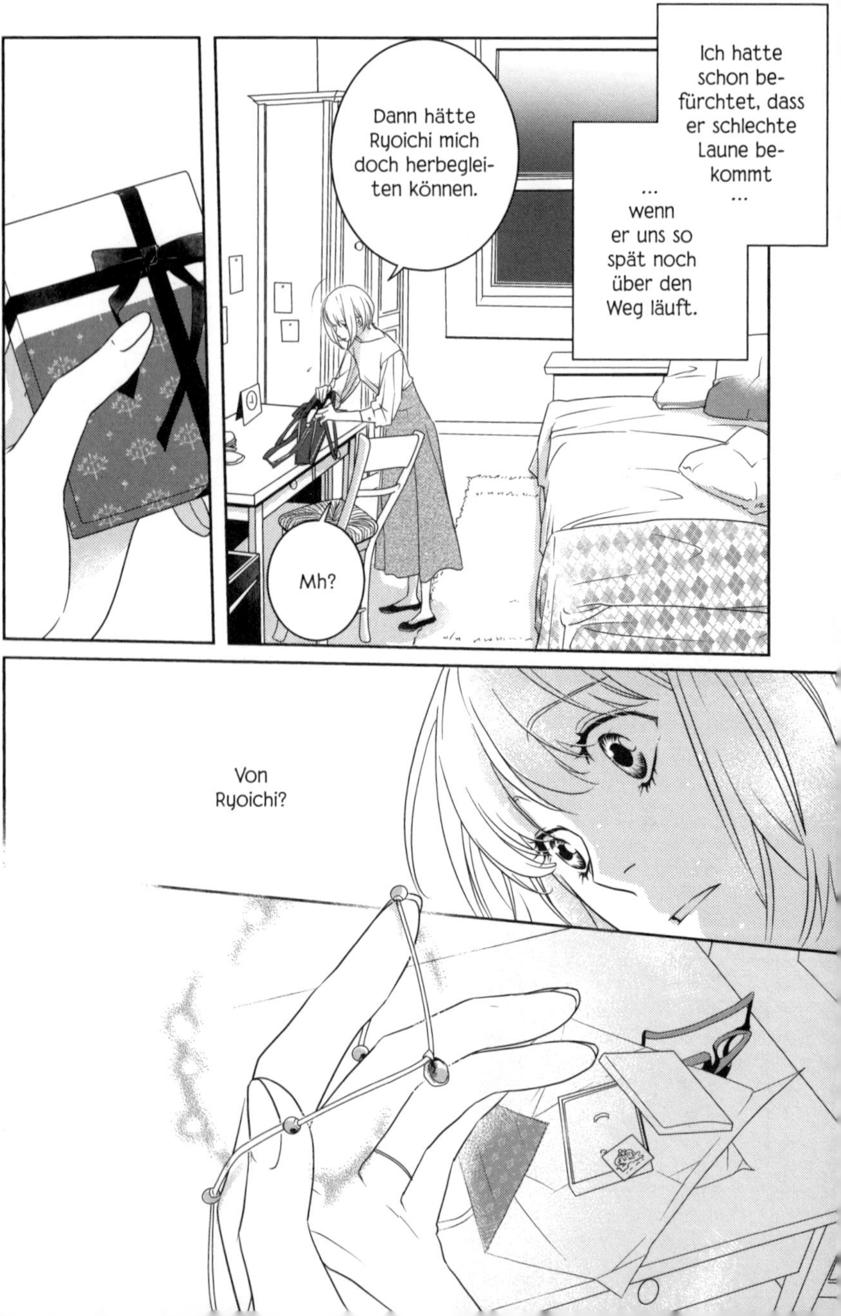

Ich hatte schon befürchtet, dass er schlechte Laune bekommt ...

... wenn er uns so spät noch über den Weg läuft.

Dann hätte Ryoichi mich doch herbegleiten können.

Mh?

Von Ryoichi?

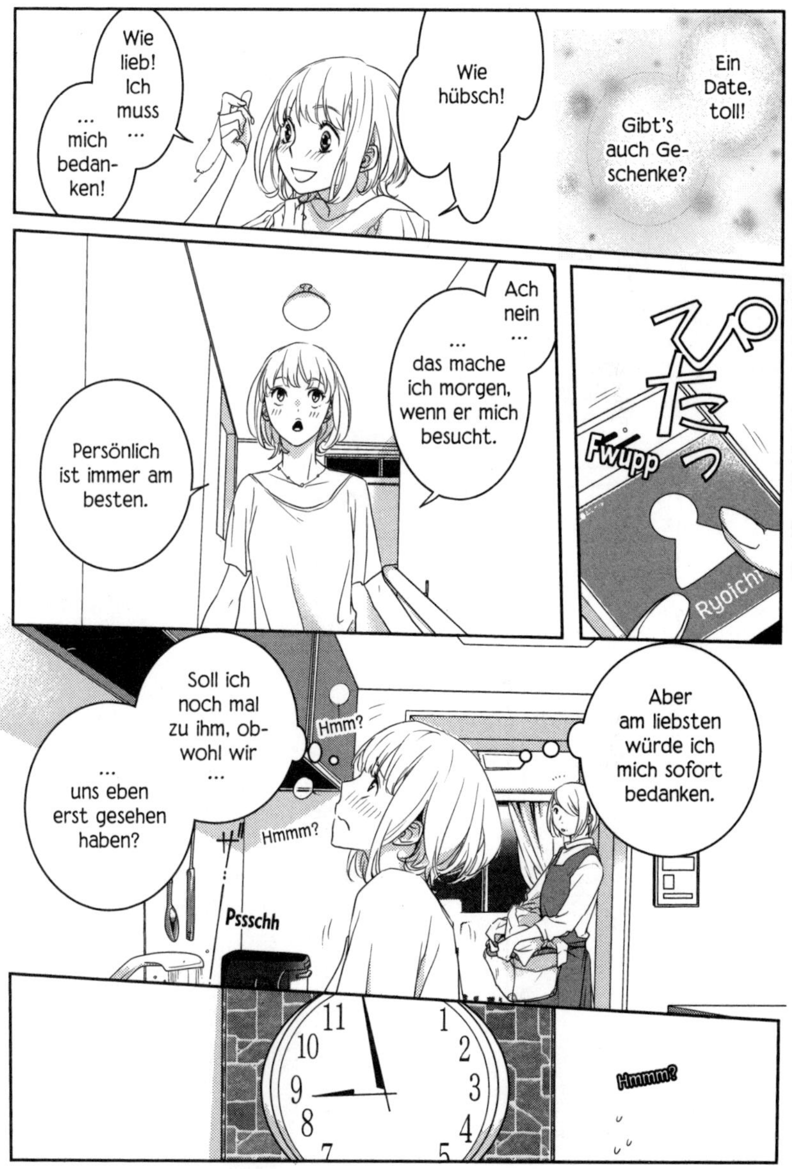
Ein Date, toll!
Gibt's auch Geschenke?
Wie hübsch!
Wie lieb! Ich muss ... mich bedanken!
ぴたっ
Fwupp
Ryoichi
Ach nein ... das mache ich morgen, wenn er mich besucht.
Persönlich ist immer am besten.
Aber am liebsten würde ich mich sofort bedanken.
Hmm?
Soll ich noch mal zu ihm, obwohl wir ... uns eben erst gesehen haben?
Hmmm?
Pssschh
Hmmm?

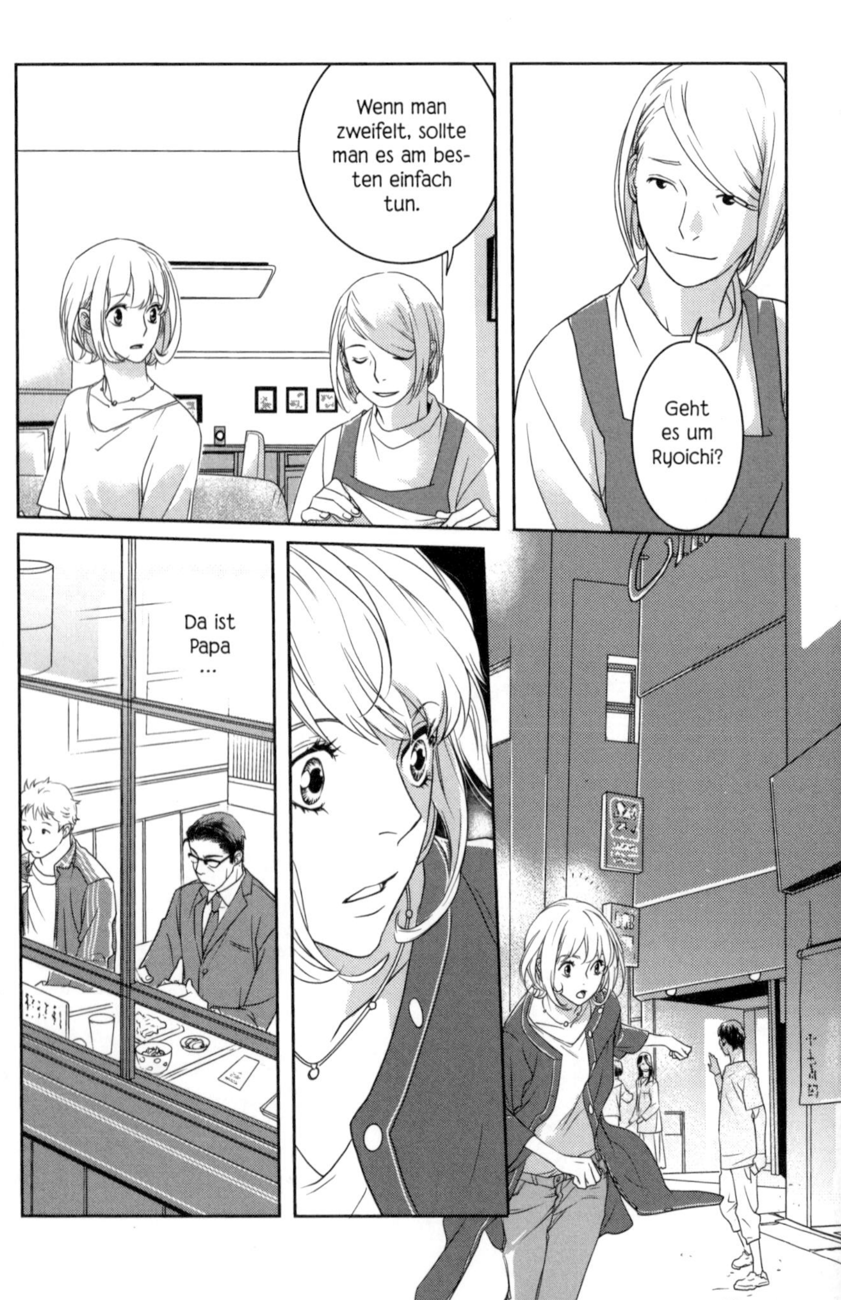
Geht es um Ryoichi?
Wenn man zweifelt, sollte man es am besten einfach tun.
Da ist Papa …

Alleine beim Essen ...

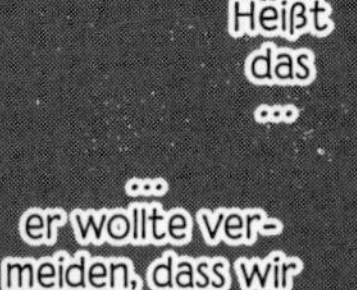

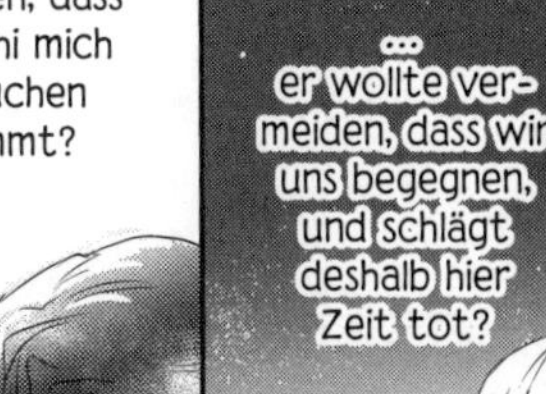

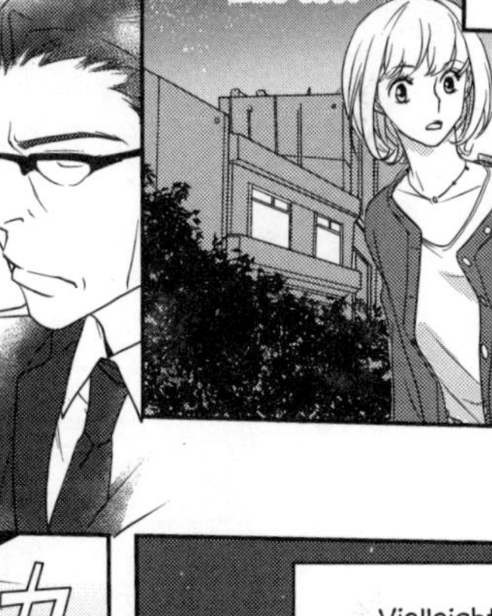

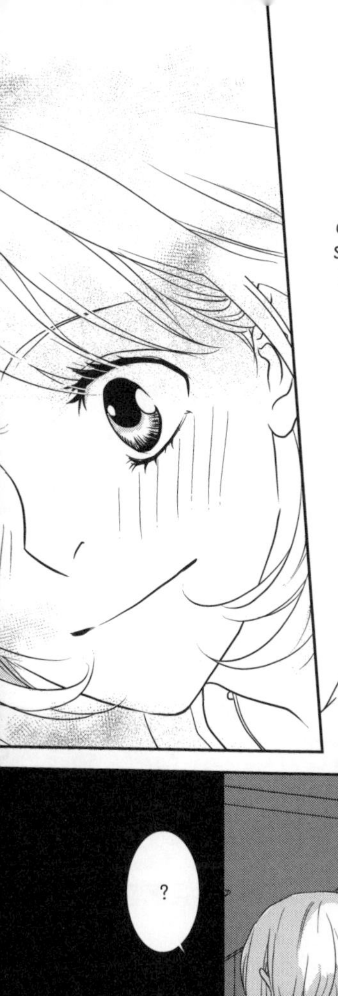

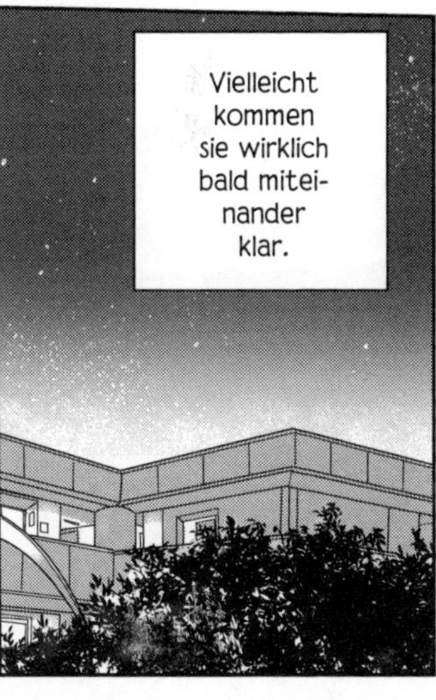

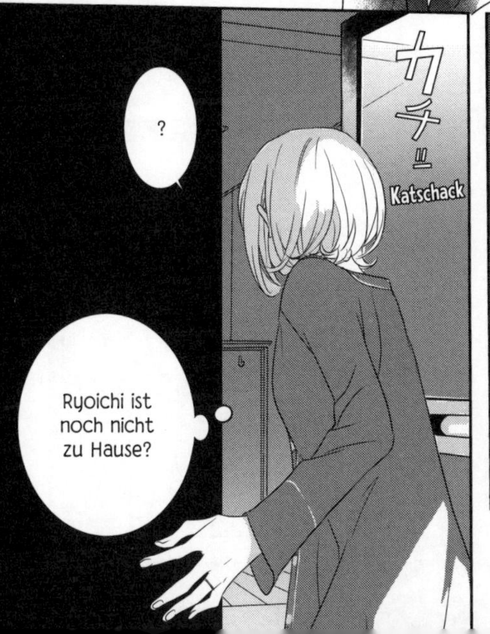

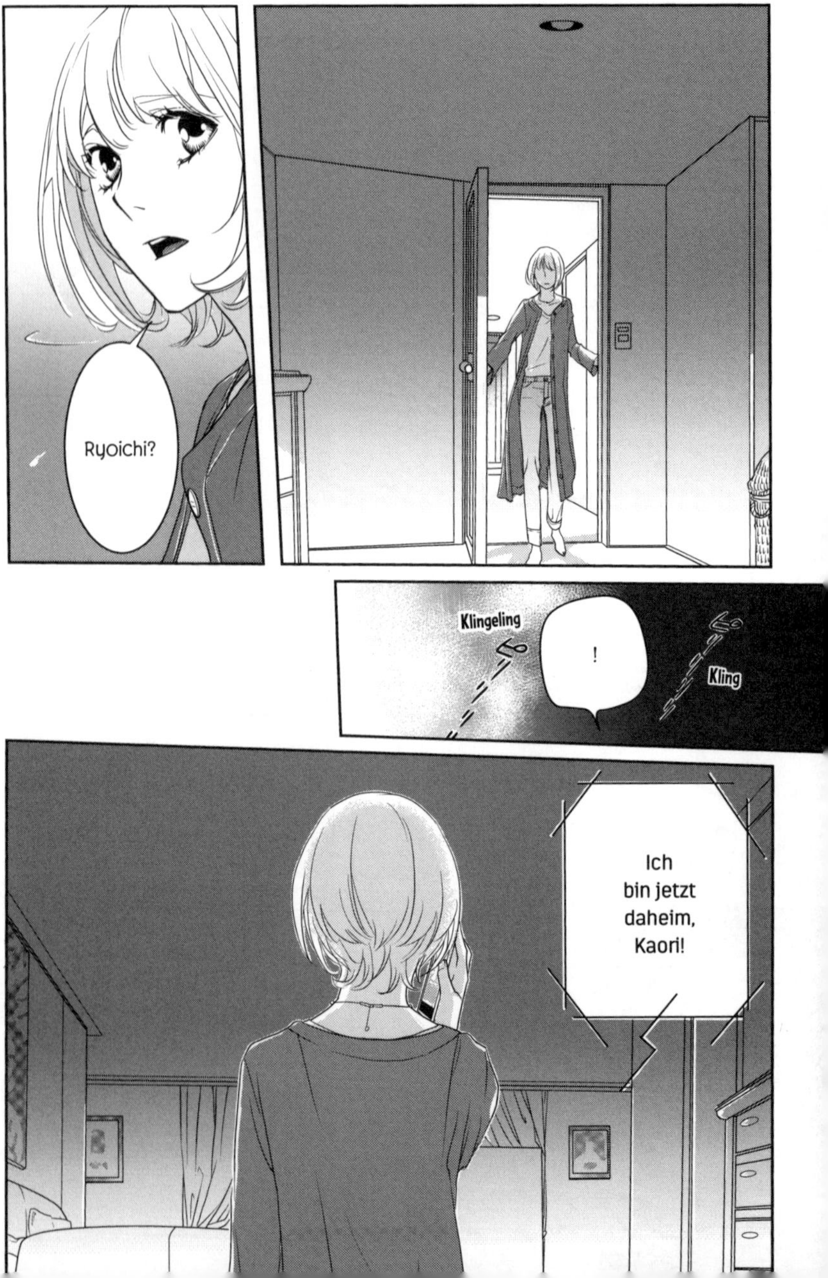

Ryoichi?

Kling

!

Klingeling

Ich bin jetzt daheim, Kaori!

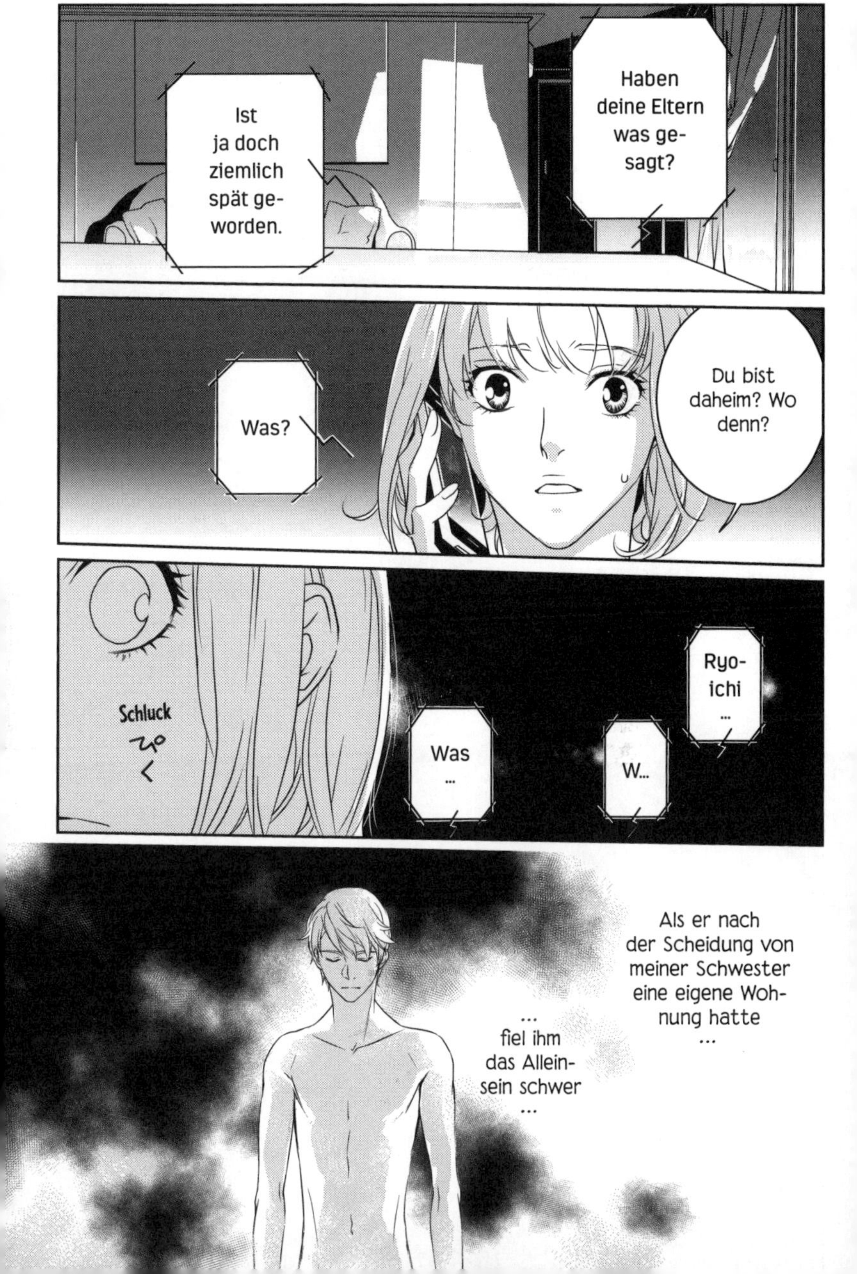

Haben deine Eltern was gesagt?

Ist ja doch ziemlich spät geworden.

Du bist daheim? Wo denn?

Was?

Ryoichi ...

W...

Was ...

Schluck

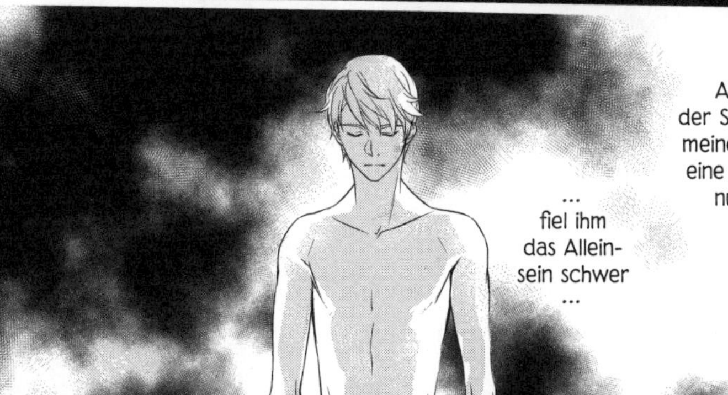

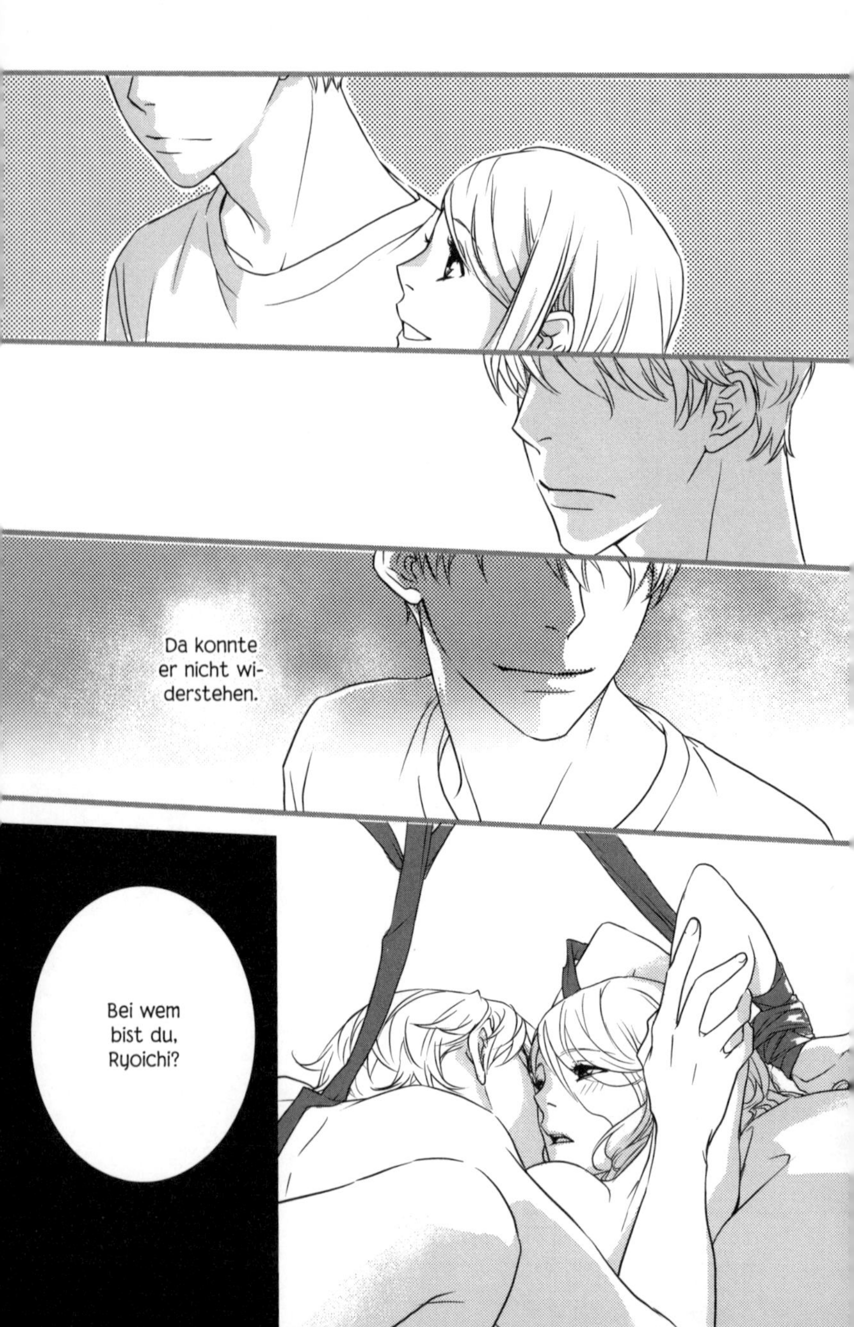
Da konnte er nicht widerstehen.
Bei wem bist du, Ryoichi?

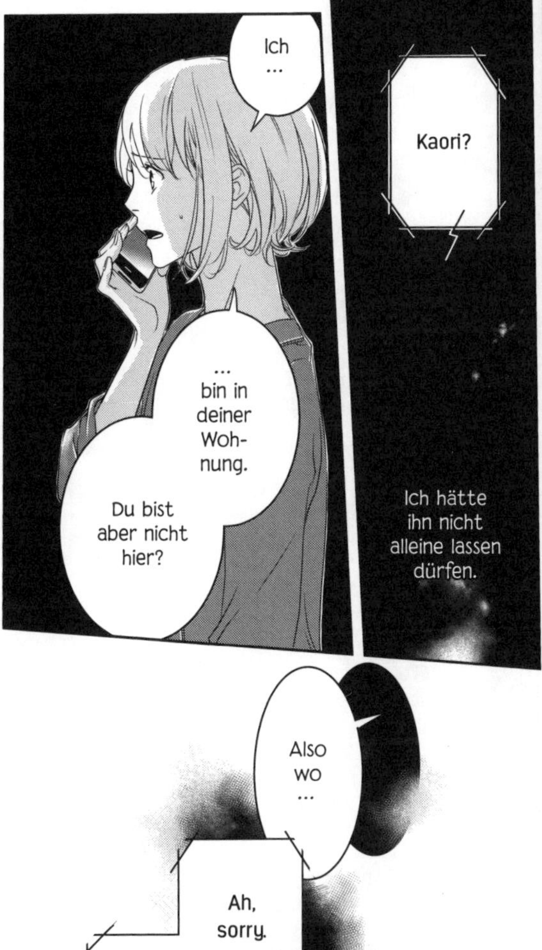
Kaori?
Wieso fragst du?
Ich hätte ihn nicht alleine lassen dürfen.
Ich ...
... bin in deiner Wohnung.
Du bist aber nicht hier?
Also wo ...
Ah, sorry.
Ich bin bei Sasaki.

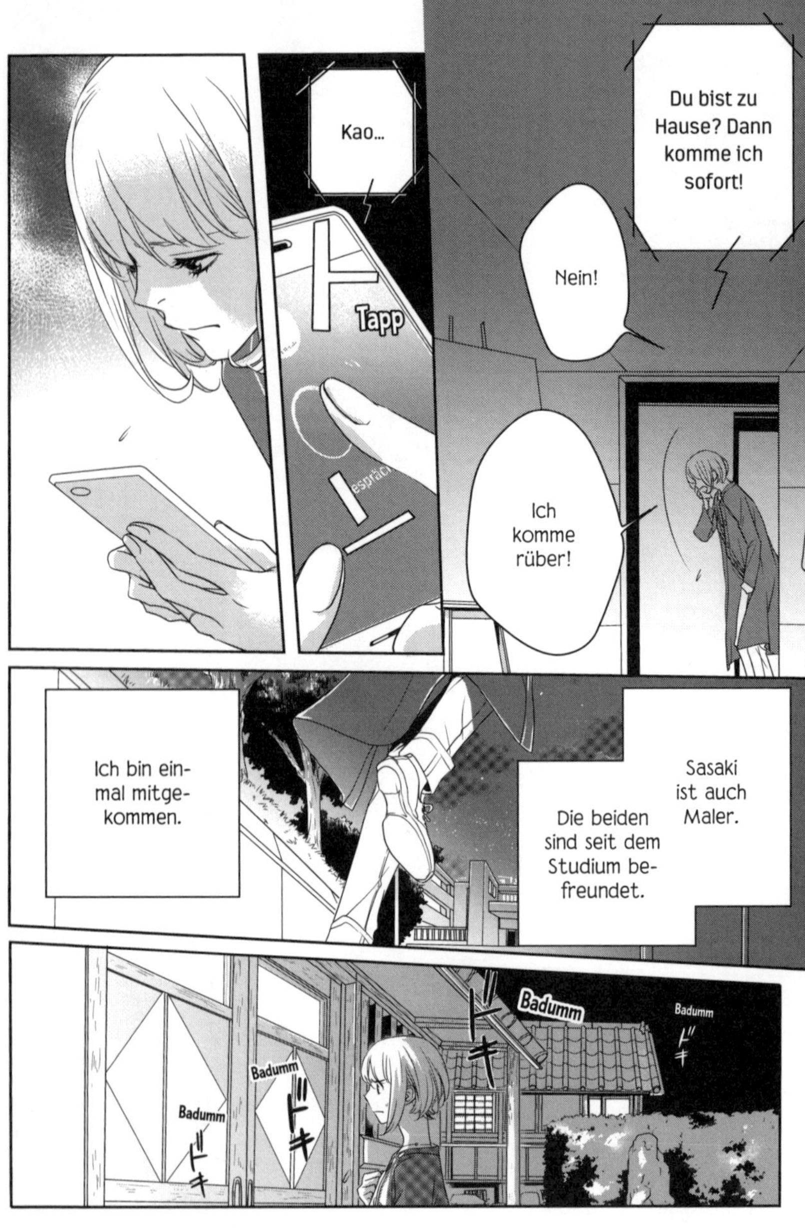
Du bist zu Hause? Dann komme ich sofort!
Nein!
Ich komme rüber!
Kao...
Tapp
Sasaki ist auch Maler.
Die beiden sind seit dem Studium befreundet.
Ich bin einmal mitgekommen.
Badumm
ドキ
Badumm
ドキ
Badumm
ドキ
Badumm
ドキ

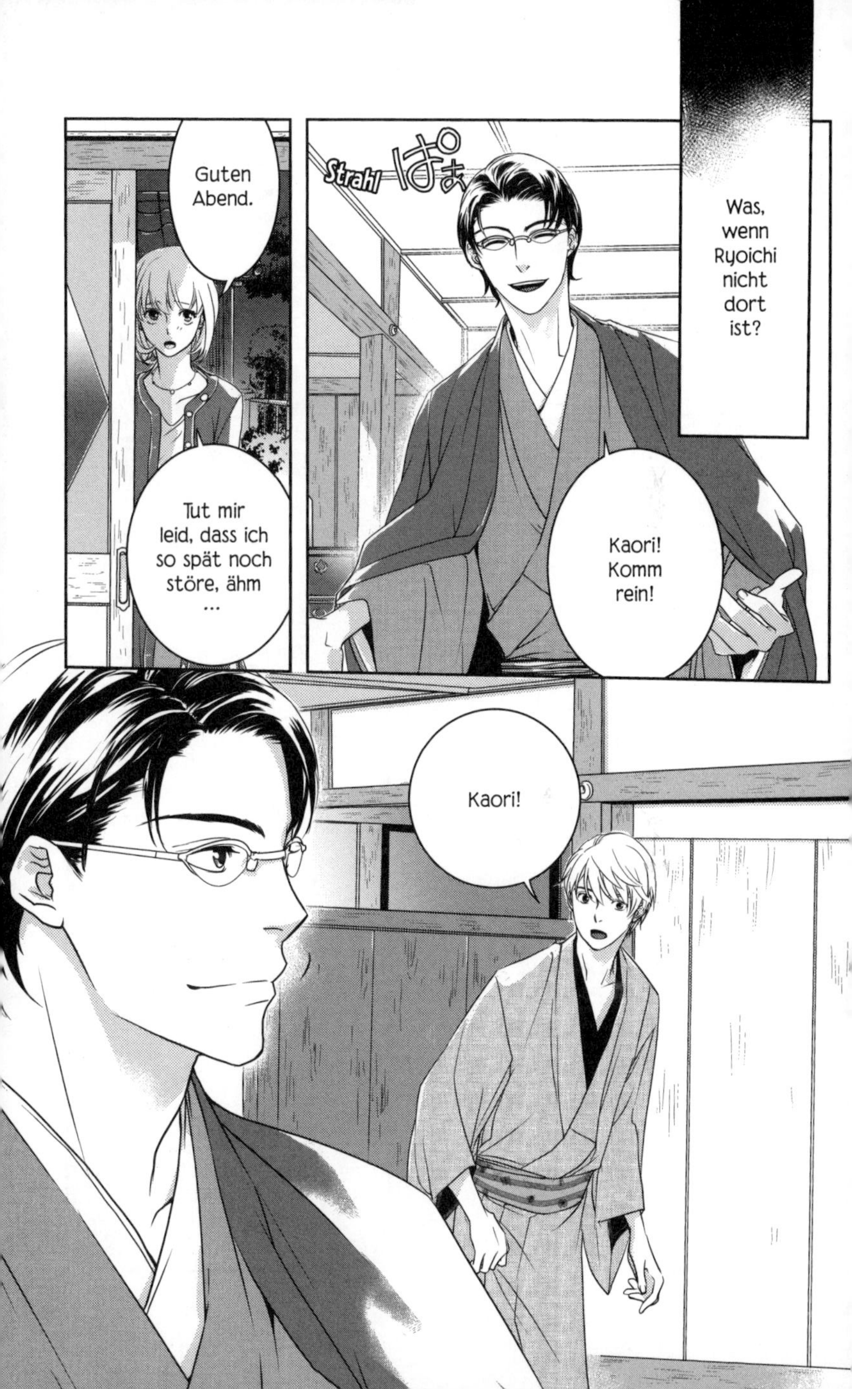
Was, wenn Ryoichi nicht dort ist?
Strahl
ぱぁ
Kaori! Komm rein!
Guten Abend.
Tut mir leid, dass ich so spät noch störe, ähm …
Kaori!

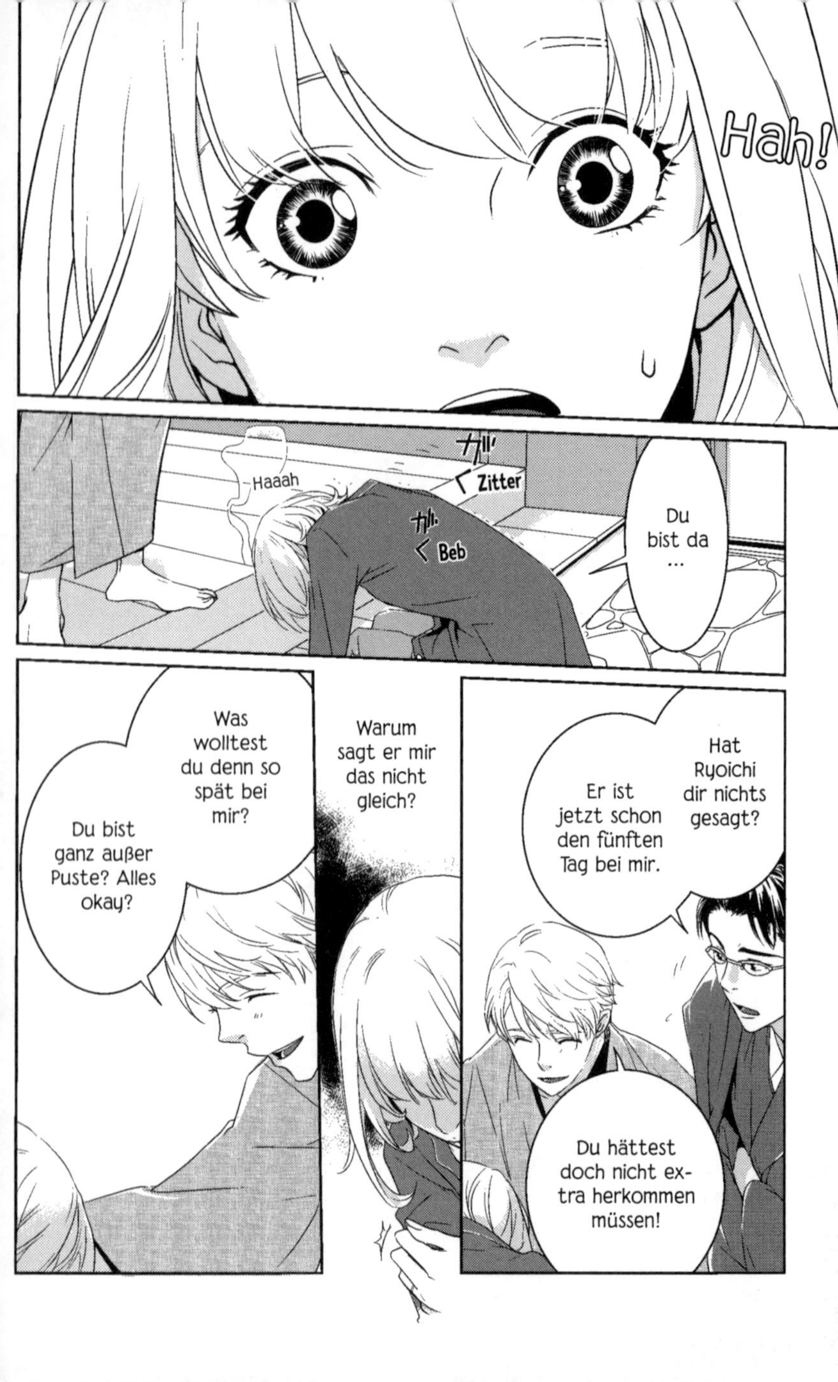
Hah!
Du bist da ...
Zitter
Beb
Haaah
Hat Ryoichi dir nichts gesagt?
Er ist jetzt schon den fünften Tag bei mir.
Du hättest doch nicht extra herkommen müssen!
Warum sagt er mir das nicht gleich?
Was wolltest du denn so spät bei mir?
Du bist ganz außer Puste? Alles okay?

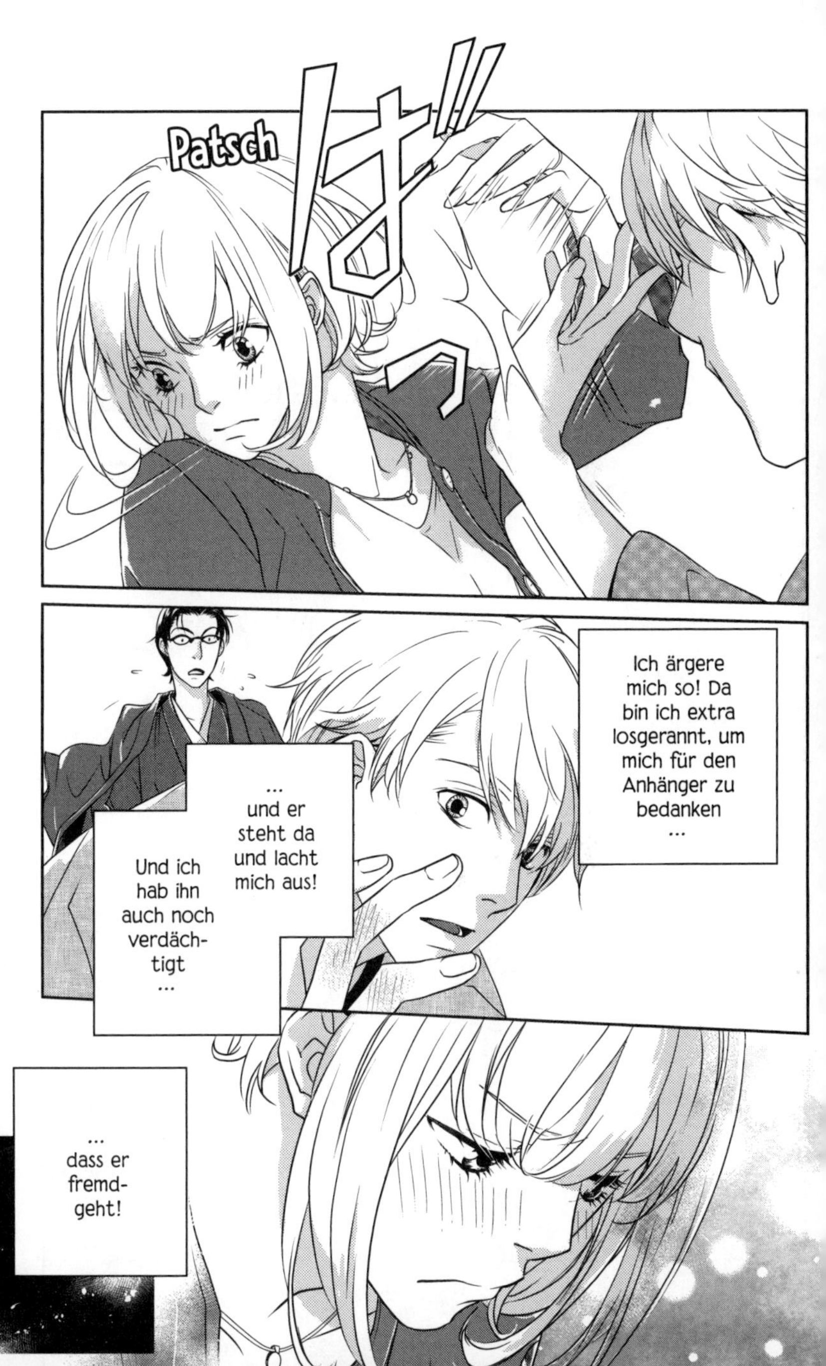

Patsch
ばっ
Ich ärgere mich so! Da bin ich extra losgerannt, um mich für den Anhänger zu bedanken ...
... und er steht da und lacht mich aus!
Und ich hab ihn auch noch verdächtigt ...
... dass er fremdgeht!

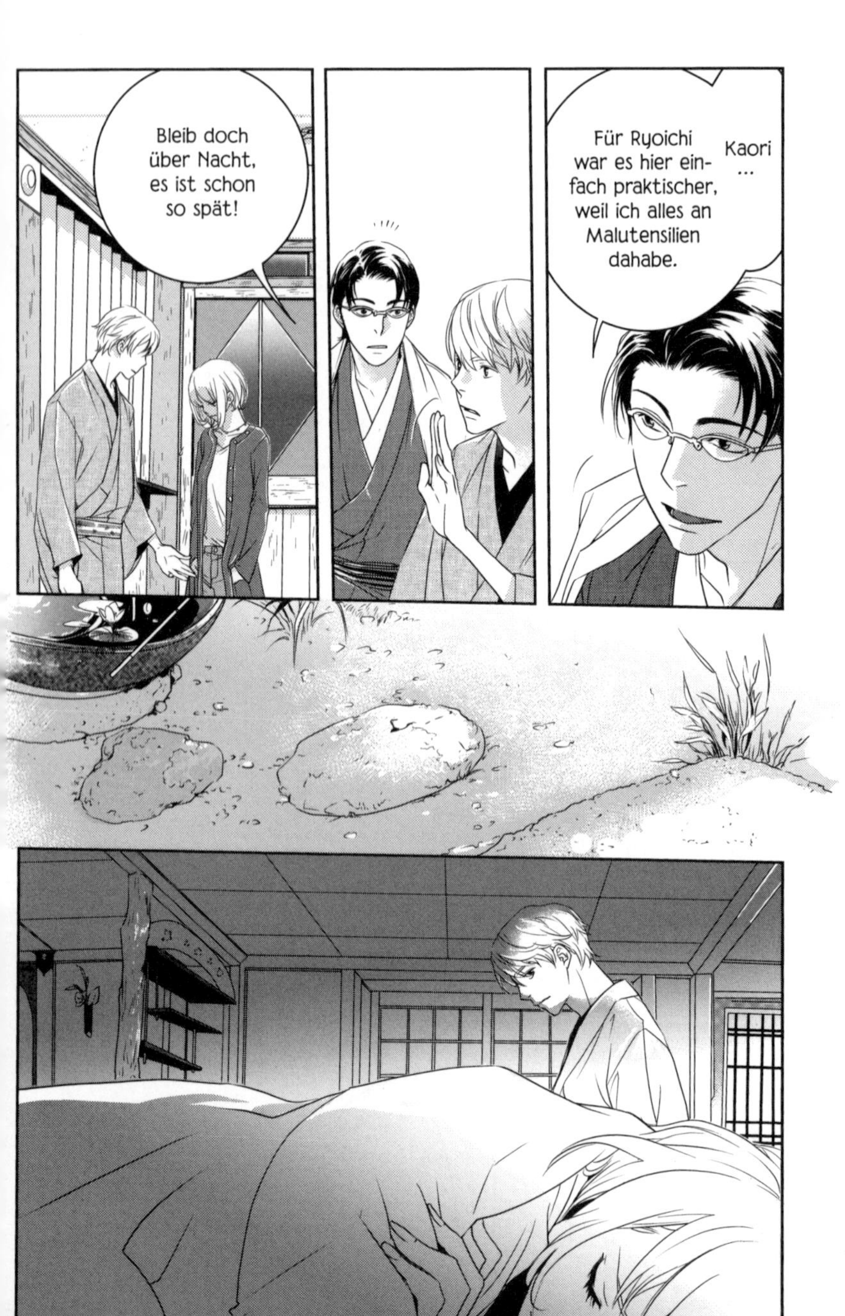
Kaori ...
Für Ryoichi war es hier einfach praktischer, weil ich alles an Malutensilien dahabe.
Bleib doch über Nacht, es ist schon so spät!

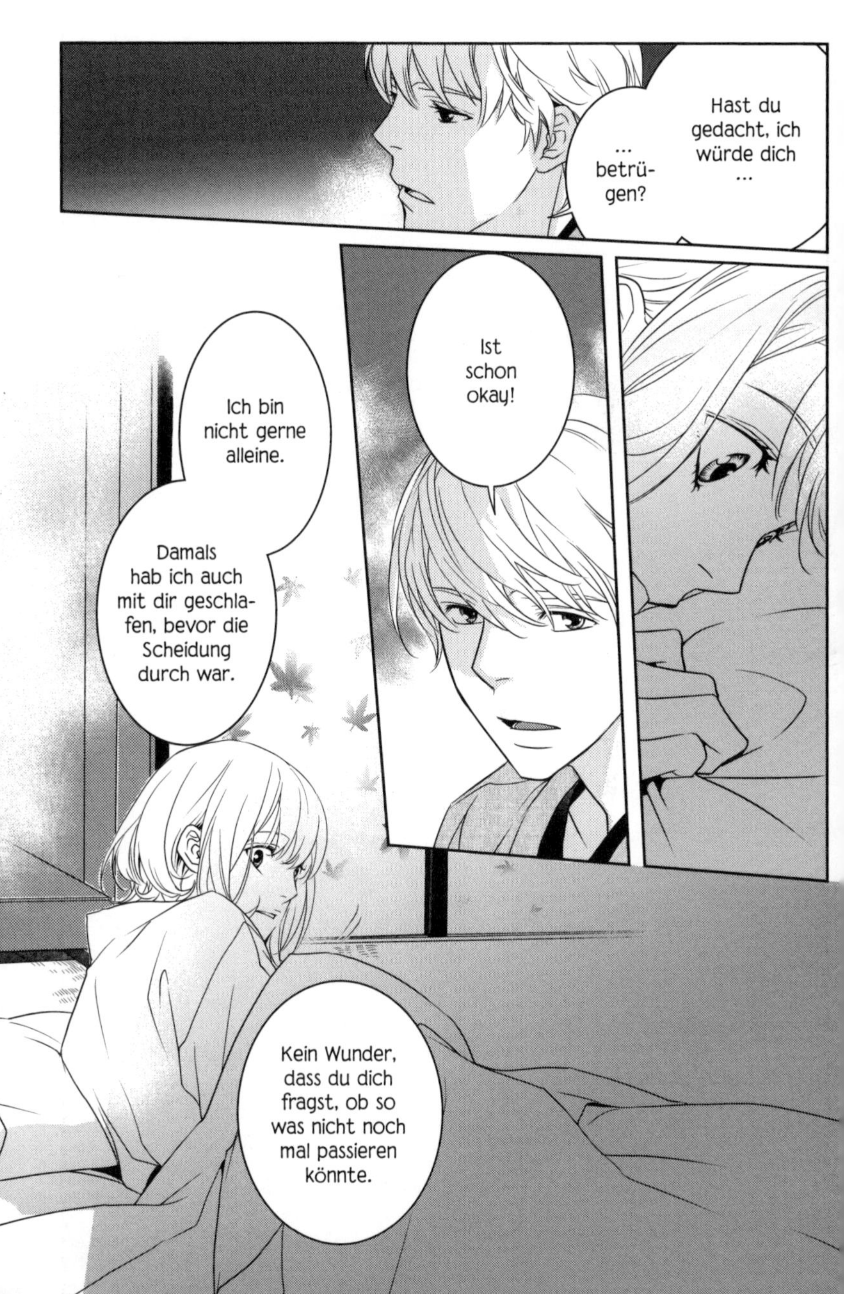
Hast du gedacht, ich würde dich ...
... betrügen?
Ist schon okay!
Ich bin nicht gerne alleine.
Damals hab ich auch mit dir geschlafen, bevor die Scheidung durch war.
Kein Wunder, dass du dich fragst, ob so was nicht noch mal passieren könnte.

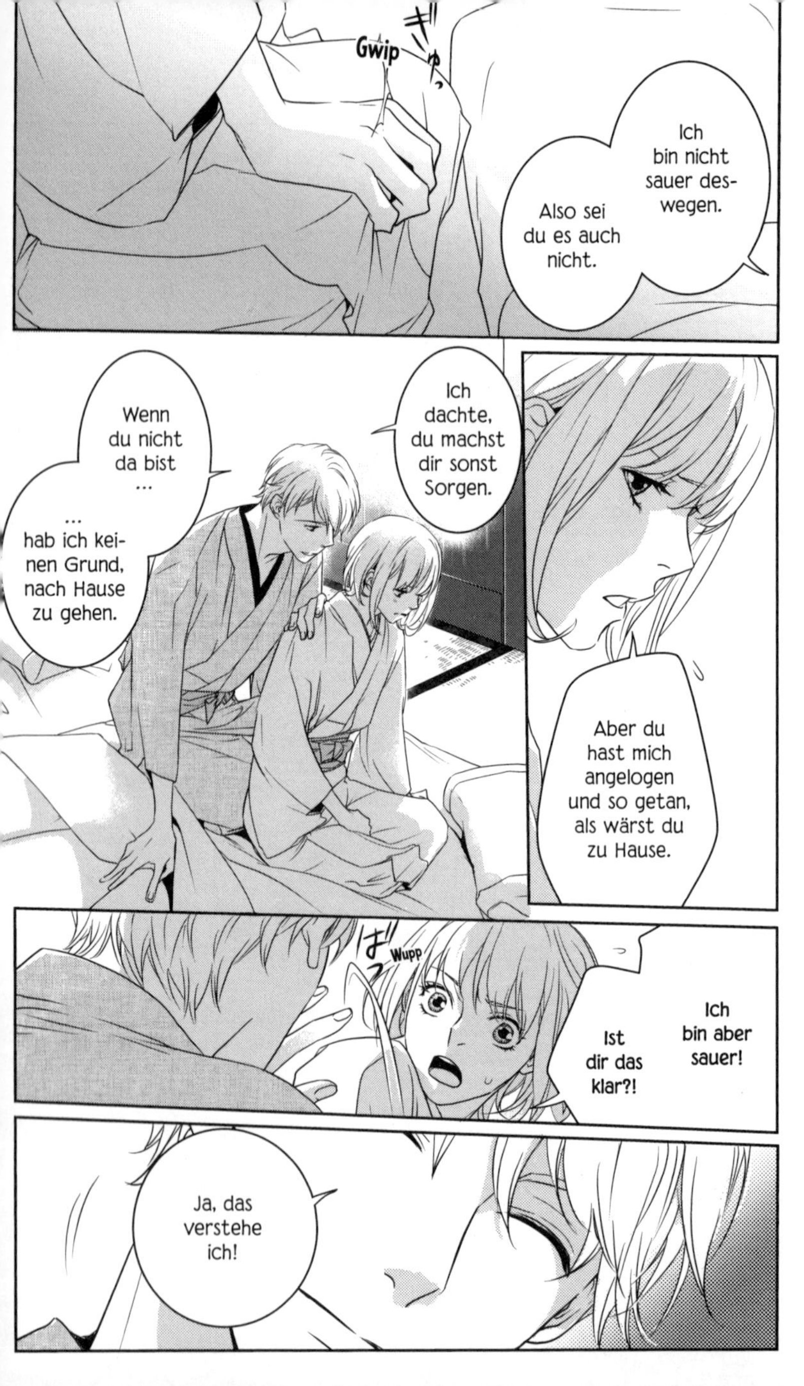

ぎゅっ
Gwip
Ich bin nicht sauer deswegen.
Also sei du es auch nicht.
Aber du hast mich angelogen und so getan, als wärst du zu Hause.
Ich dachte, du machst dir sonst Sorgen.
Wenn du nicht da bist ...
... hab ich keinen Grund, nach Hause zu gehen.
ばっ
Wupp
Ich bin aber sauer!
Ist dir das klar?!
Ja, das verstehe ich!

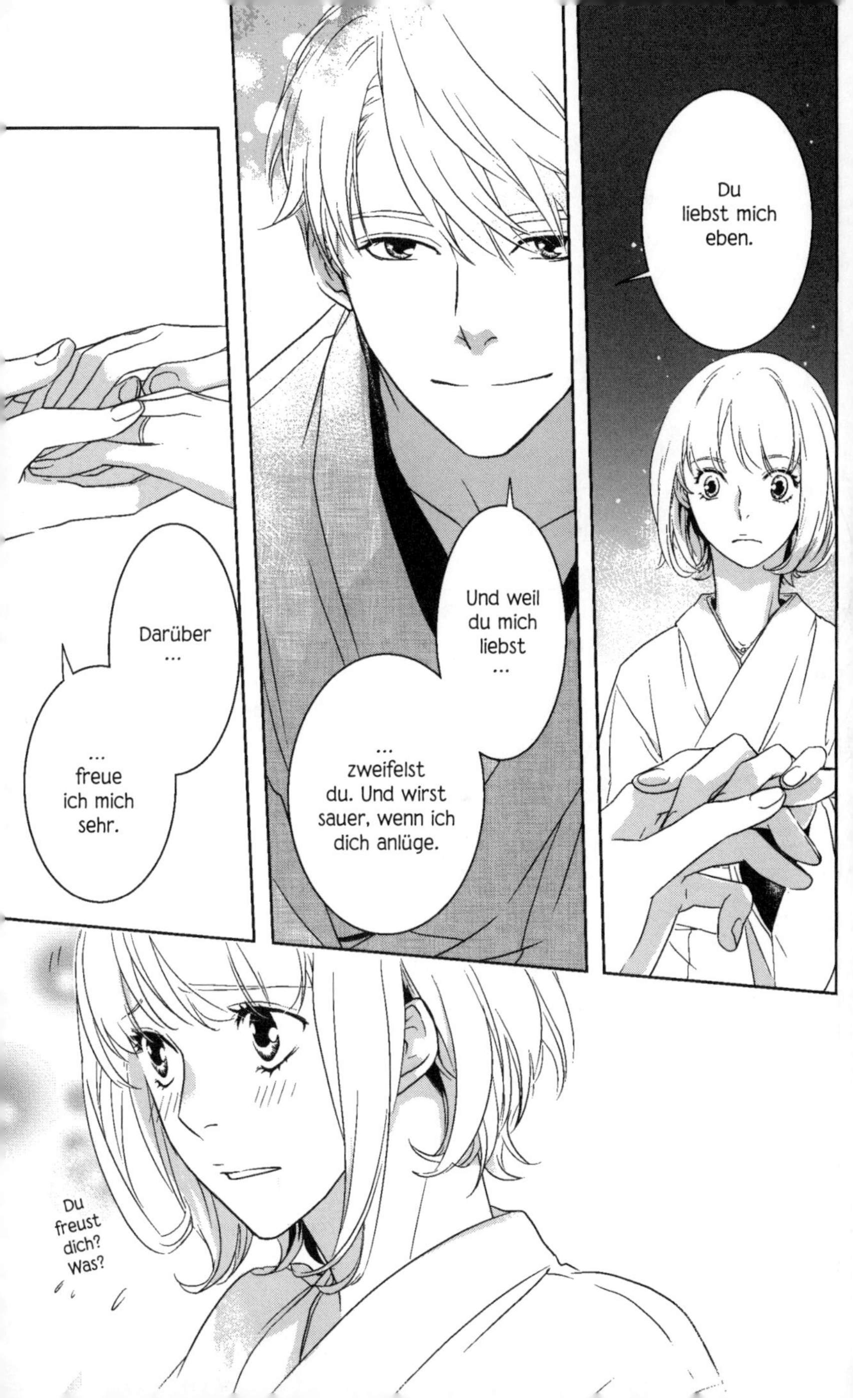
Du liebst mich eben.
Und weil du mich liebst ...
... zweifelst du. Und wirst sauer, wenn ich dich anlüge.
Darüber ...
... freue ich mich sehr.
Du freust dich? Was?

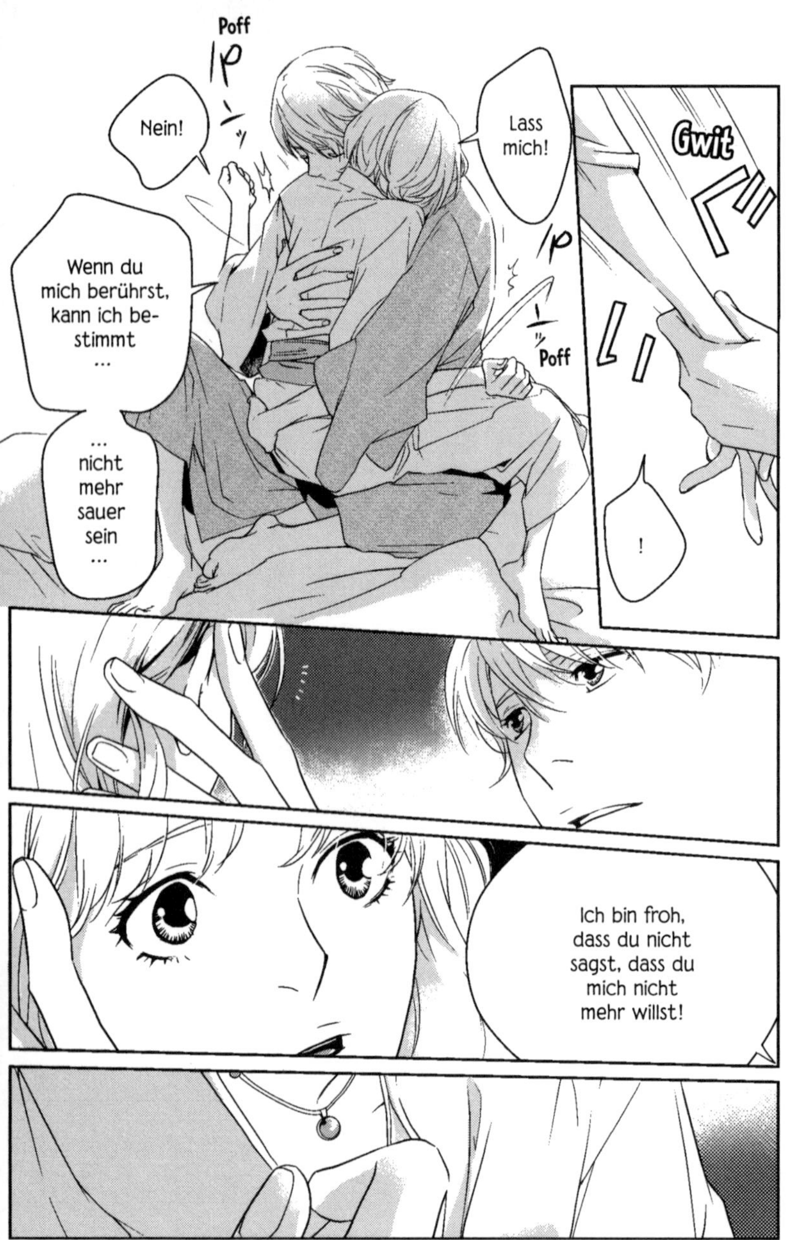
Gwit
!
Lass mich!
Poff
Nein!
Poff
Wenn du mich berührst, kann ich bestimmt ...
... nicht mehr sauer sein ...
Ich bin froh, dass du nicht sagst, dass du mich nicht mehr willst!

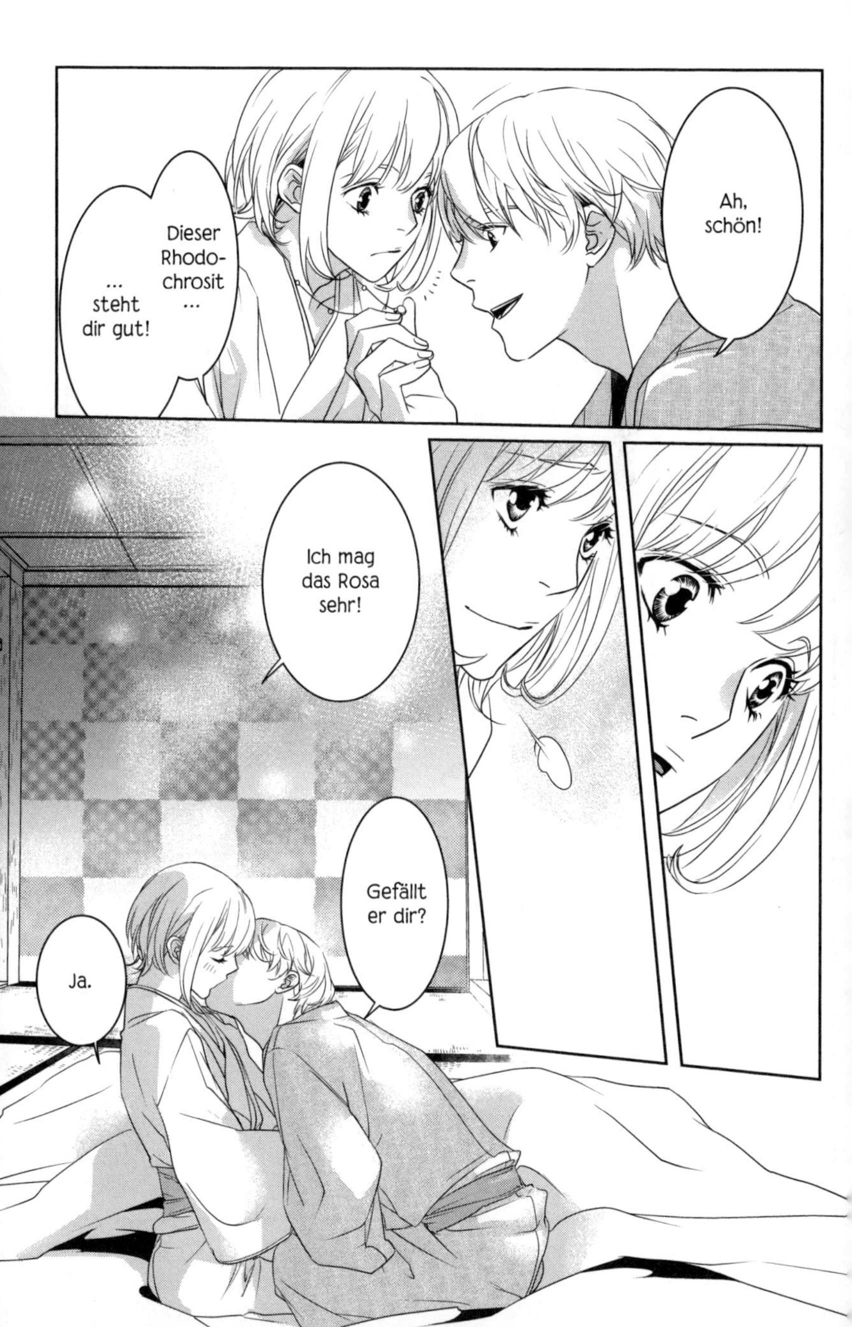
Ah, schön!
Dieser Rhodochrosit ...
... steht dir gut!
Ich mag das Rosa sehr!
Gefällt er dir?
Ja.

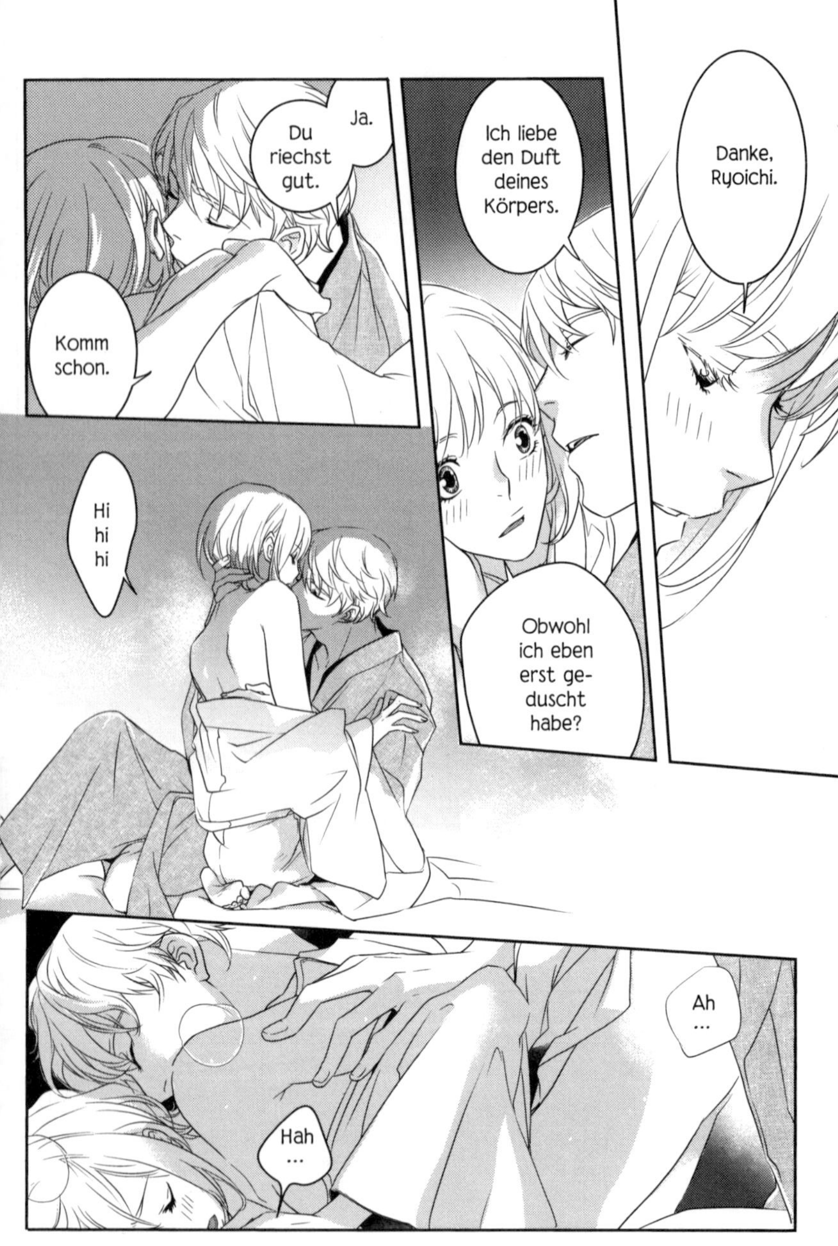

Danke, Ryoichi.
Ich liebe den Duft deines Körpers.
Obwohl ich eben erst ge-duscht habe?
Ja.
Du riechst gut.
Komm schon.
Hi hi hi
Ah ...
Hah ...

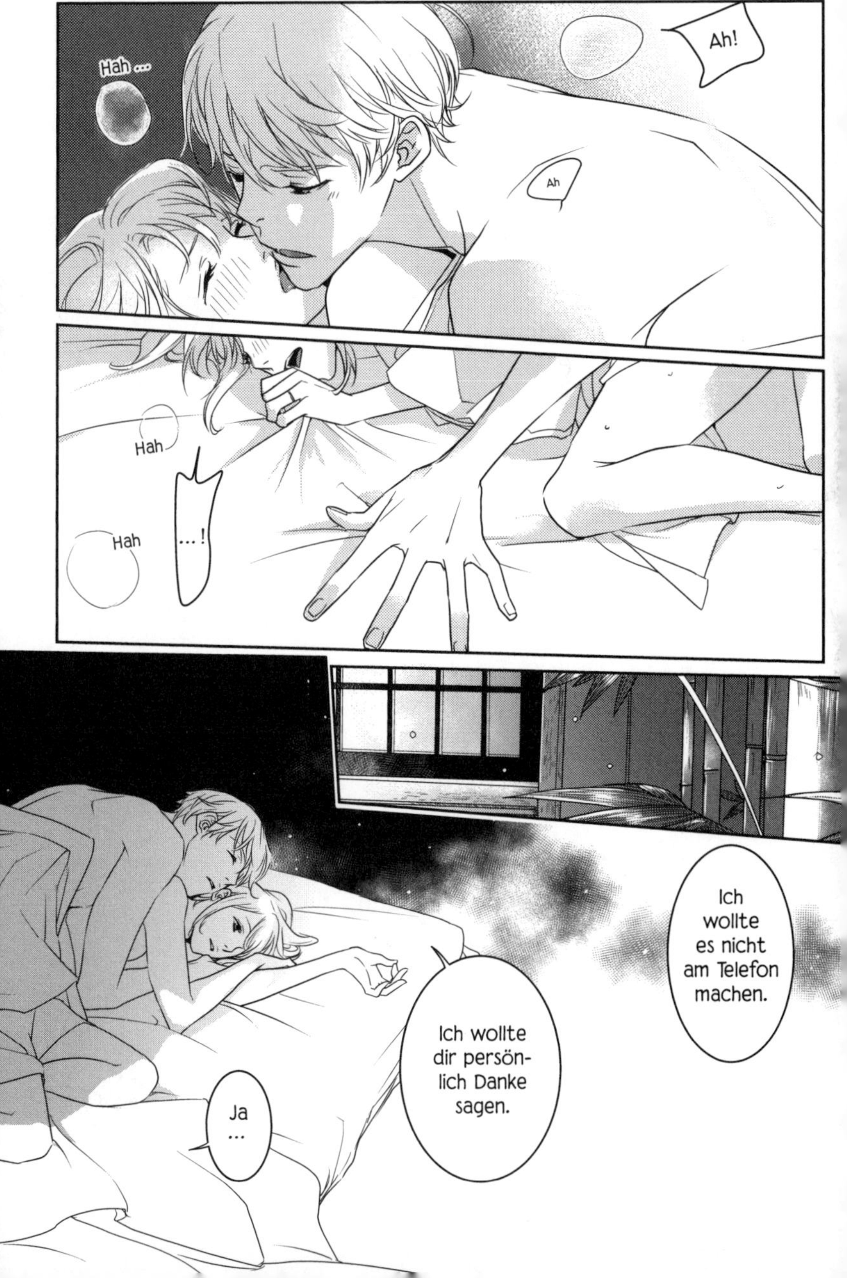
Ah!
Ah
Hah ...
...!
Hah
Hah
Ich wollte es nicht am Telefon machen.
Ich wollte dir persönlich Danke sagen.
Ja ...

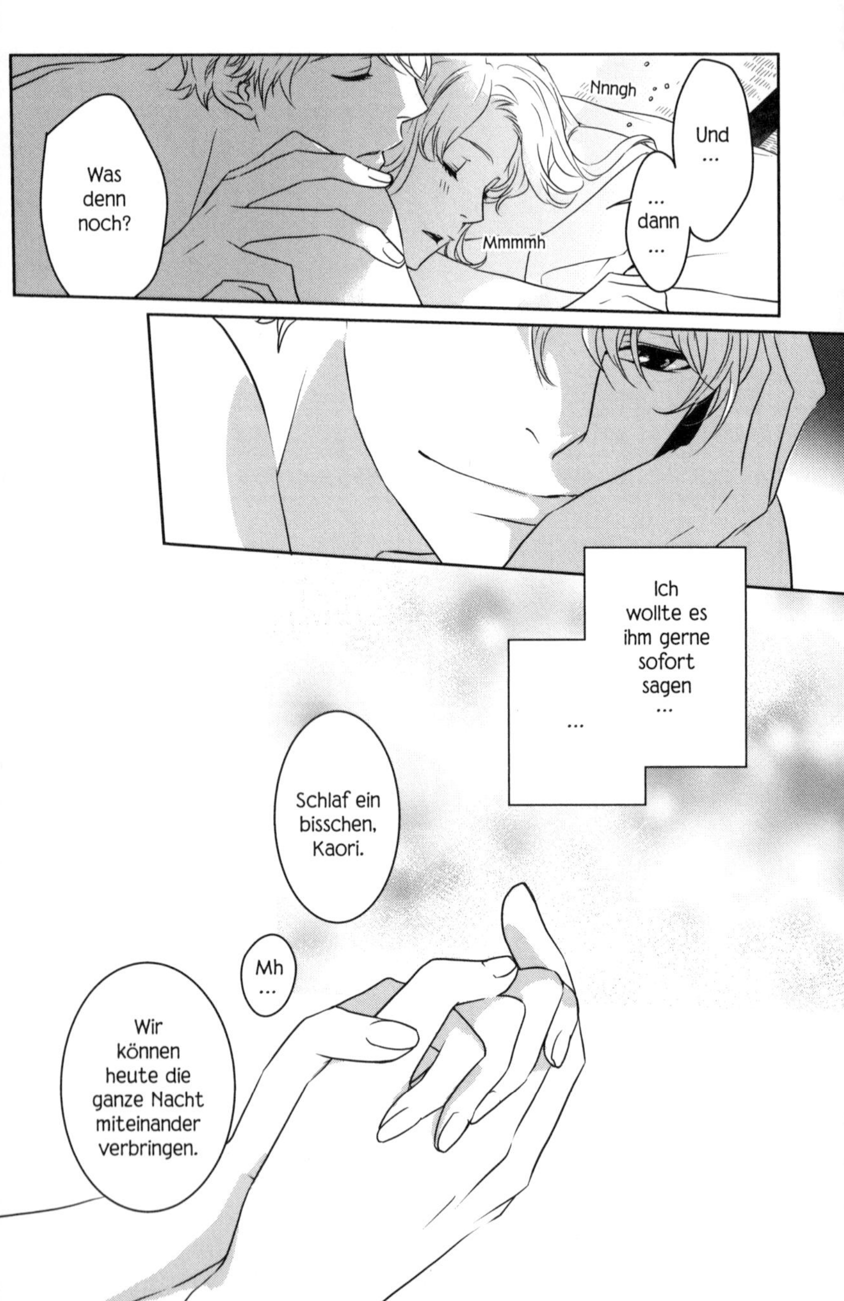
Nnngh
Und …
… dann …
Mmmmh
Was denn noch?
Ich wollte es ihm gerne sofort sagen … …
Schlaf ein bisschen, Kaori.
Mh …
Wir können heute die ganze Nacht miteinander verbringen.

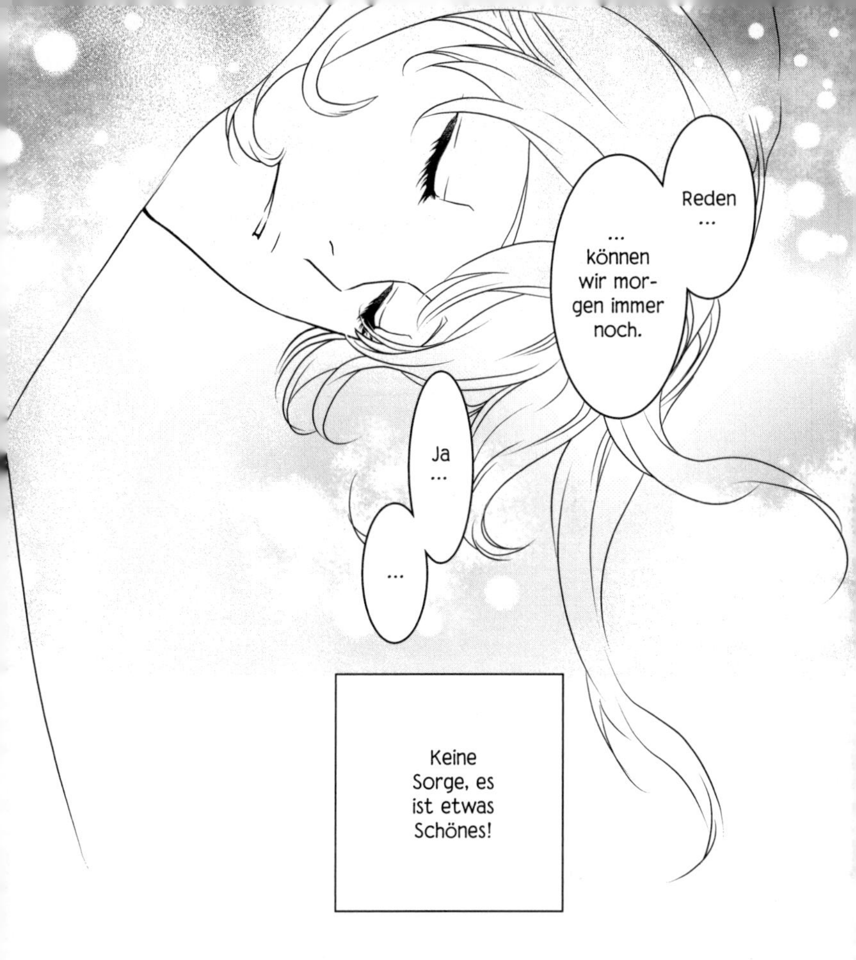

»Gift und Honig« – Ende -

Erschienen in der *Mofura*, Ausgaben 35/2019 und 8/2020.

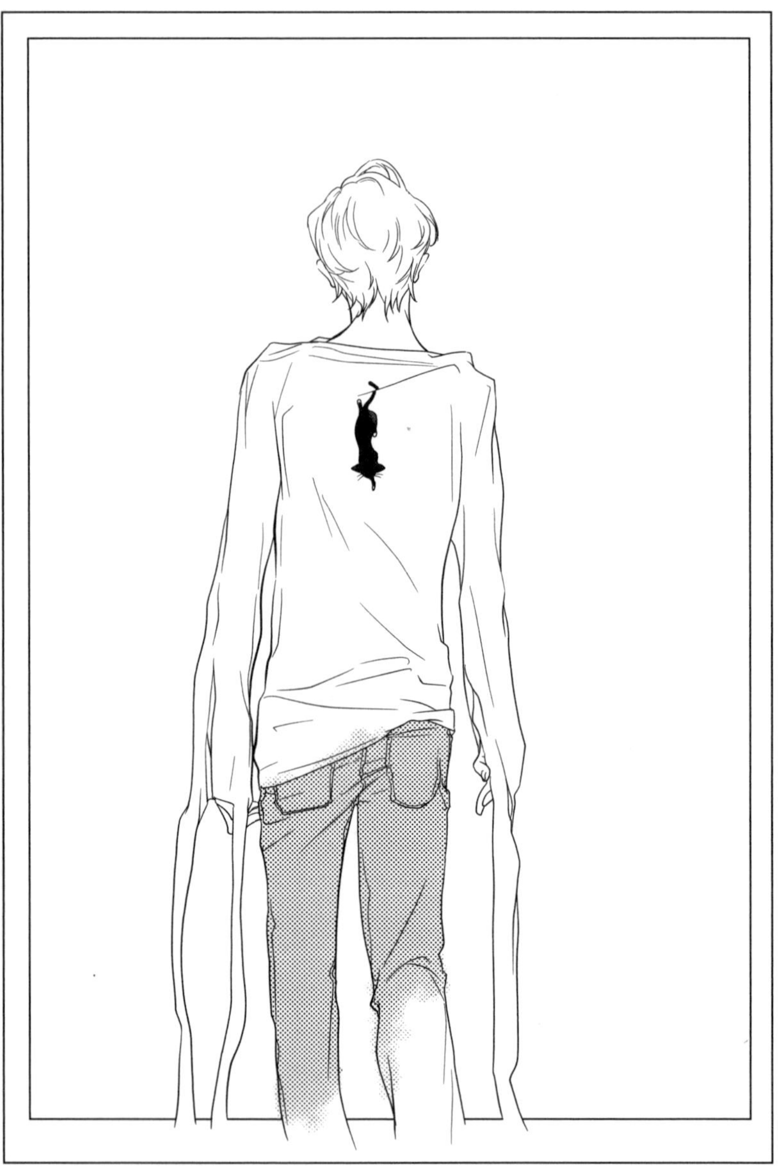

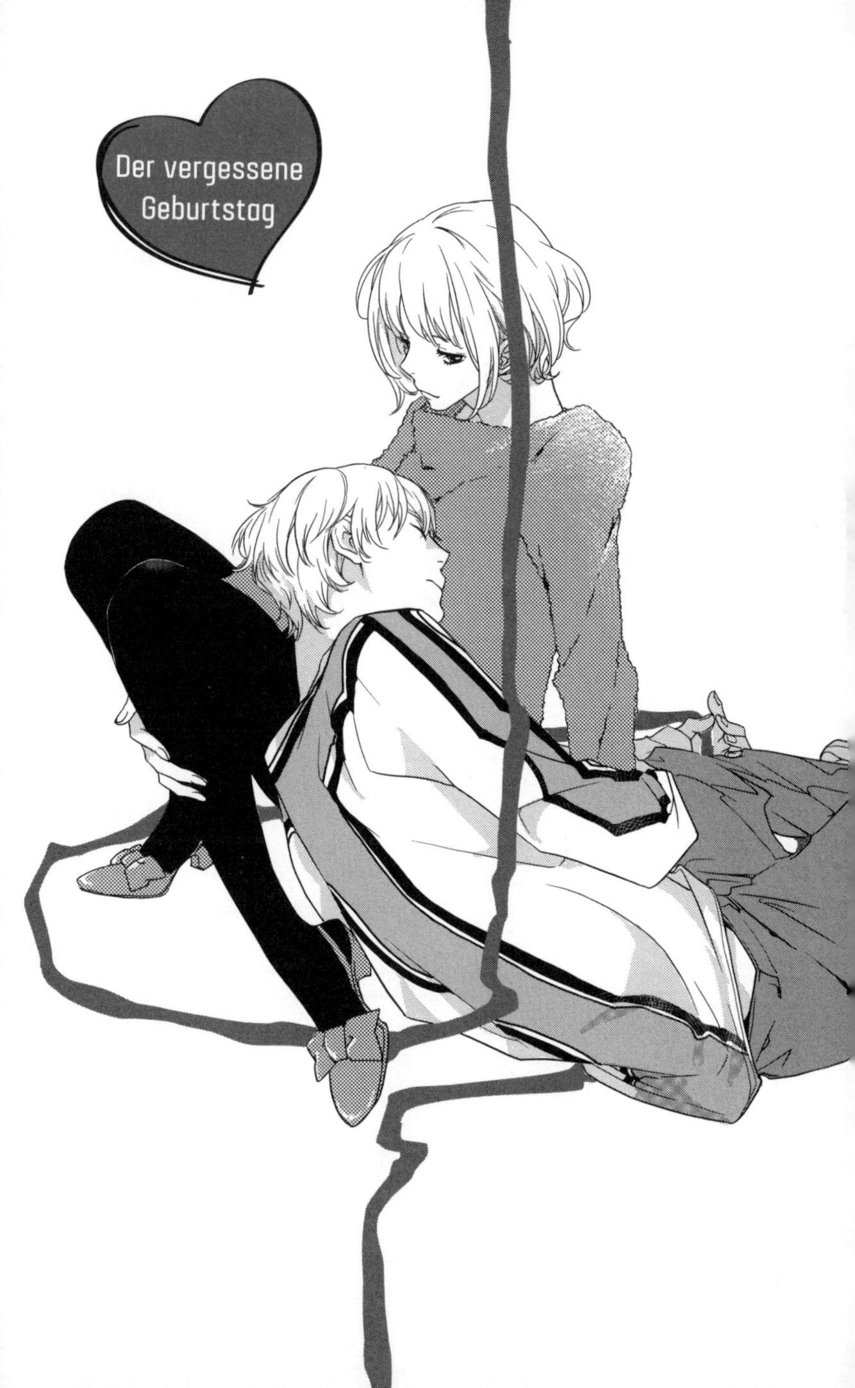
Der vergessene
Geburtstag

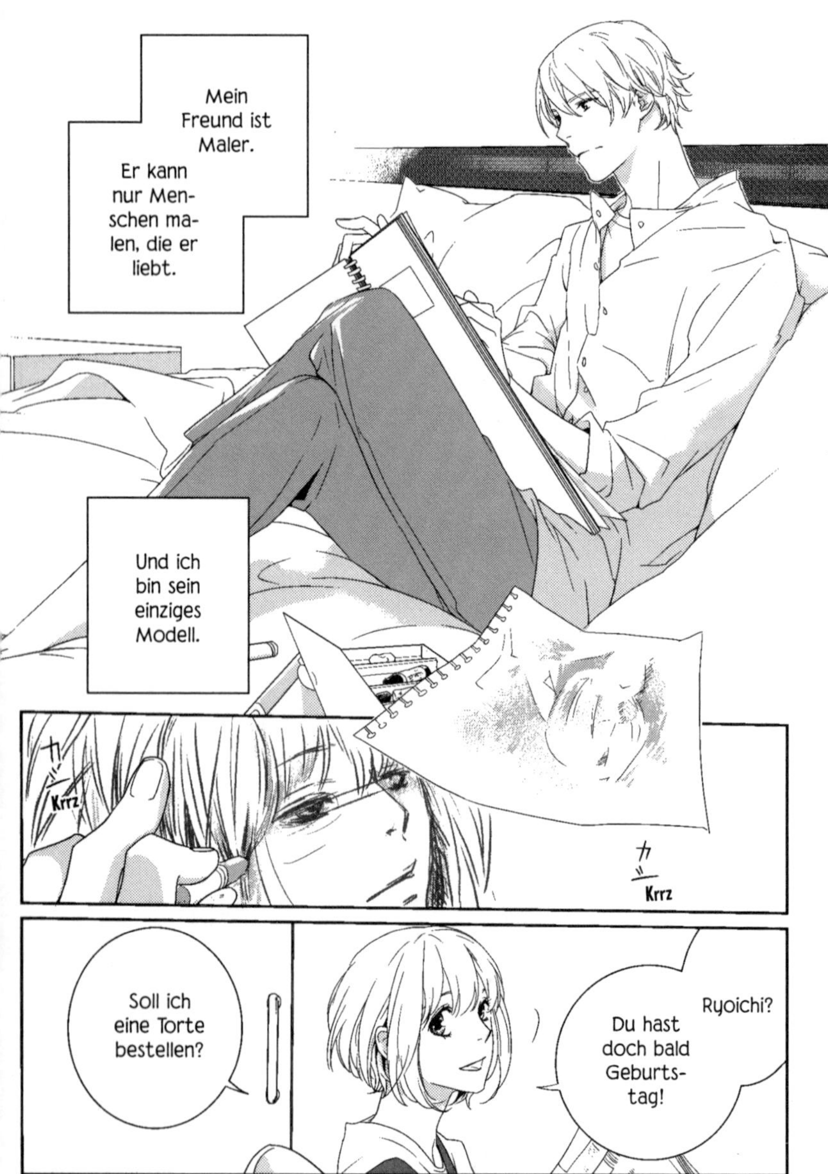
Mein Freund ist Maler.
Er kann nur Menschen malen, die er liebt.
Und ich bin sein einziges Modell.
カッ Krrz
カッ Krrz
Ryoichi?
Du hast doch bald Geburtstag!
Soll ich eine Torte bestellen?

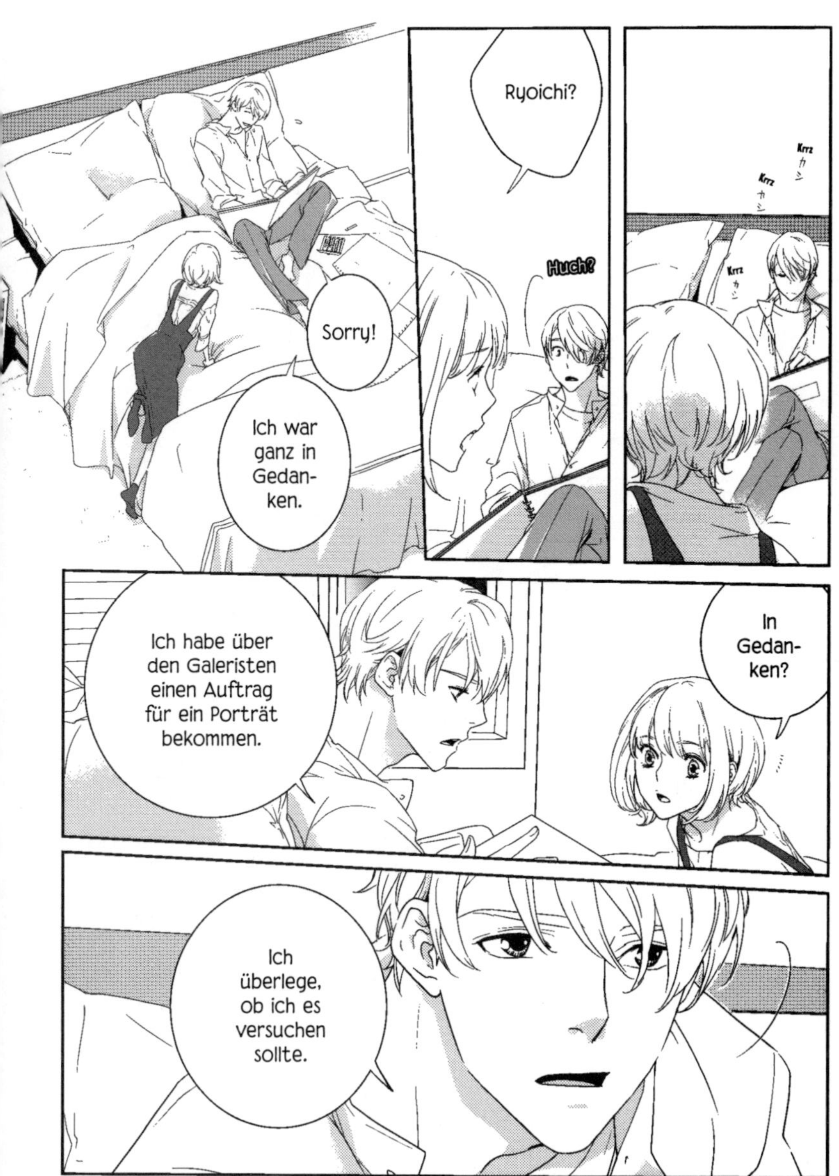
Krrz
Krrz
Krrz
Ryoichi?
Huch?
Sorry!
Ich war ganz in Gedanken.
In Gedanken?
Ich habe über den Galeristen einen Auftrag für ein Porträt bekommen.
Ich überlege, ob ich es versuchen sollte.

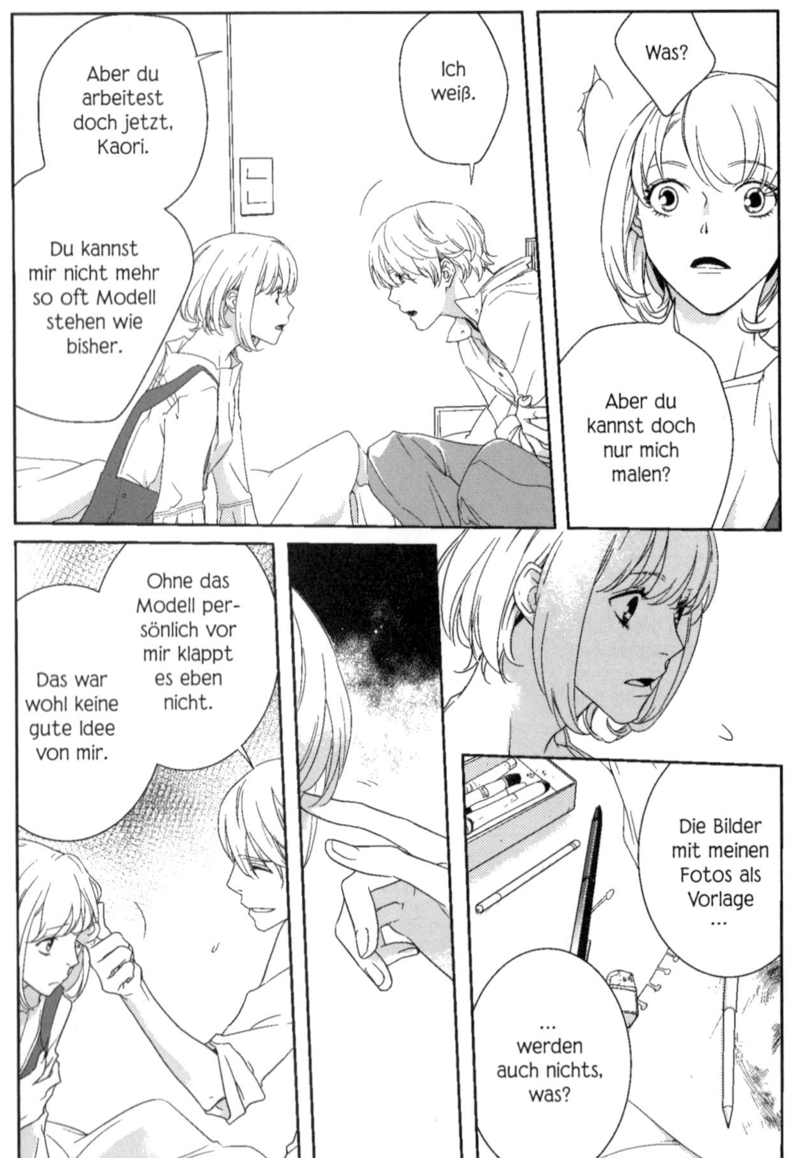
Was?
Aber du kannst doch nur mich malen?
Ich weiß.
Aber du arbeitest doch jetzt, Kaori.
Du kannst mir nicht mehr so oft Modell stehen wie bisher.
Die Bilder mit meinen Fotos als Vorlage ...
... werden auch nichts, was?
Ohne das Modell persönlich vor mir klappt es eben nicht.
Das war wohl keine gute Idee von mir.

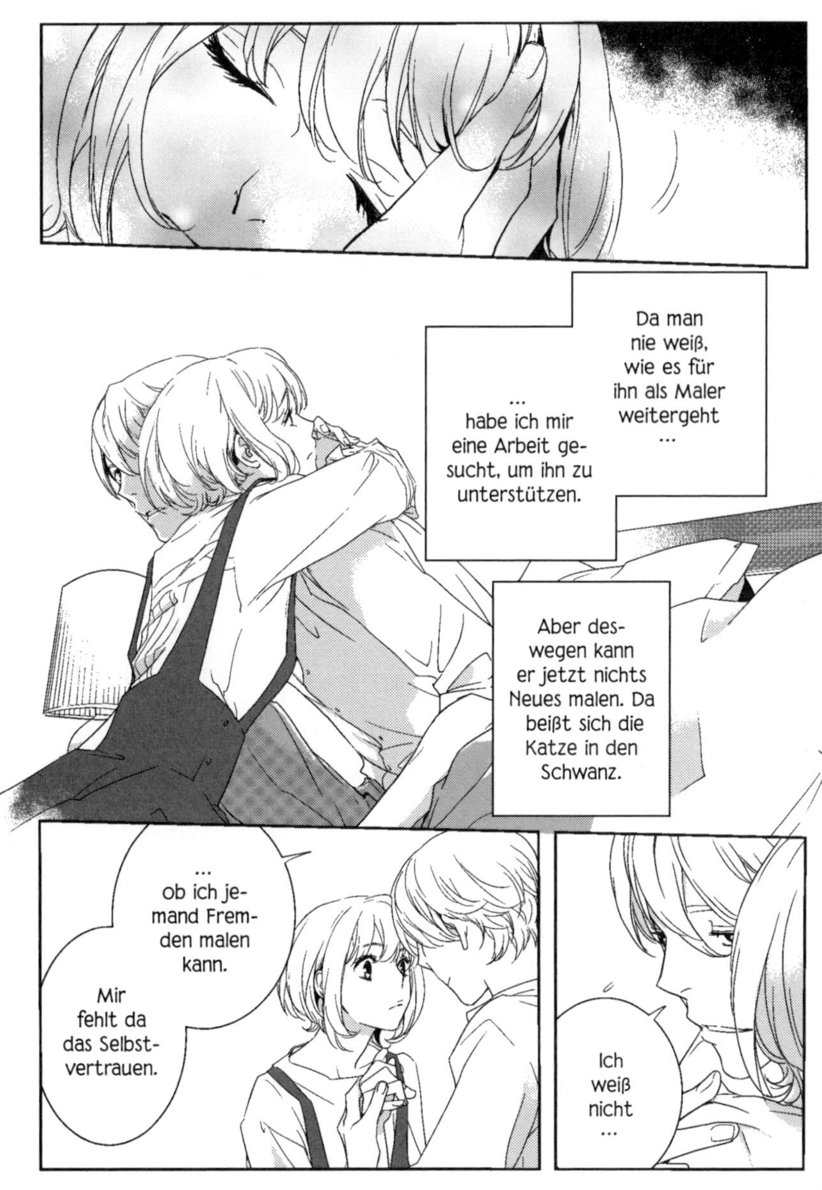
Da man nie weiß, wie es für ihn als Maler weitergeht ...
... habe ich mir eine Arbeit gesucht, um ihn zu unterstützen.
Aber deswegen kann er jetzt nichts Neues malen. Da beißt sich die Katze in den Schwanz.
Ich weiß nicht ...
... ob ich jemand Fremden malen kann.
Mir fehlt da das Selbstvertrauen.

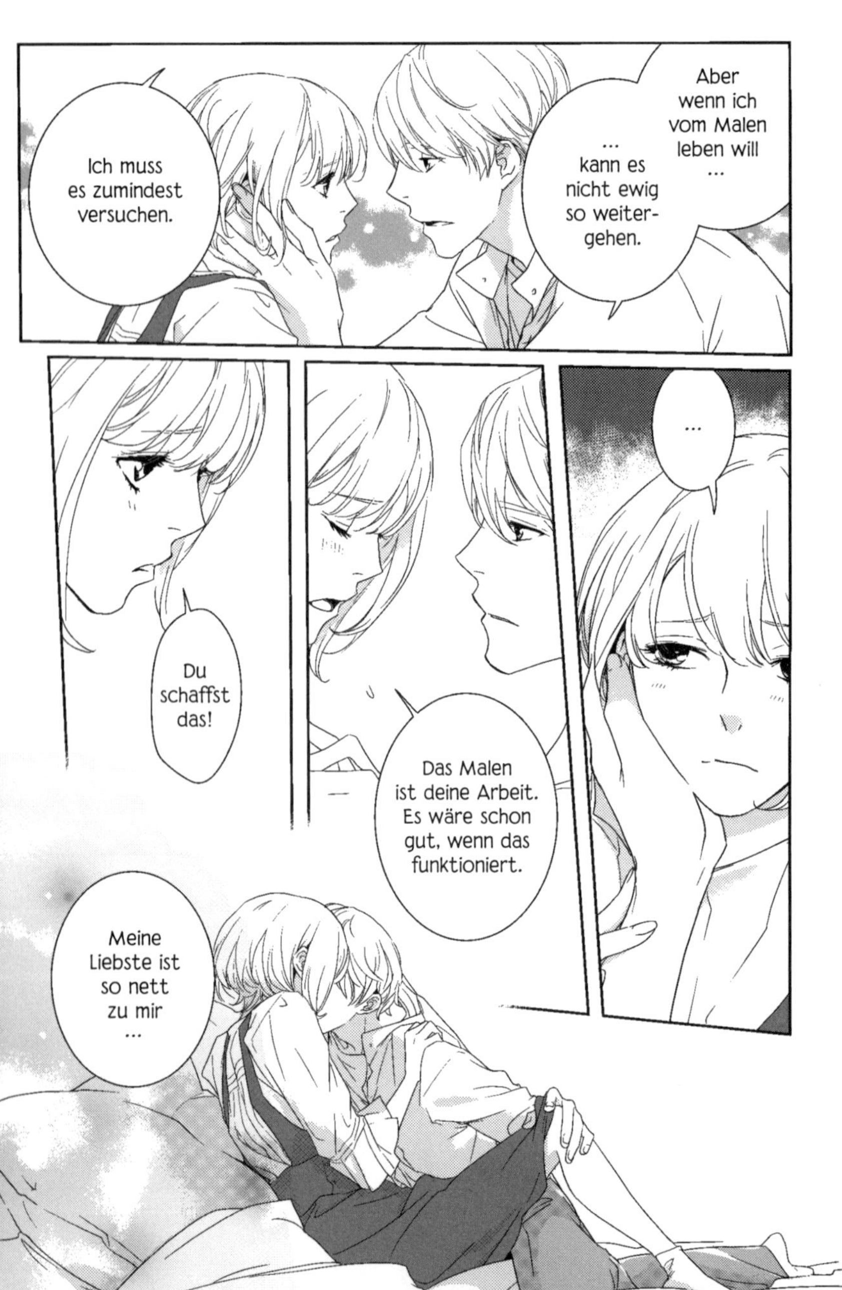
Aber wenn ich vom Malen leben will …
… kann es nicht ewig so weiter-gehen.
Ich muss es zumindest versuchen.
…
Das Malen ist deine Arbeit. Es wäre schon gut, wenn das funktioniert.
Du schaffst das!
Meine Liebste ist so nett zu mir …

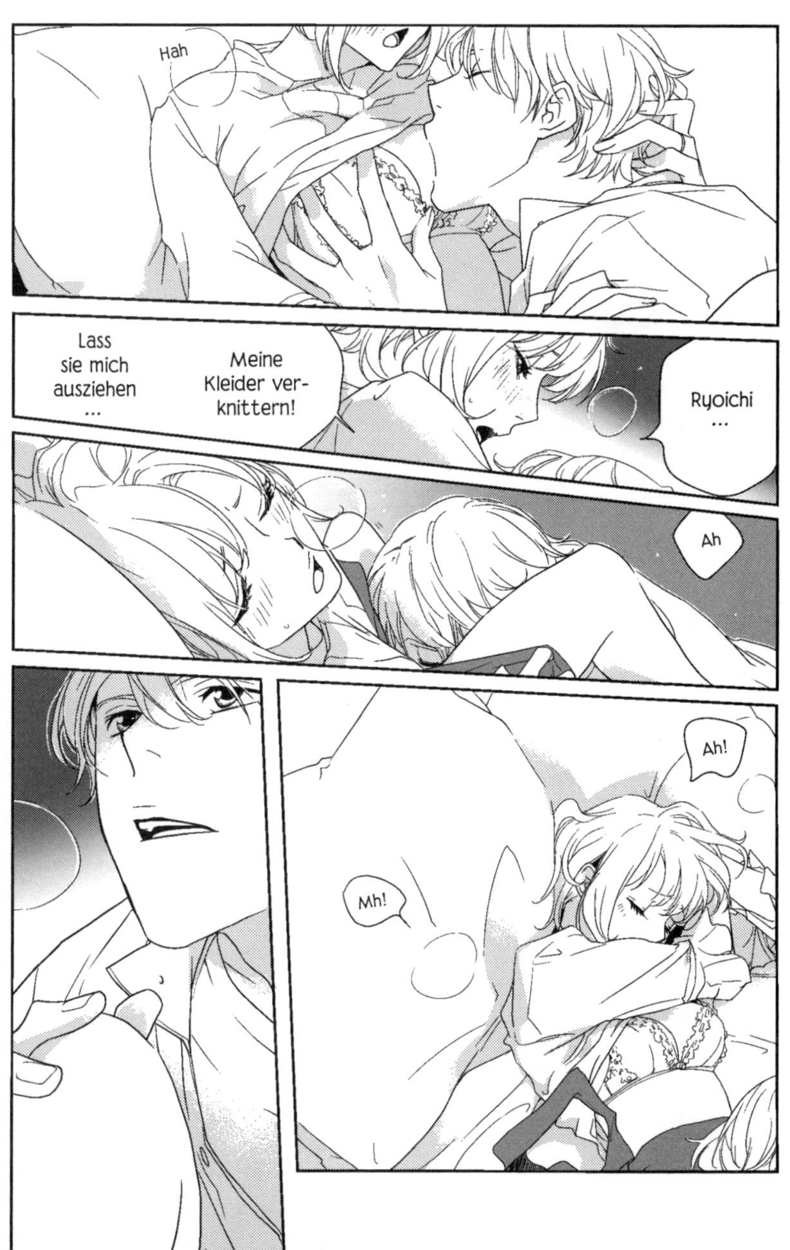
Hah
Ryoichi ...
Meine Kleider verknittern!
Lass sie mich ausziehen ...
Ah
Ah!
Mh!

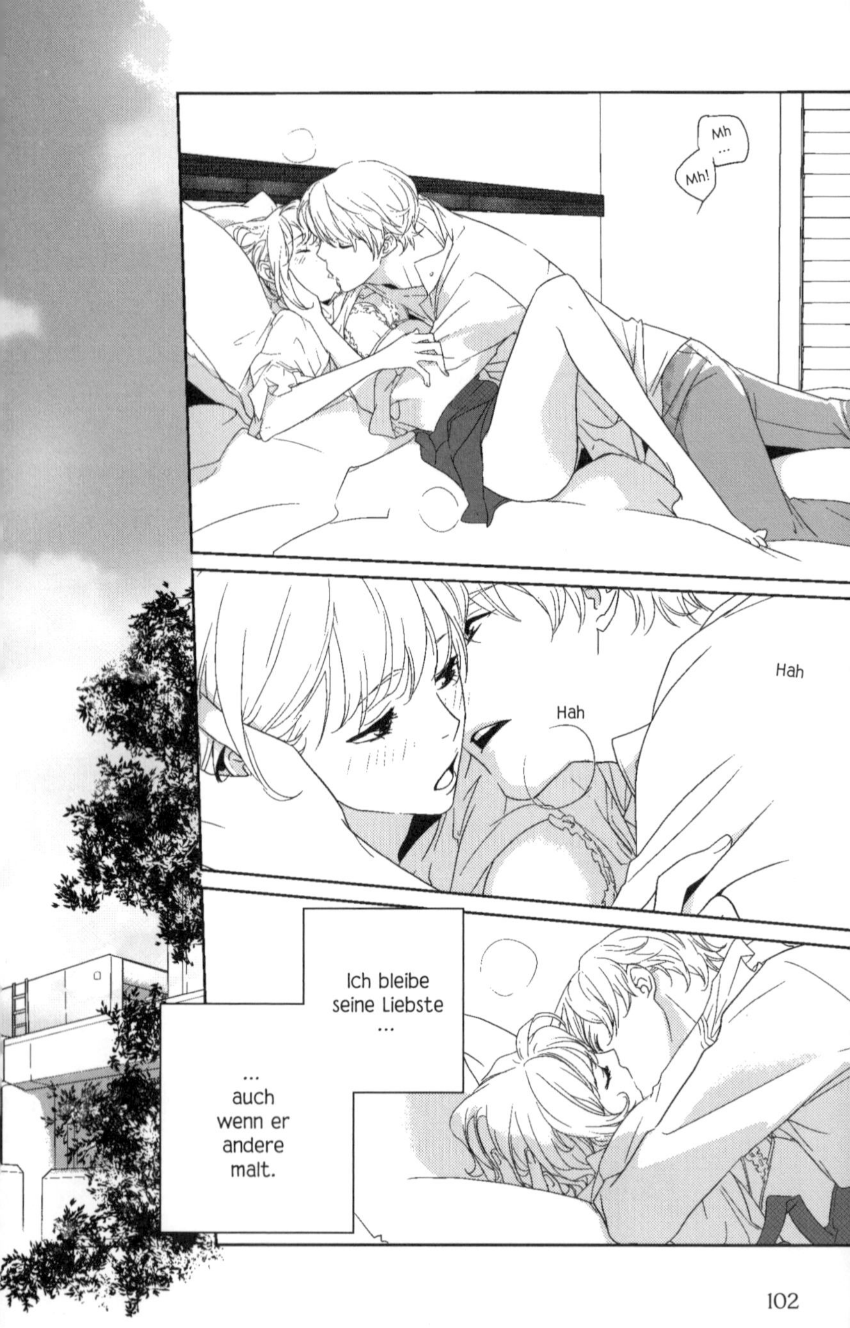

Mh
...
Mh!
Hah
Hah
Ich bleibe seine Liebste
...
...
auch wenn er andere malt.

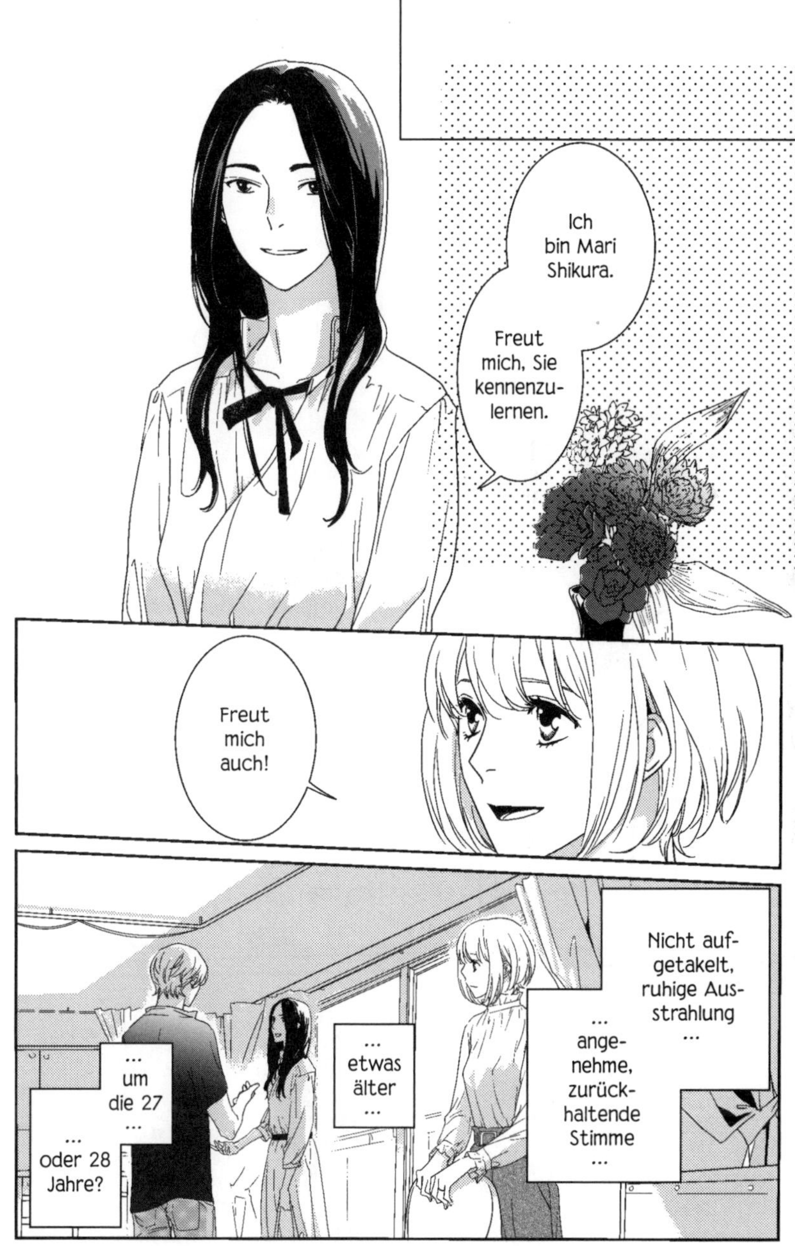
Ich bin Mari Shikura.
Freut mich, Sie kennenzulernen.
Freut mich auch!
Nicht aufgetakelt, ruhige Ausstrahlung …
… angenehme, zurückhaltende Stimme …
… etwas älter …
… um die 27 …
… oder 28 Jahre?

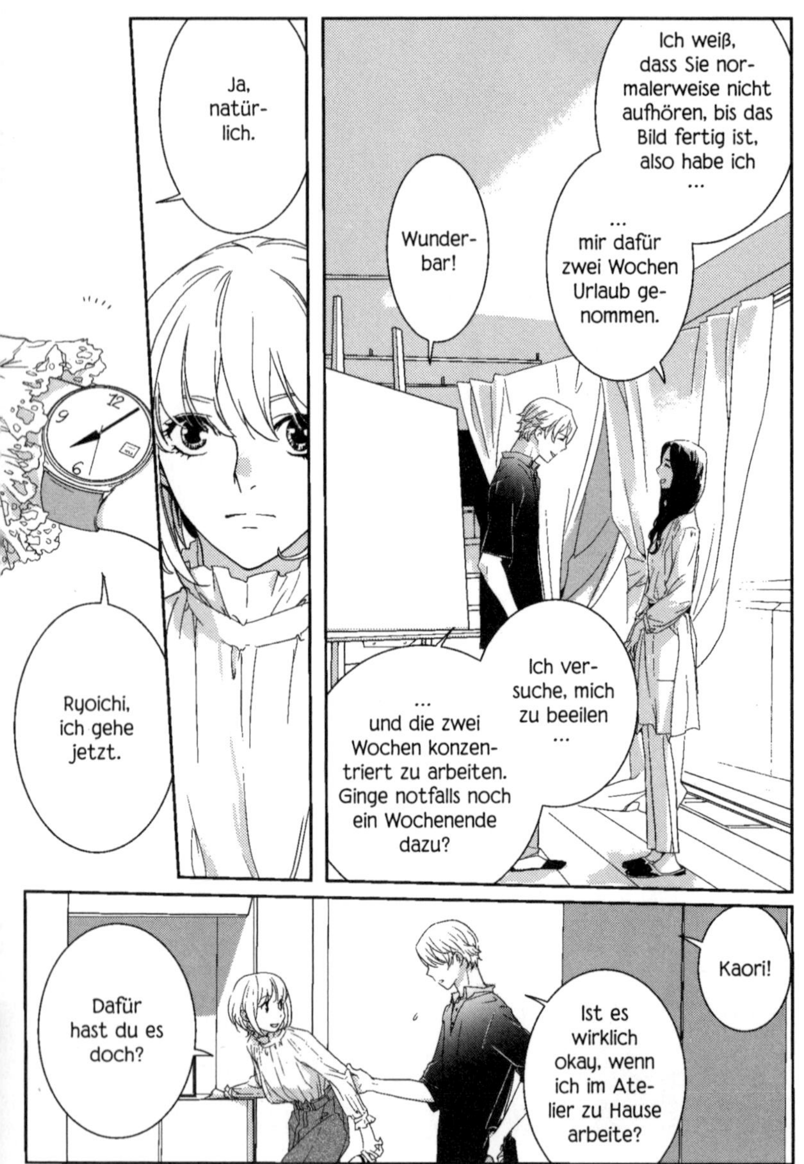

Ich weiß, dass Sie normalerweise nicht aufhören, bis das Bild fertig ist, also habe ich ...
... mir dafür zwei Wochen Urlaub genommen.
Wunderbar!
Ich versuche, mich zu beeilen ...
... und die zwei Wochen konzentriert zu arbeiten. Ginge notfalls noch ein Wochenende dazu?
Ja, natürlich.
Ryoichi, ich gehe jetzt.
Kaori!
Ist es wirklich okay, wenn ich im Atelier zu Hause arbeite?
Dafür hast du es doch?

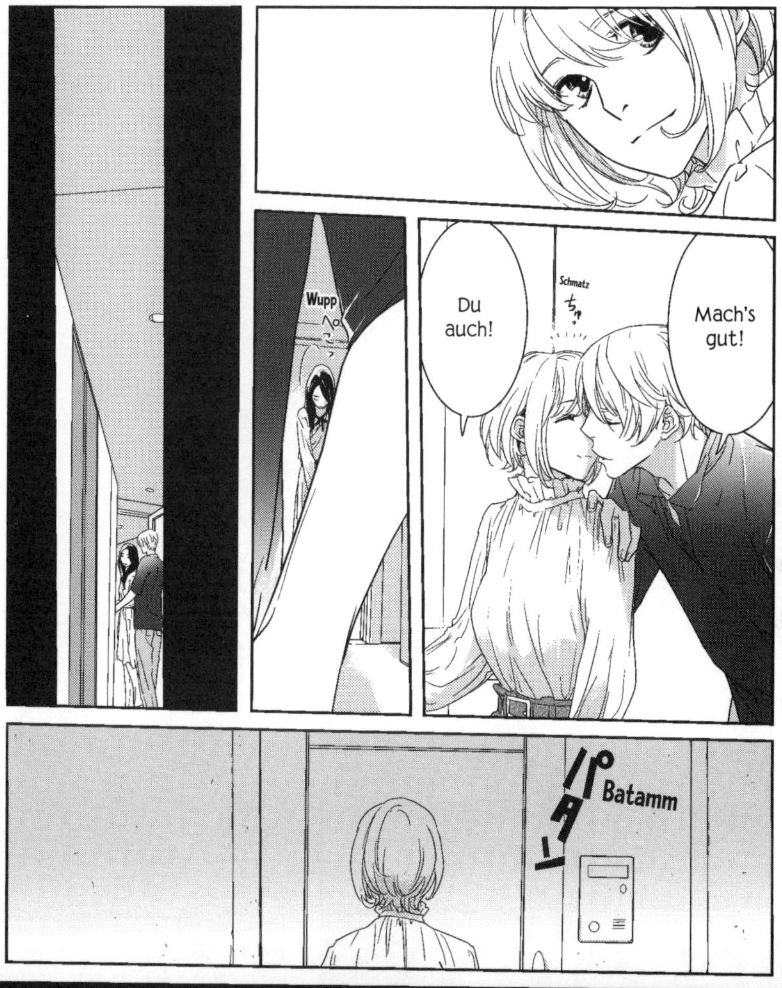
Mach's gut!
Schmatz
Du auch!
Wupp
Batamm

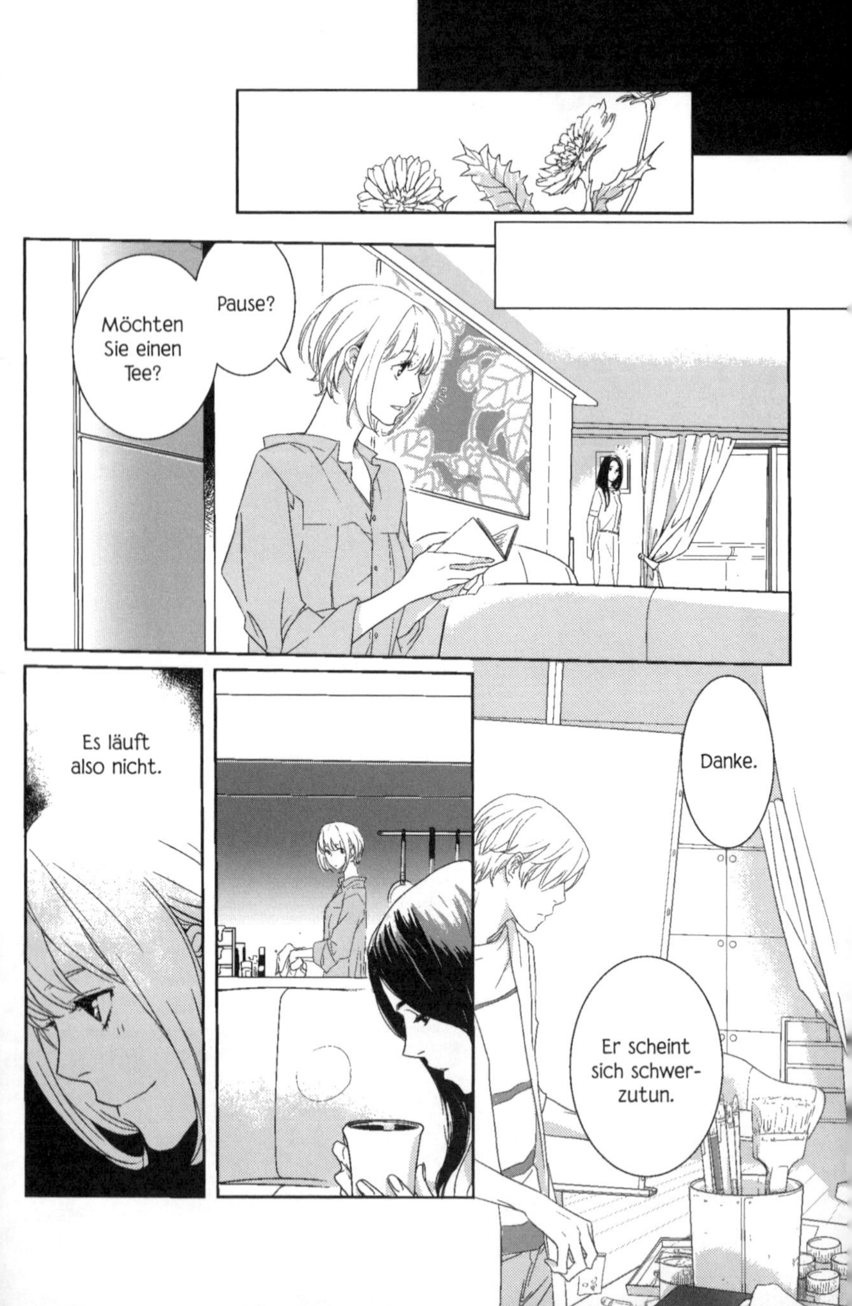
Pause?
Möchten Sie einen Tee?
Danke.
Er scheint sich schwerzutun.
Es läuft also nicht.

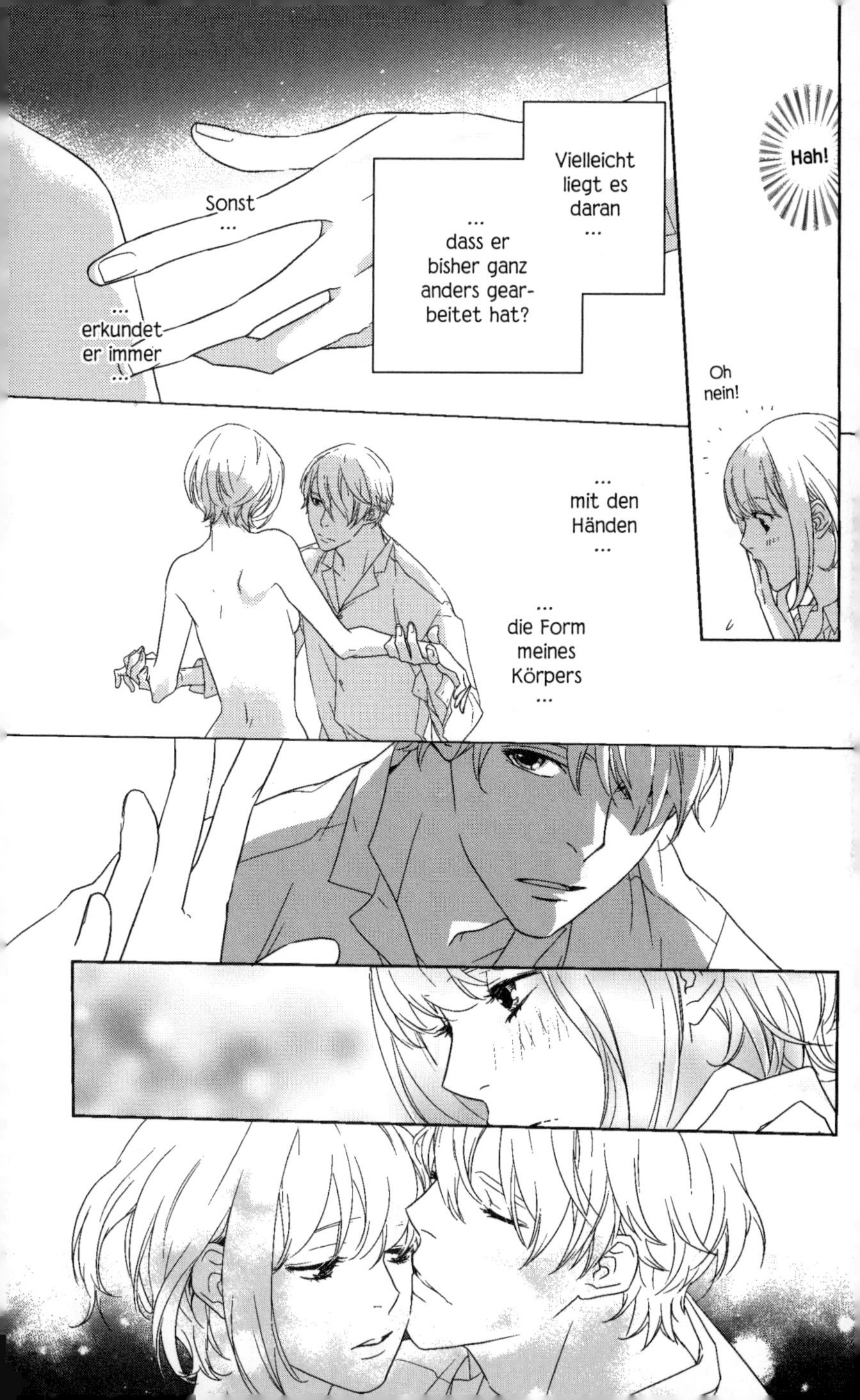
Hah!
Oh nein!
Vielleicht liegt es daran ...
... dass er bisher ganz anders gearbeitet hat?
Sonst ...
... erkundet er immer ...
... mit den Händen ...
... die Form meines Körpers ...

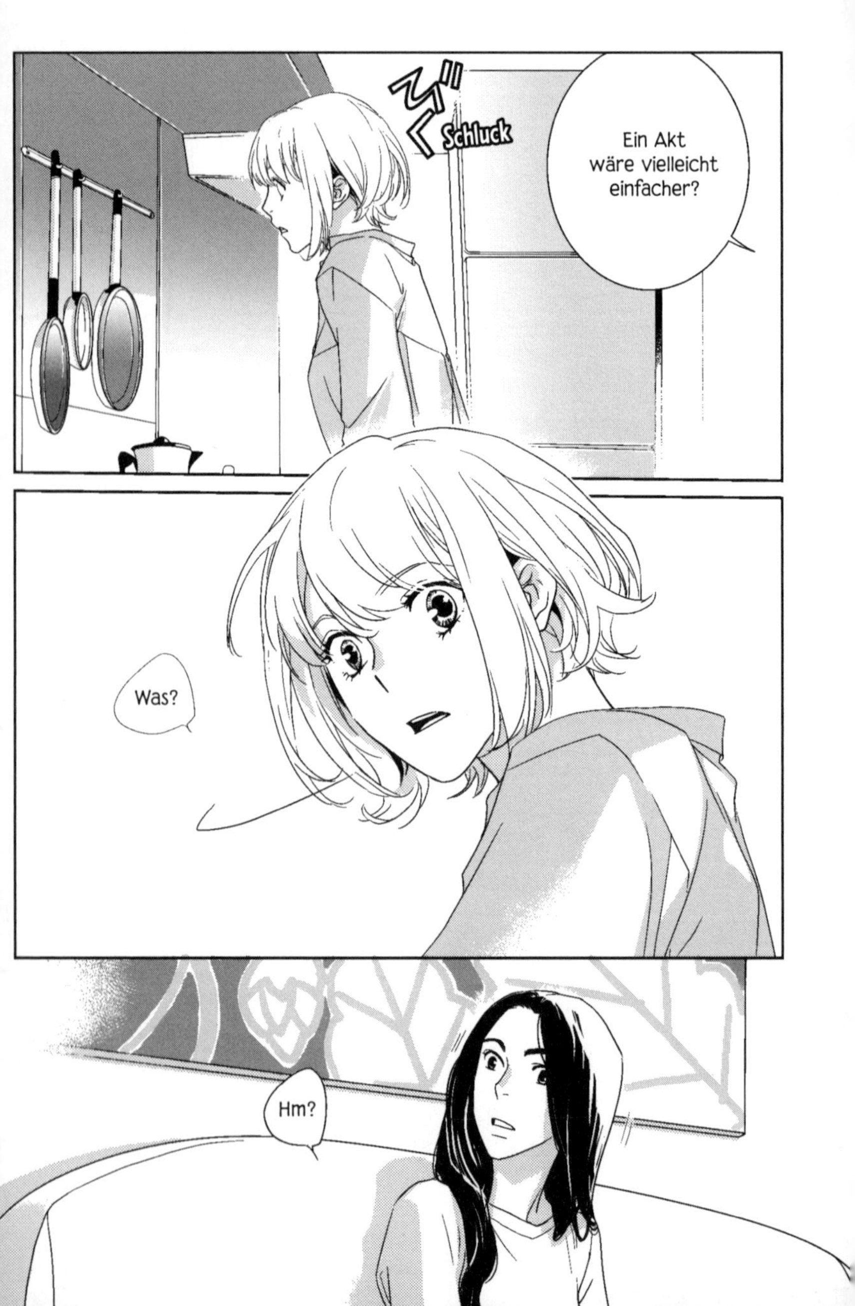
Ein Akt wäre vielleicht einfacher?
Schluck
Was?
Hm?

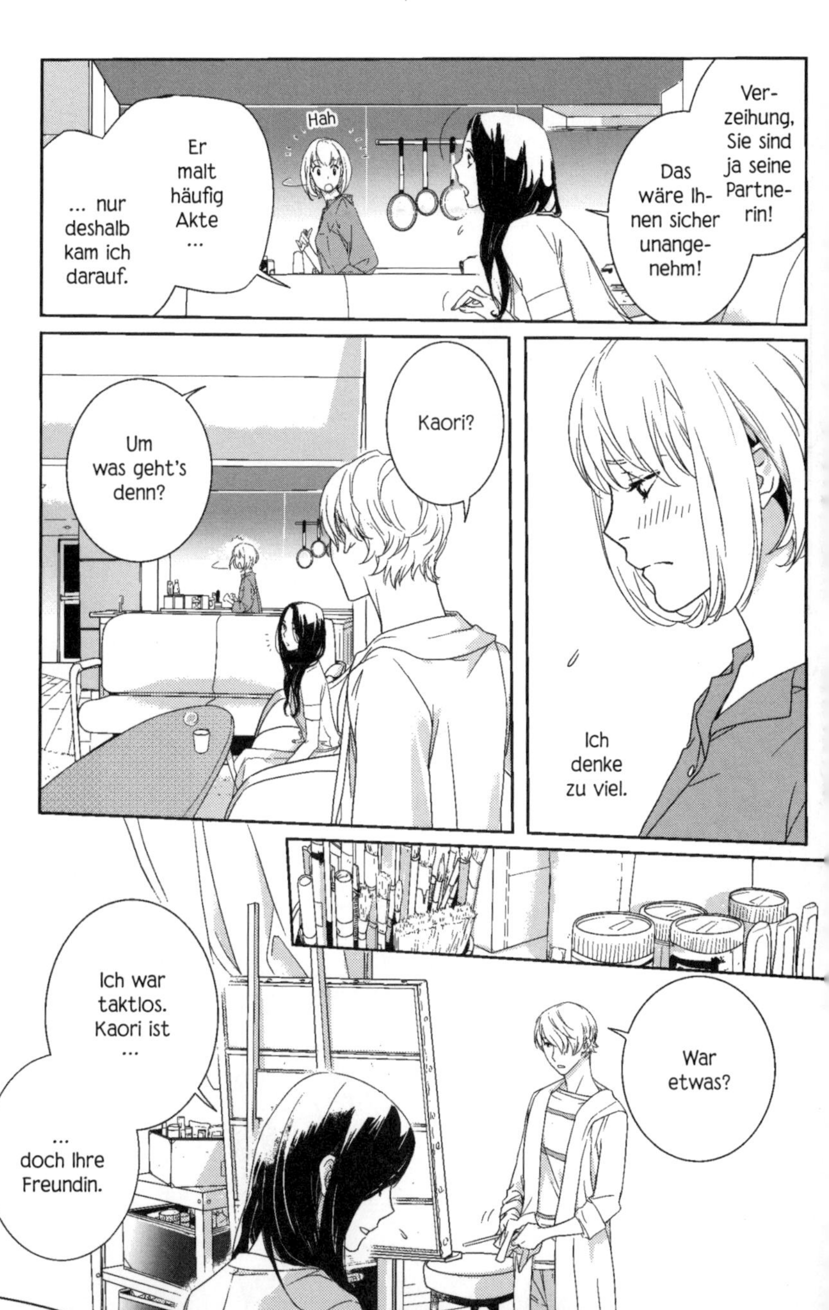

Verzeihung, Sie sind ja seine Partnerin!
Das wäre Ihnen sicher unangenehm!
Hah
Er malt häufig Akte ...
... nur deshalb kam ich darauf.
Ich denke zu viel.
Kaori?
Um was geht's denn?
War etwas?
Ich war taktlos. Kaori ist ...
... doch Ihre Freundin.

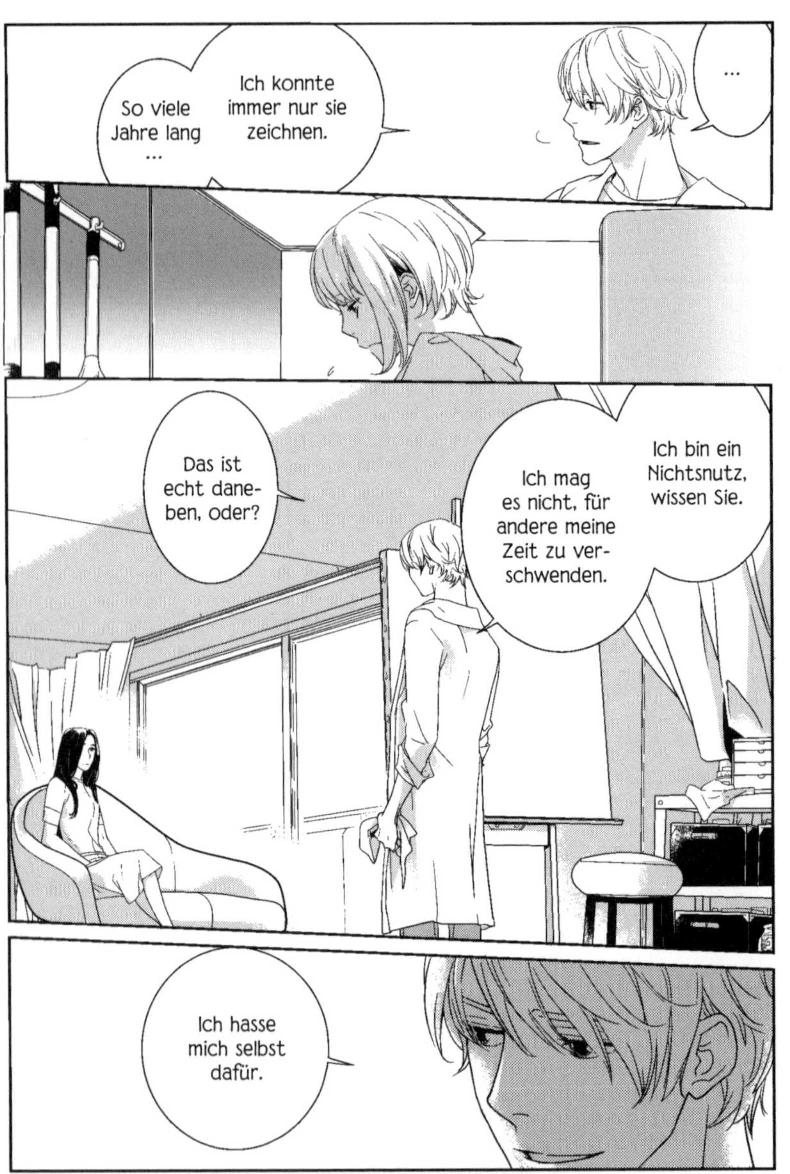

...
Ich konnte immer nur sie zeichnen.
So viele Jahre lang ...
Ich bin ein Nichtsnutz, wissen Sie.
Ich mag es nicht, für andere meine Zeit zu verschwenden.
Das ist echt daneben, oder?
Ich hasse mich selbst dafür.

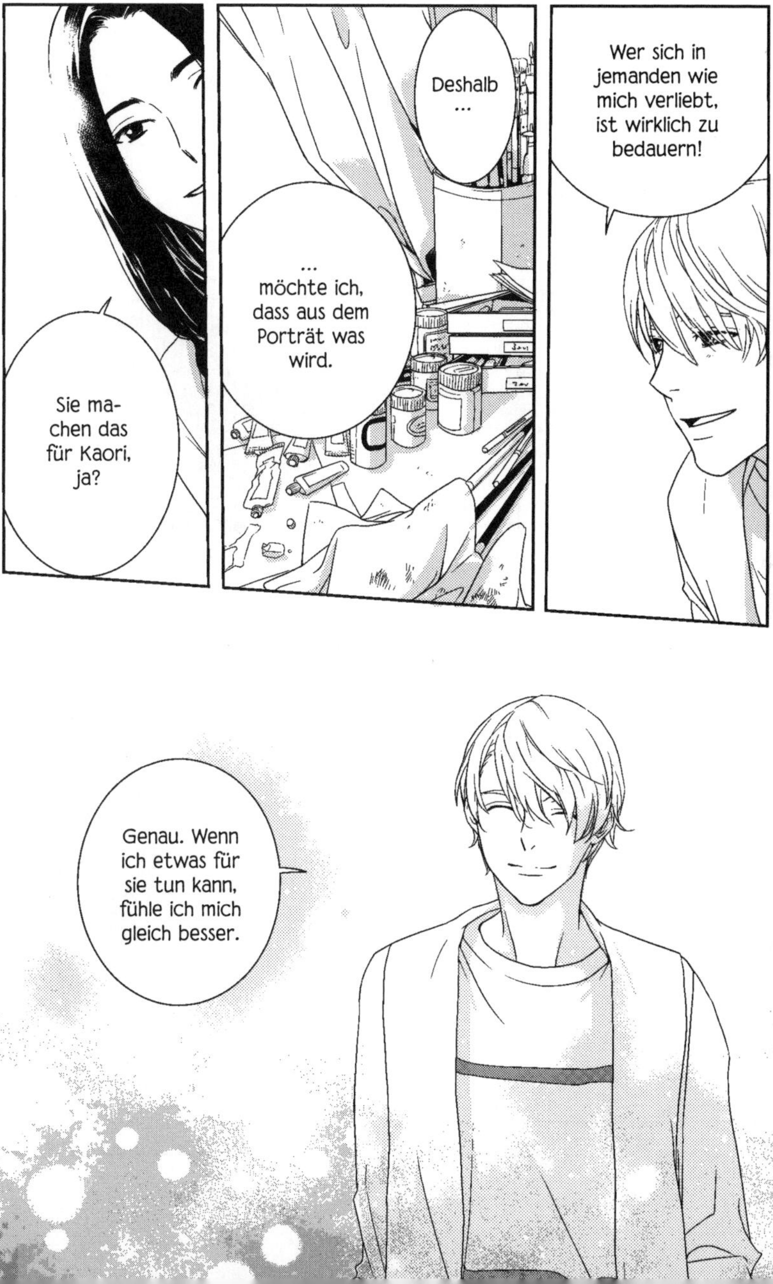

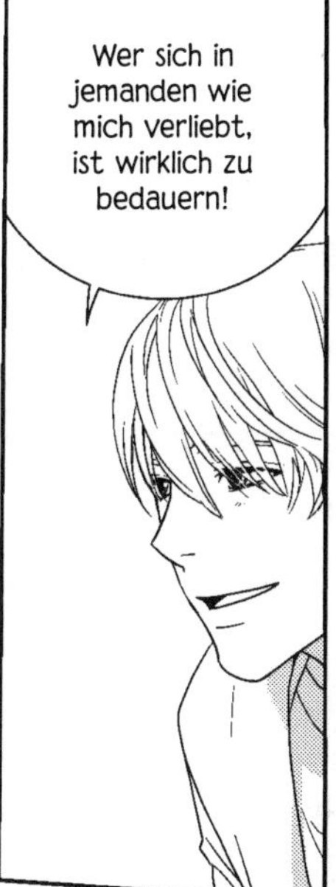
Wer sich in jemanden wie mich verliebt, ist wirklich zu bedauern!

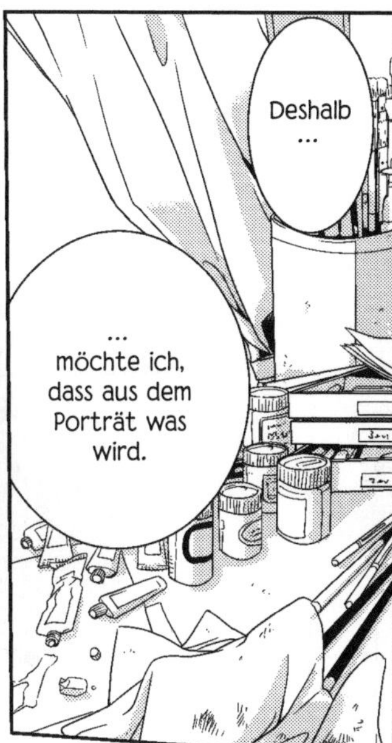
Deshalb ...
... möchte ich, dass aus dem Porträt was wird.

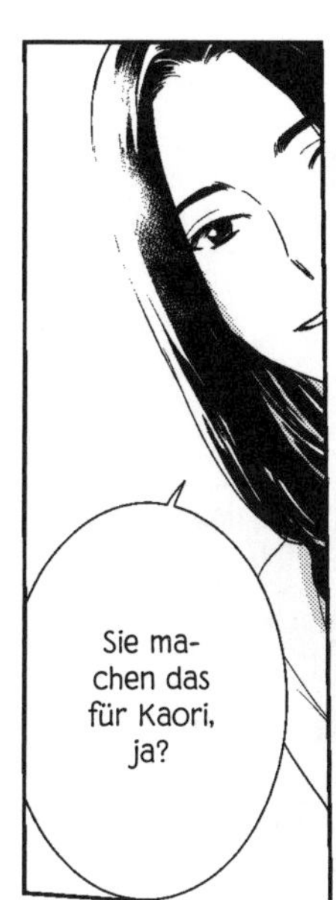
Sie machen das für Kaori, ja?

Genau. Wenn ich etwas für sie tun kann, fühle ich mich gleich besser.

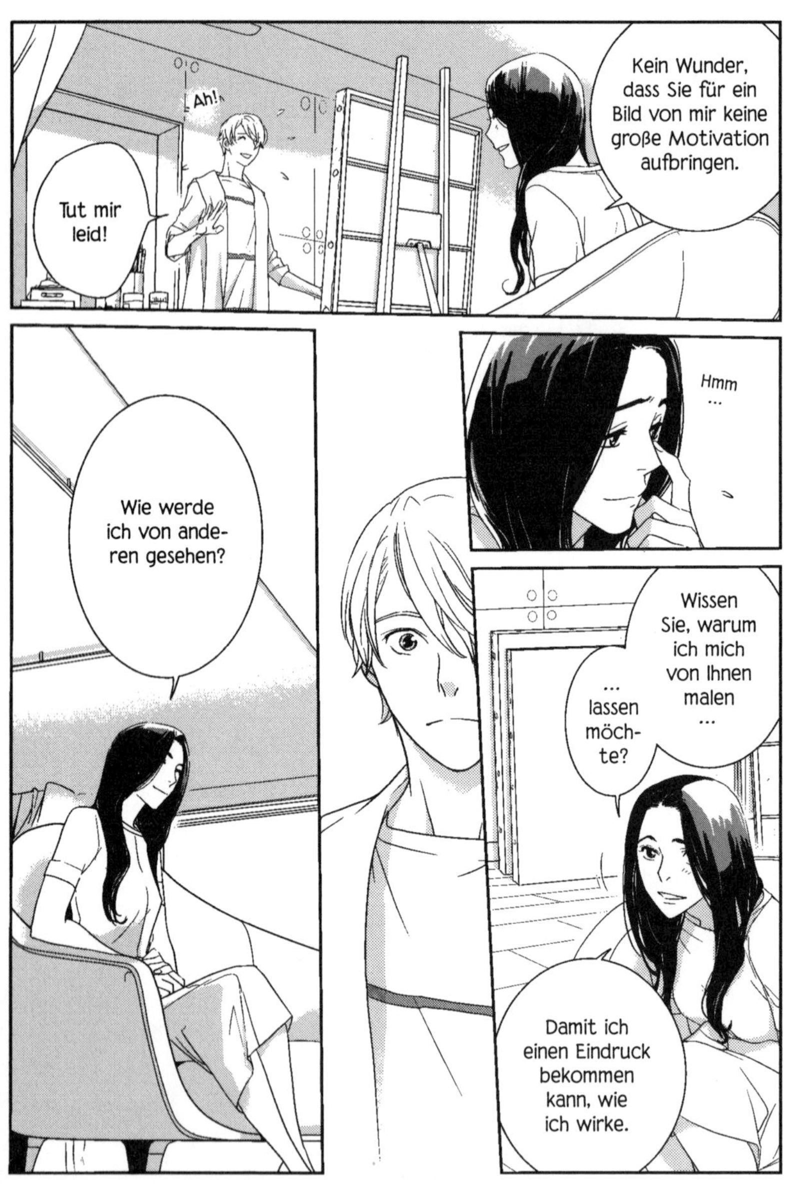
Kein Wunder, dass Sie für ein Bild von mir keine große Motivation aufbringen.
Ah!
Tut mir leid!
Hmm ...
Wissen Sie, warum ich mich von Ihnen malen ...
... lassen möchte?
Damit ich einen Eindruck bekommen kann, wie ich wirke.
Wie werde ich von anderen gesehen?

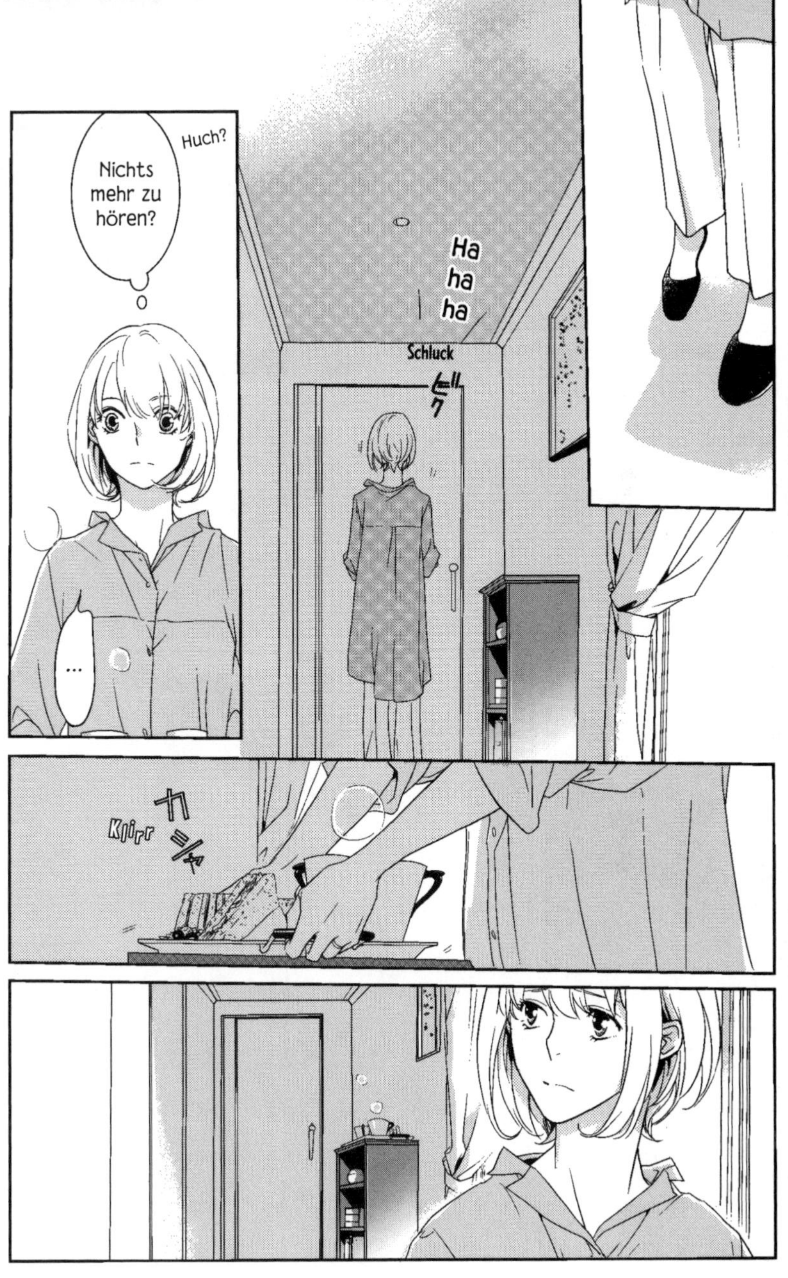
Huch?
Nichts mehr zu hören?
Ha ha ha
Schluck
...
Klirr

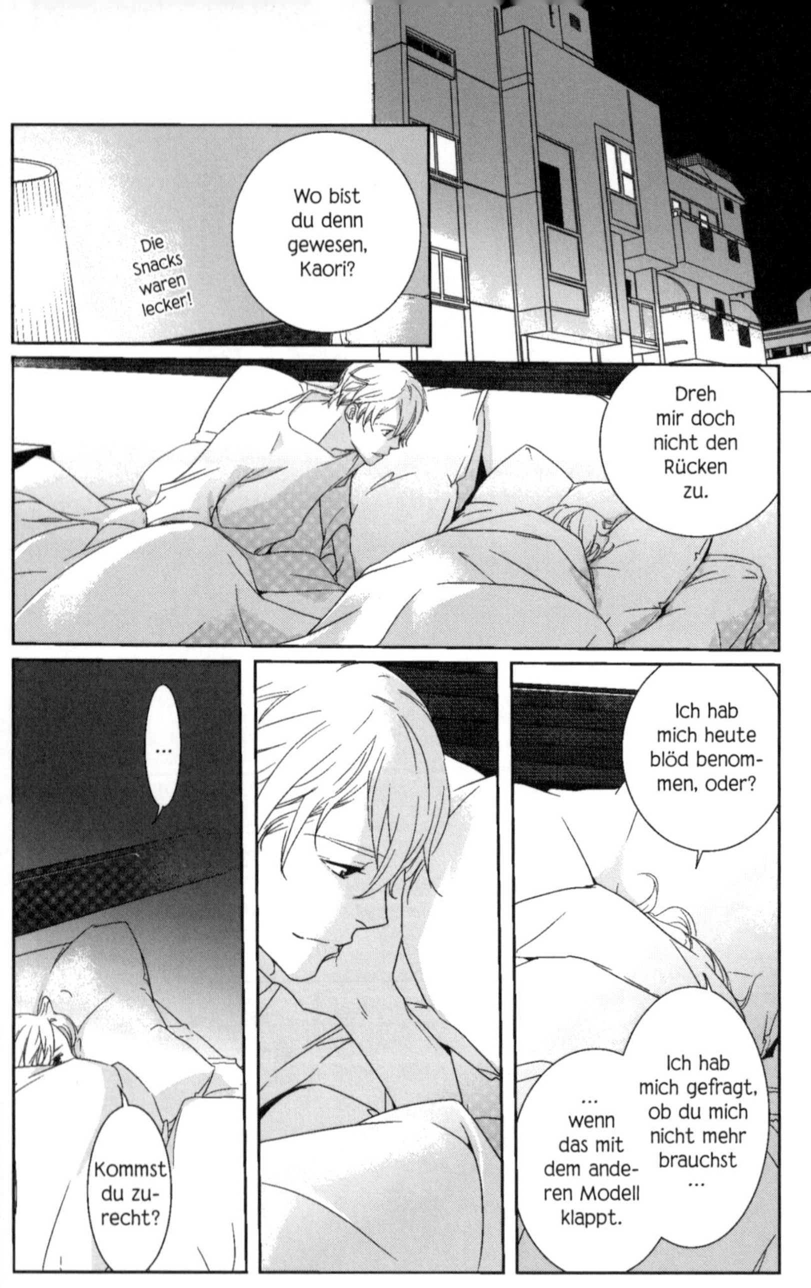
Wo bist du denn gewesen, Kaori?
Die Snacks waren lecker!
Dreh mir doch nicht den Rücken zu.
Ich hab mich heute blöd benommen, oder?
Ich hab mich gefragt, ob du mich nicht mehr brauchst ...
... wenn das mit dem anderen Modell klappt.
...
Kommst du zurecht?

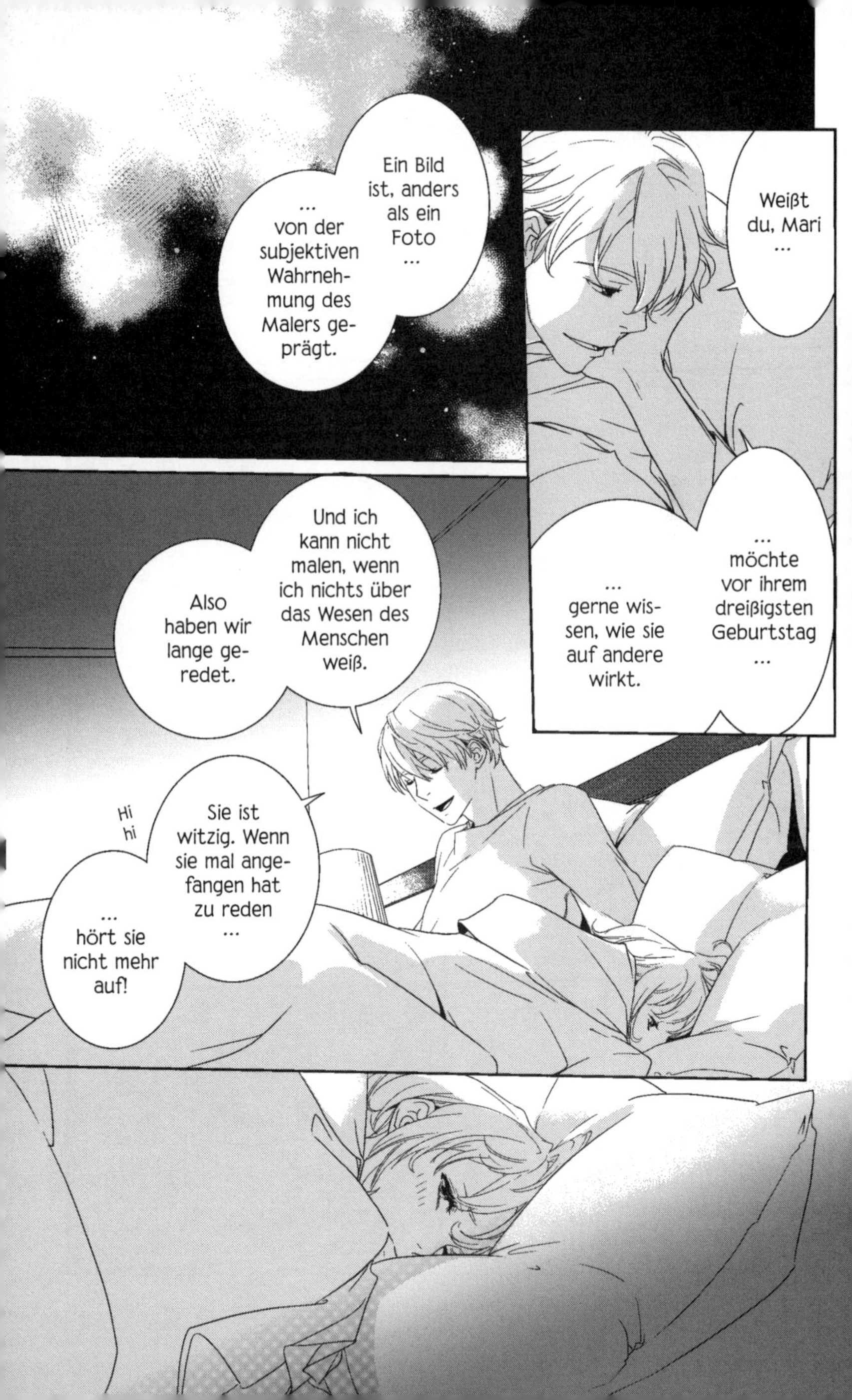
Weißt du, Mari ...
... möchte vor ihrem dreißigsten Geburtstag ...
... gerne wissen, wie sie auf andere wirkt.
Ein Bild ist, anders als ein Foto ...
... von der subjektiven Wahrnehmung des Malers geprägt.
Und ich kann nicht malen, wenn ich nichts über das Wesen des Menschen weiß.
Also haben wir lange geredet.
Sie ist witzig. Wenn sie mal angefangen hat zu reden ...
... hört sie nicht mehr auf!
Hi hi

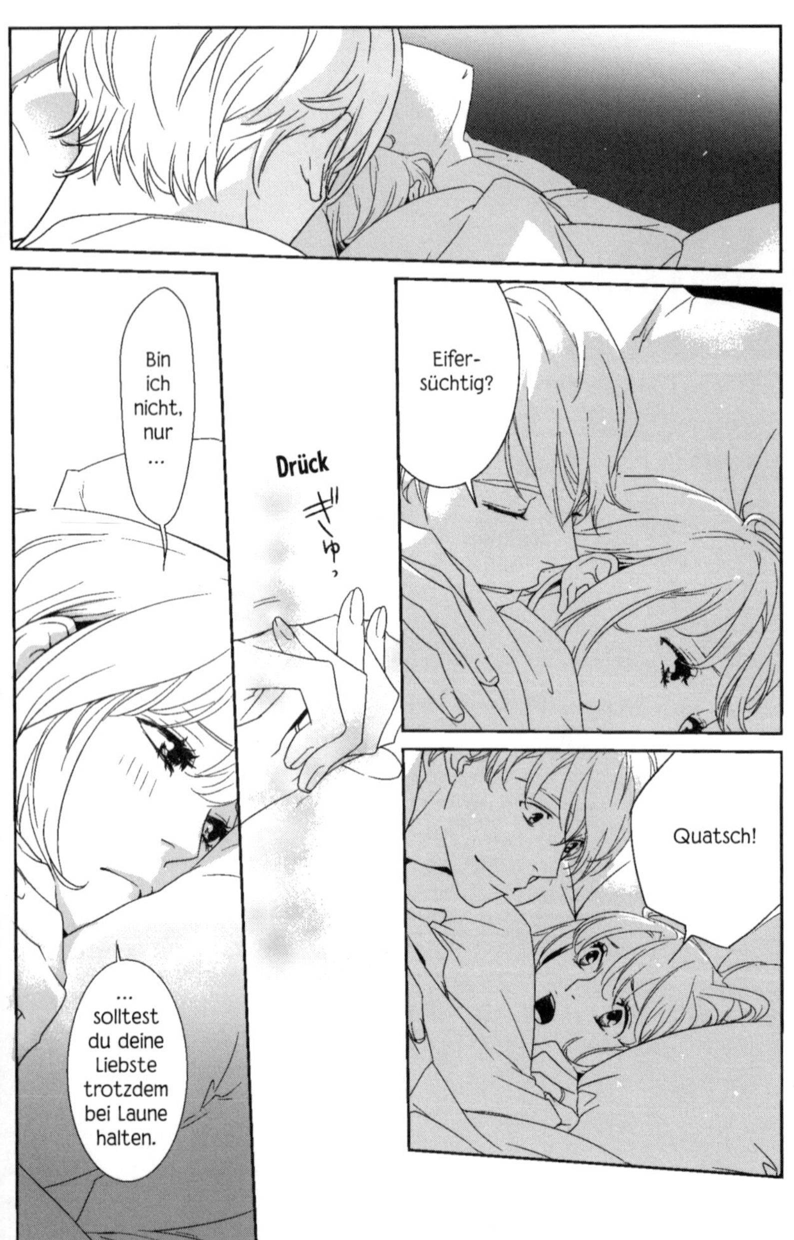
Eifer-
süchtig?
Quatsch!
Bin ich nicht, nur ...
Drück
ぎゅっ
... solltest du deine Liebste trotzdem bei Laune halten.

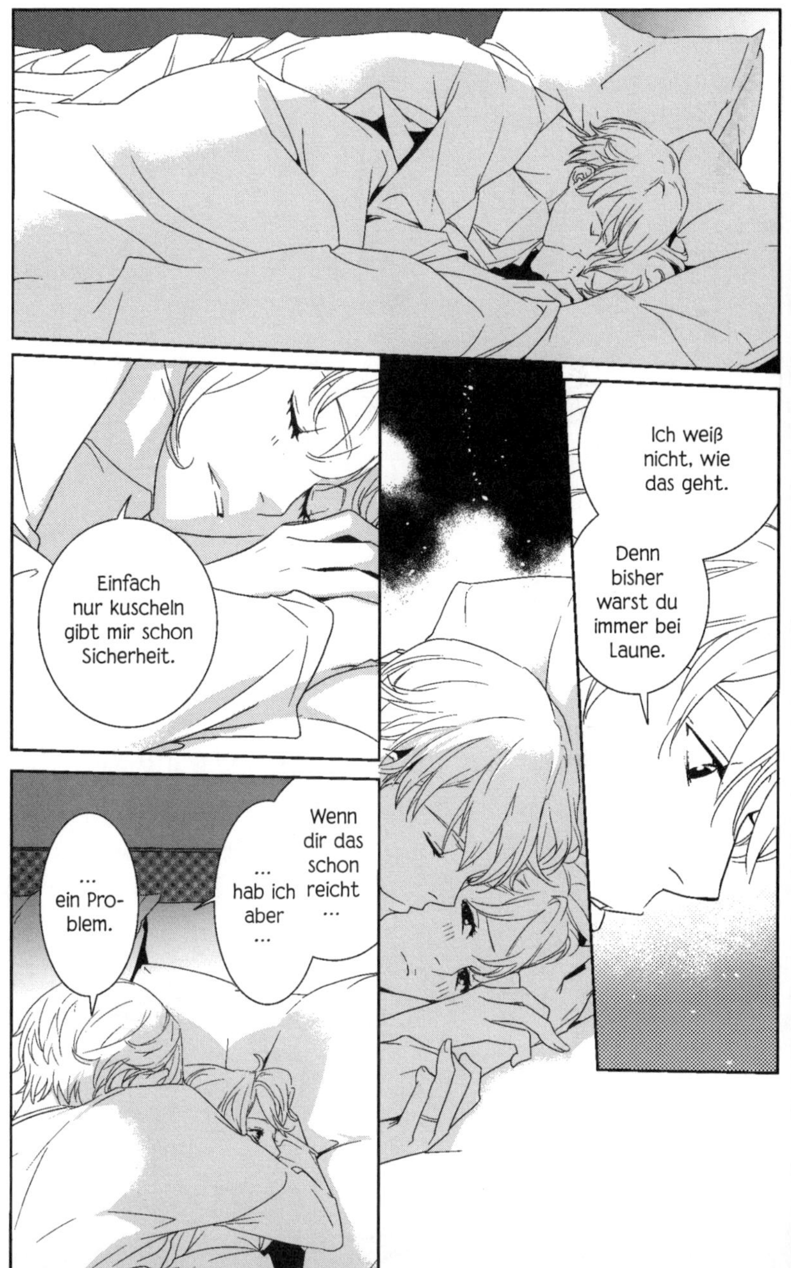
Ich weiß nicht, wie das geht.
Denn bisher warst du immer bei Laune.
Einfach nur kuscheln gibt mir schon Sicherheit.
Wenn dir das schon reicht ...
... hab ich aber ...
... ein Problem.

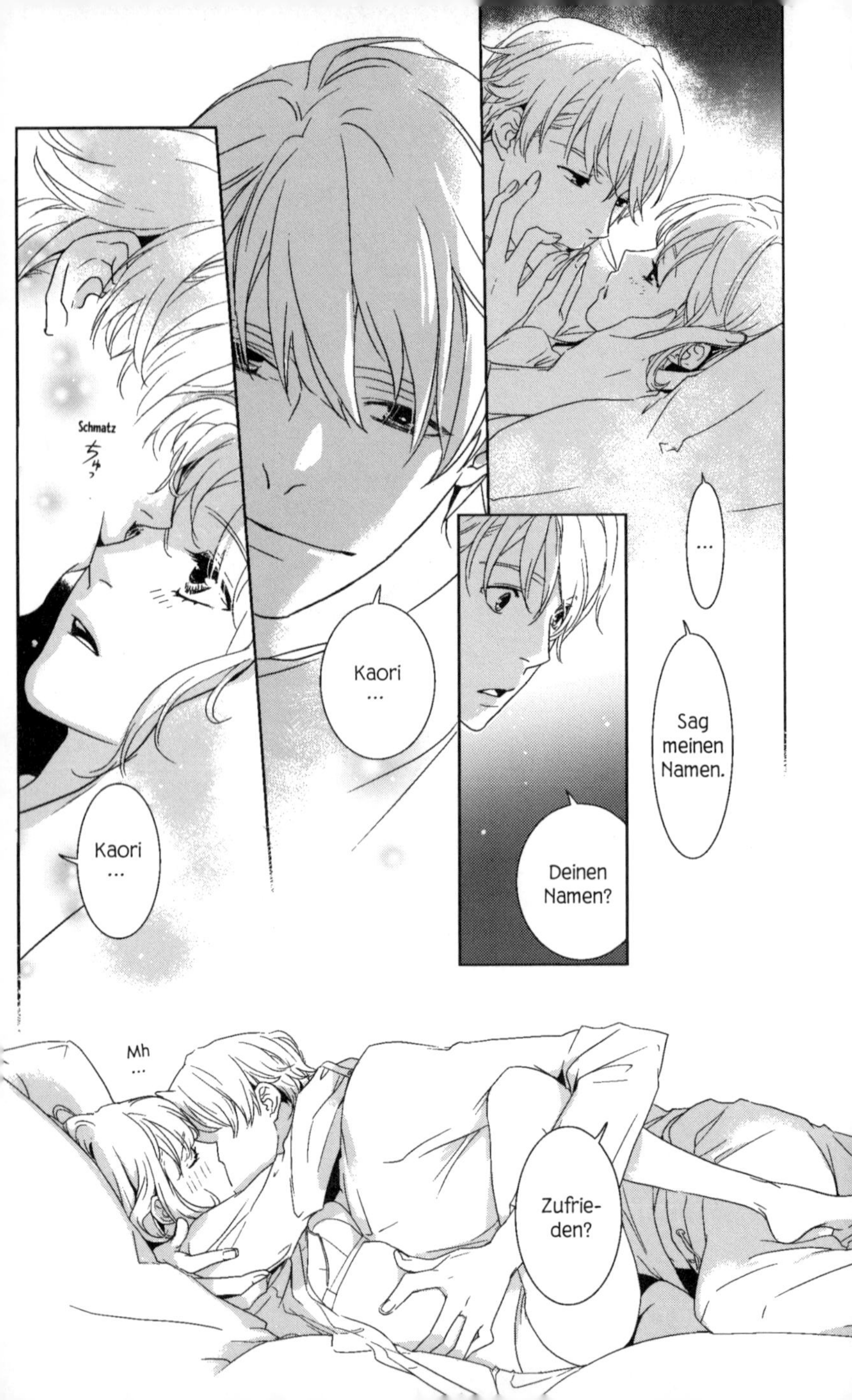
...
Sag meinen Namen.
Deinen Namen?
Kaori ...
Schmatz
Kaori ...
Zufrieden?
Mh ...

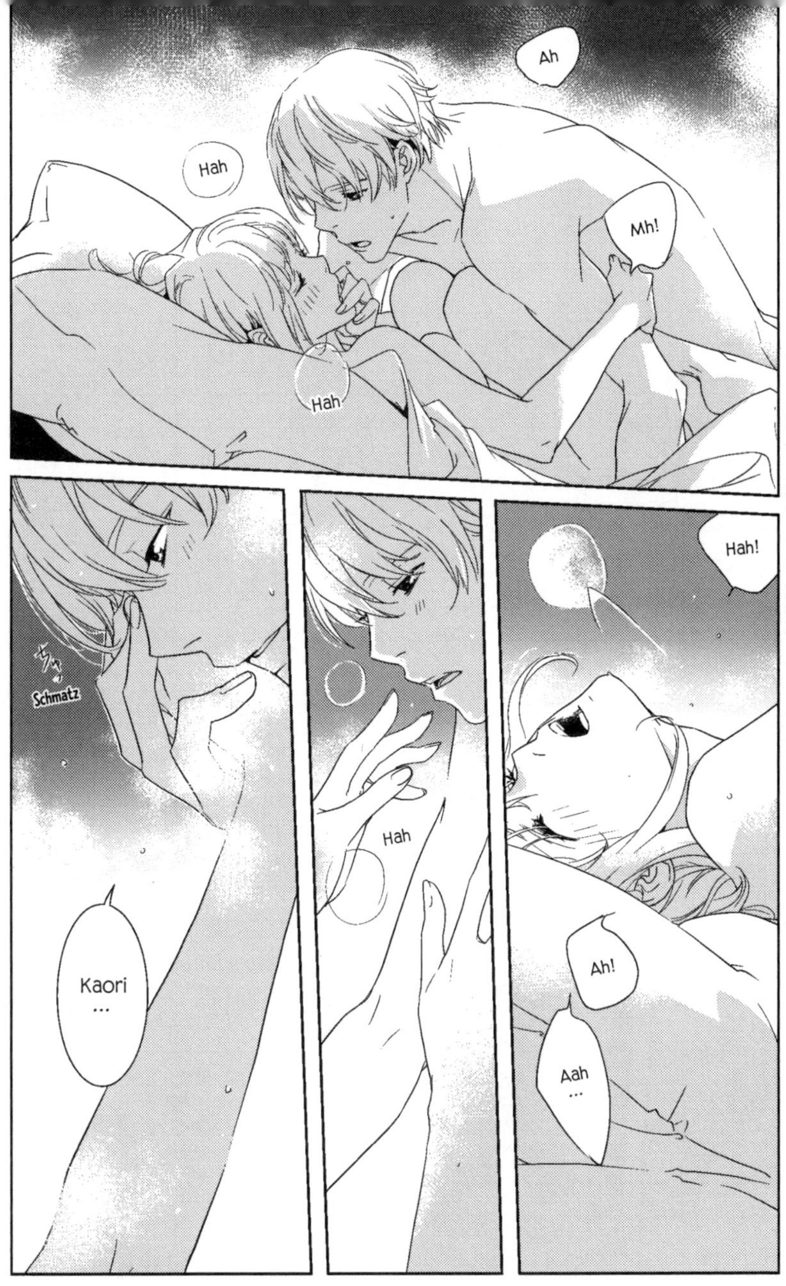
Ah
Mh!
Hah
Hah
Hah!
Ah!
Aah ...
Hah
Schmatz
Kaori ...

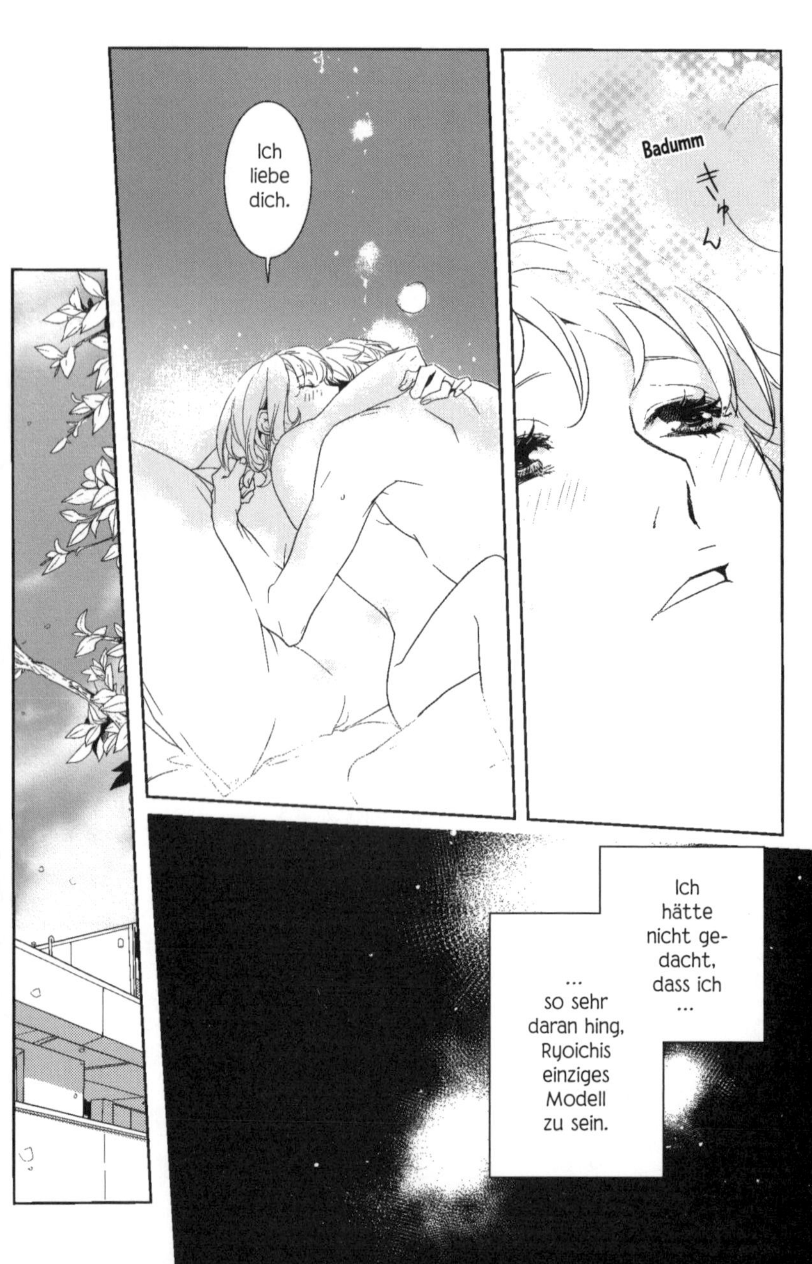
Badumm
きゅん
Ich liebe dich.
Ich hätte nicht ge-dacht, dass ich …
… so sehr daran hing, Ryoichis einziges Modell zu sein.

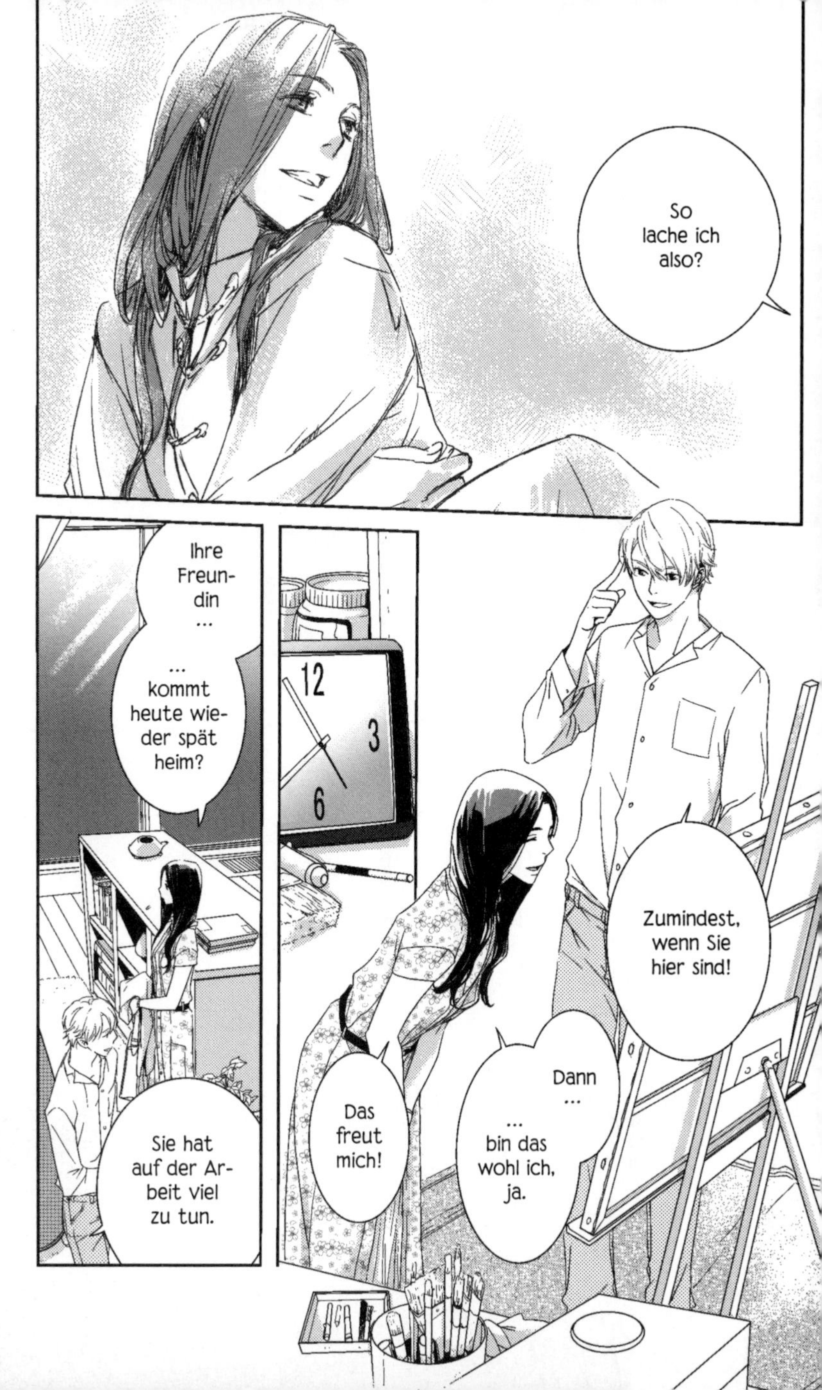
So lache ich also?
Zumindest, wenn Sie hier sind!
Dann …
… bin das wohl ich, ja.
Das freut mich!
Ihre Freundin …
… kommt heute wieder spät heim?
Sie hat auf der Arbeit viel zu tun.

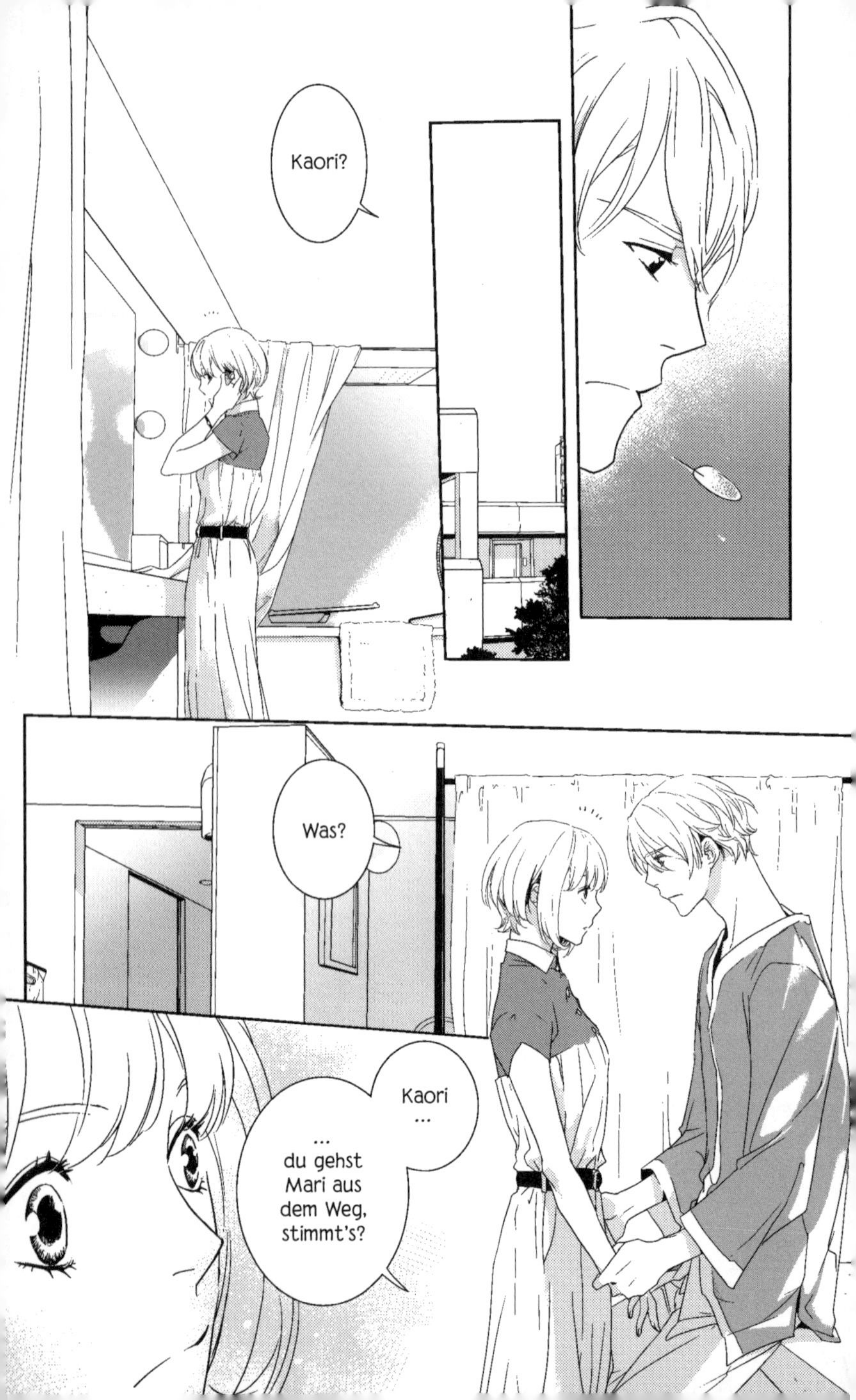
Kaori?
Was?
Kaori …
… du gehst Mari aus dem Weg, stimmt's?

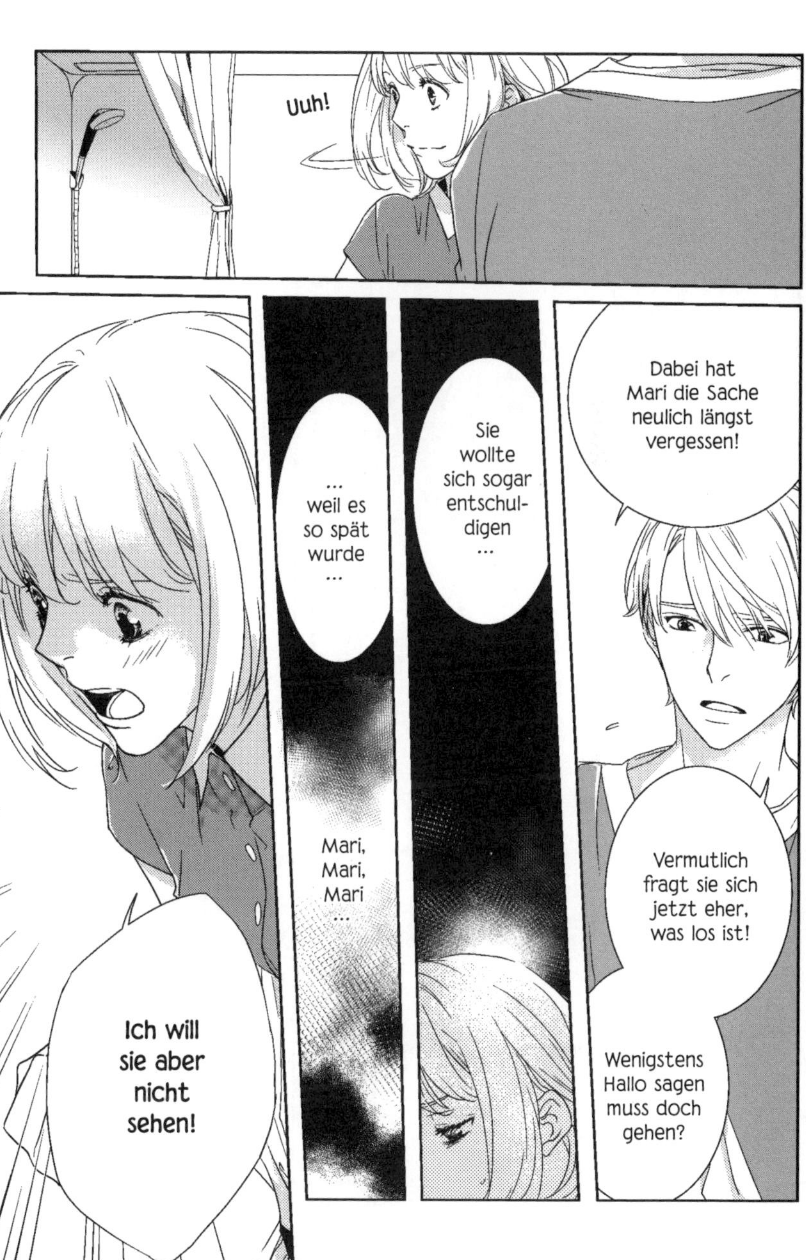
Uuh!
Dabei hat Mari die Sache neulich längst vergessen!
Vermutlich fragt sie sich jetzt eher, was los ist!
Wenigstens Hallo sagen muss doch gehen?
Sie wollte sich sogar entschuldigen …
… weil es so spät wurde …
Mari, Mari, Mari …
Ich will sie aber nicht sehen!

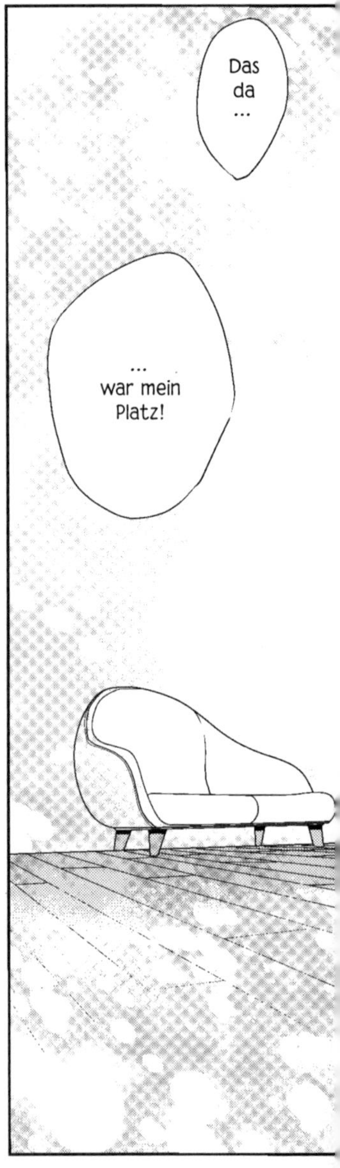
Das da ...
... war mein Platz!

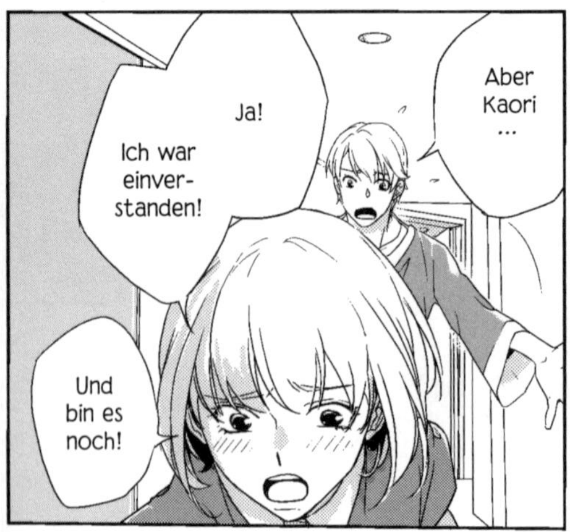
Aber Kaori ...
Ja! Ich war einverstanden!
Und bin es noch!

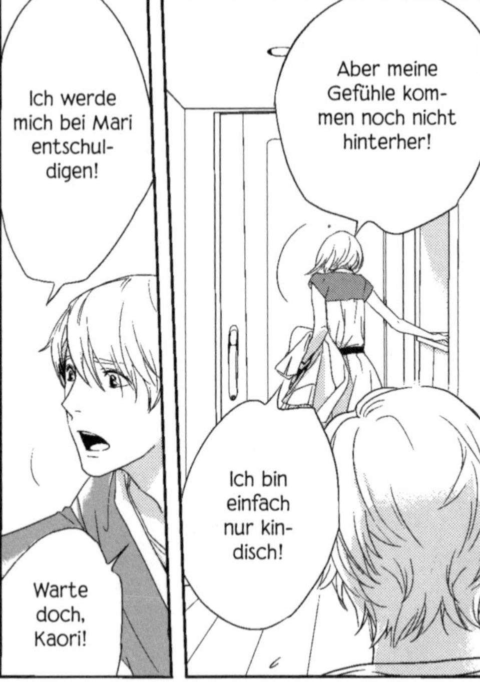
Aber meine Gefühle kommen noch nicht hinterher!
Ich bin einfach nur kindisch!
Ich werde mich bei Mari entschuldigen!
Warte doch, Kaori!

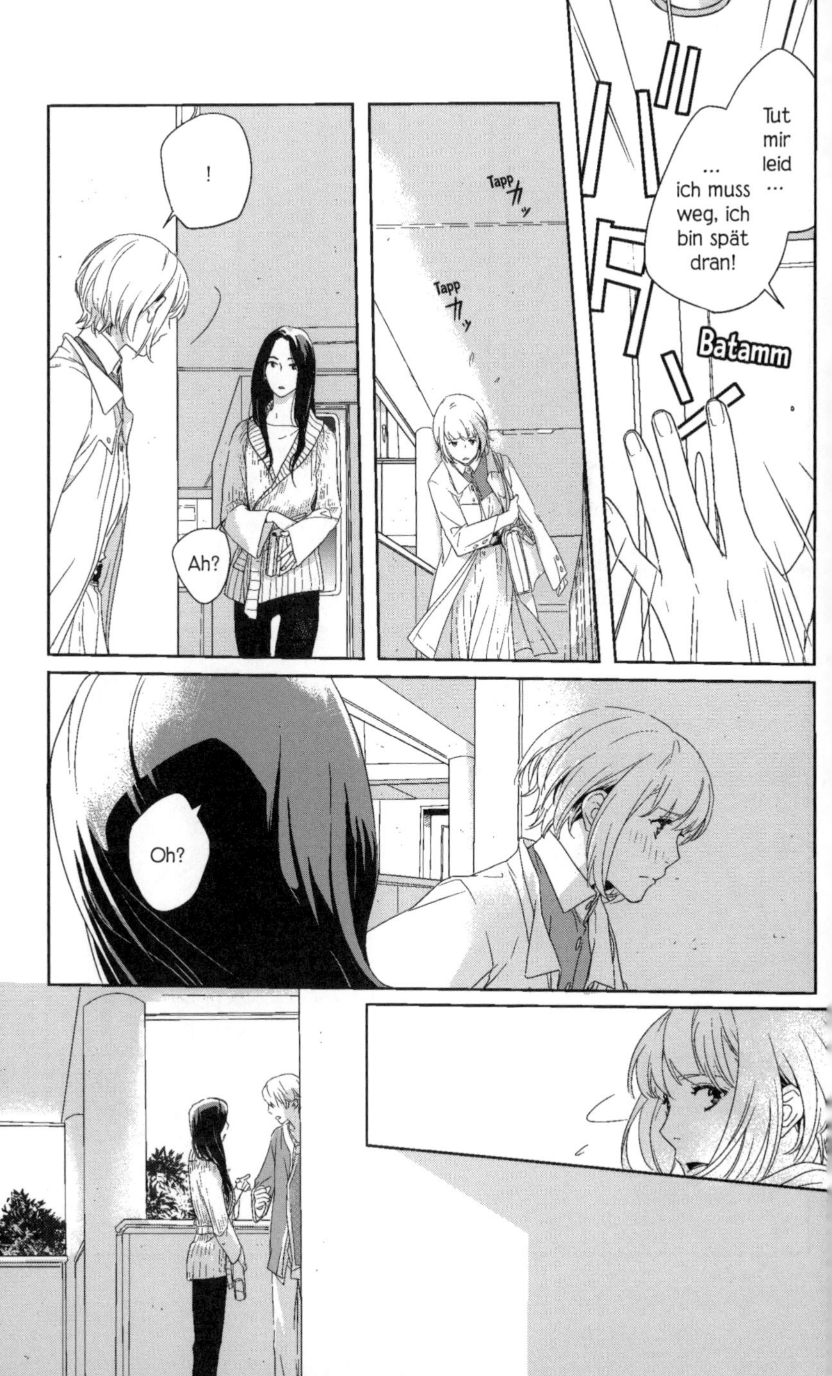
Tut mir leid …
… ich muss weg, ich bin spät dran!
Batamm
Tapp
Tapp
!
Ah?
Oh?

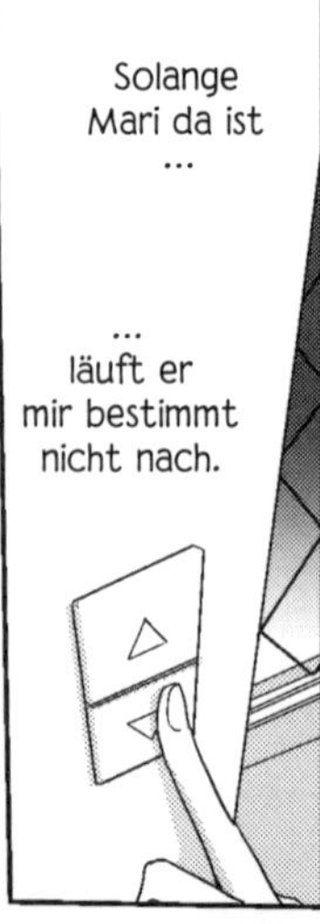

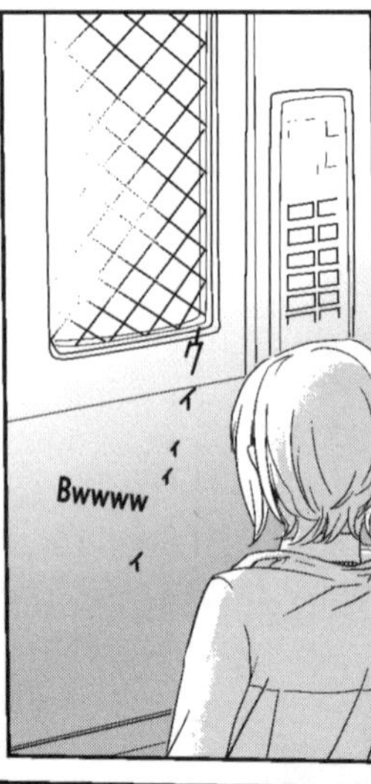

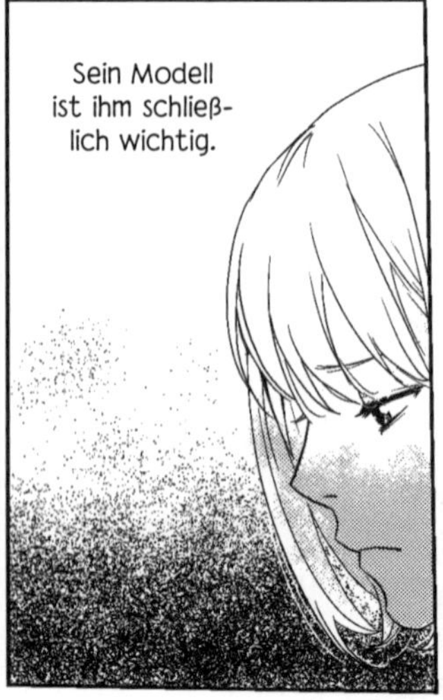

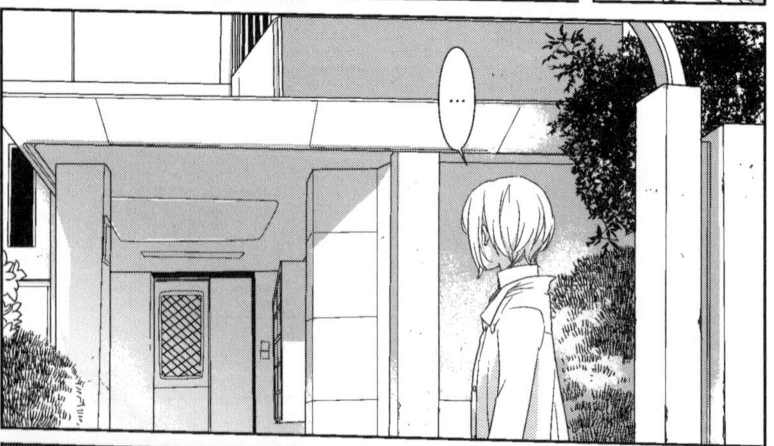

So fühlt es sich also an, wenn er andere malt.

Damit muss ich wohl klarkommen.

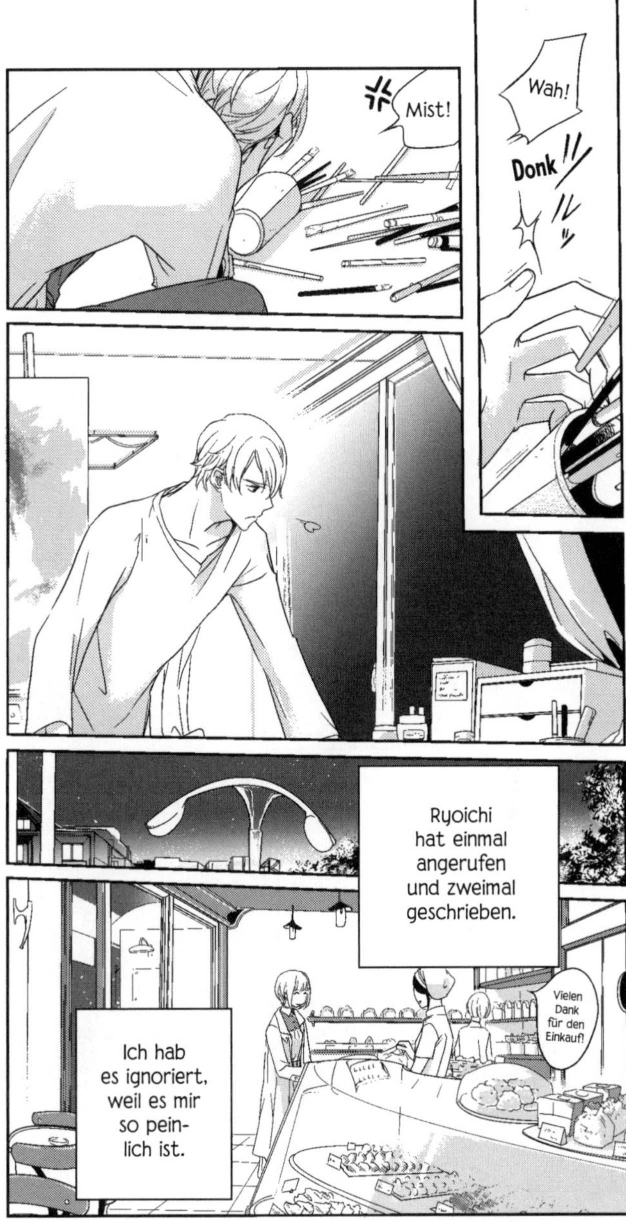

Wah!
Donk
Mist!
Ryoichi hat einmal angerufen und zweimal geschrieben.
Vielen Dank für den Einkauf!
Ich hab es ignoriert, weil es mir so peinlich ist.

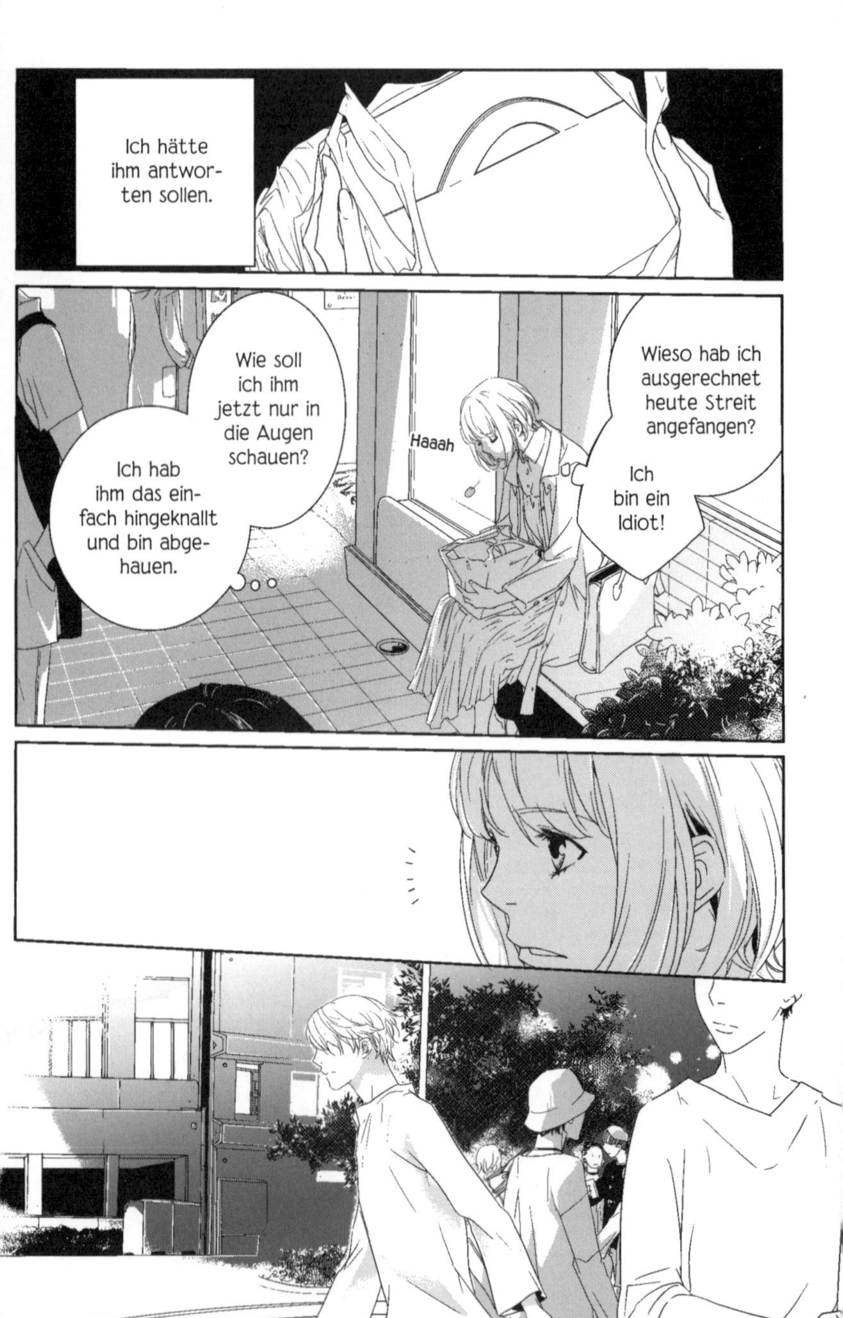
Ich hätte ihm antworten sollen.
Wieso hab ich ausgerechnet heute Streit angefangen?
Ich bin ein Idiot!
Haaah
Wie soll ich ihm jetzt nur in die Augen schauen?
Ich hab ihm das einfach hingeknallt und bin abgehauen.

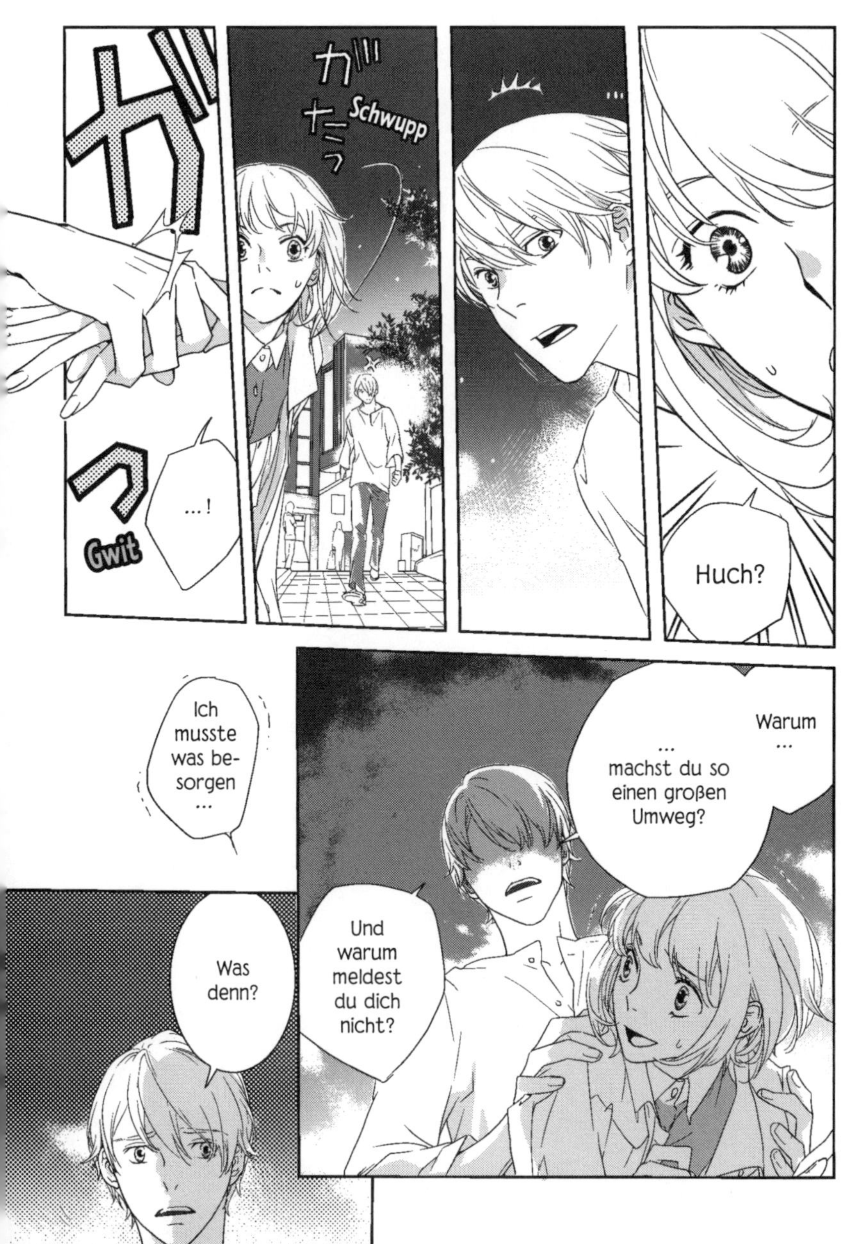
Huch?
...
Schwupp
...!
ガッ
Gwit
Warum ...
... machst du so einen großen Umweg?
Und warum meldest du dich nicht?
Ich musste was be-sorgen ...
Was denn?

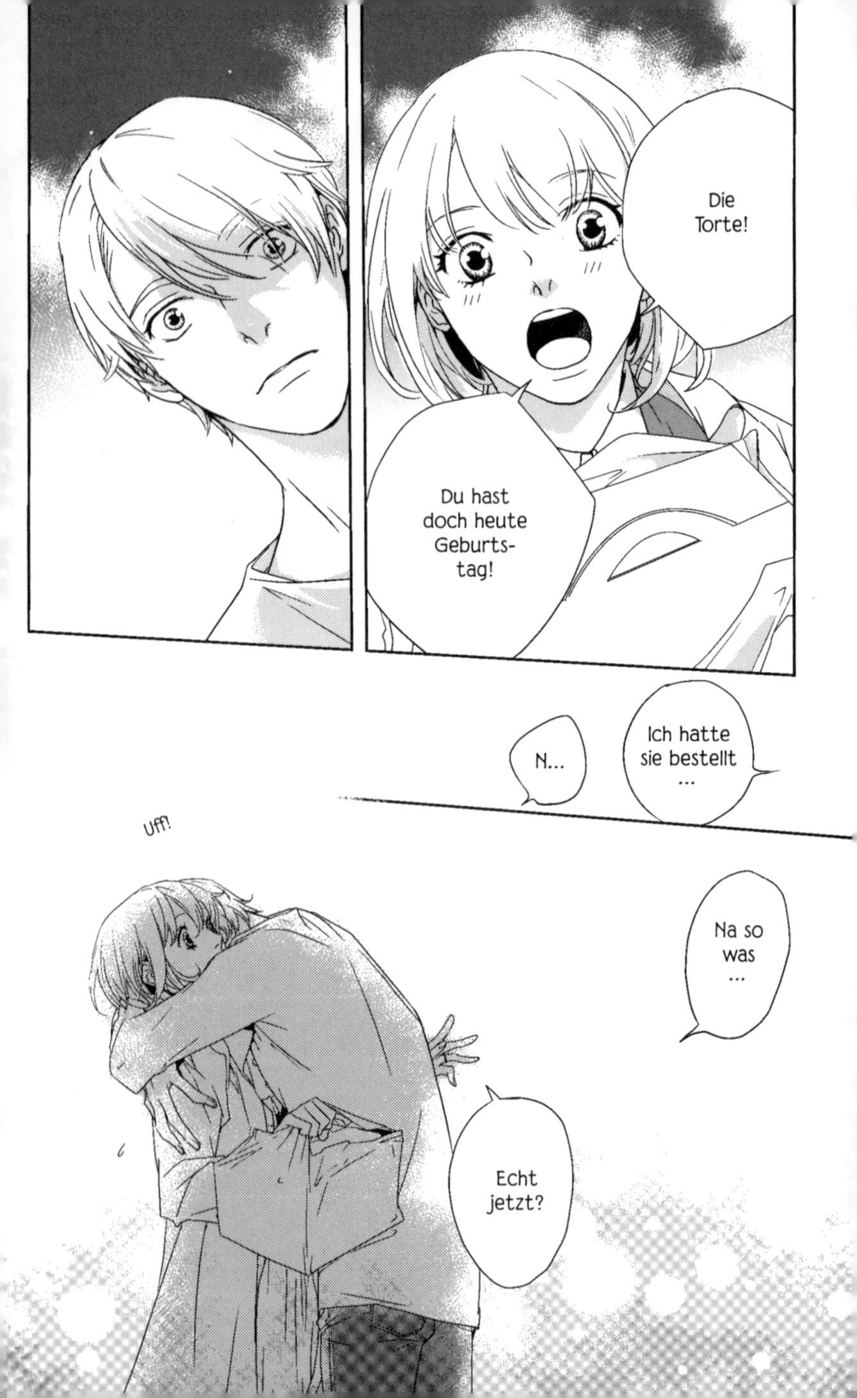

Die Torte!

Du hast doch heute Geburtstag!

Ich hatte sie bestellt ...

N...

Uff!

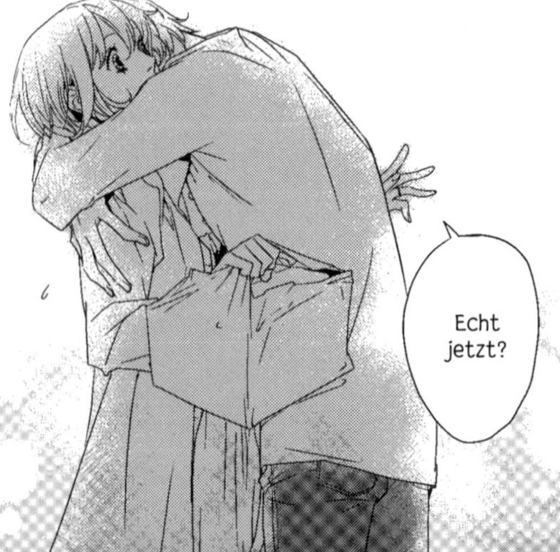

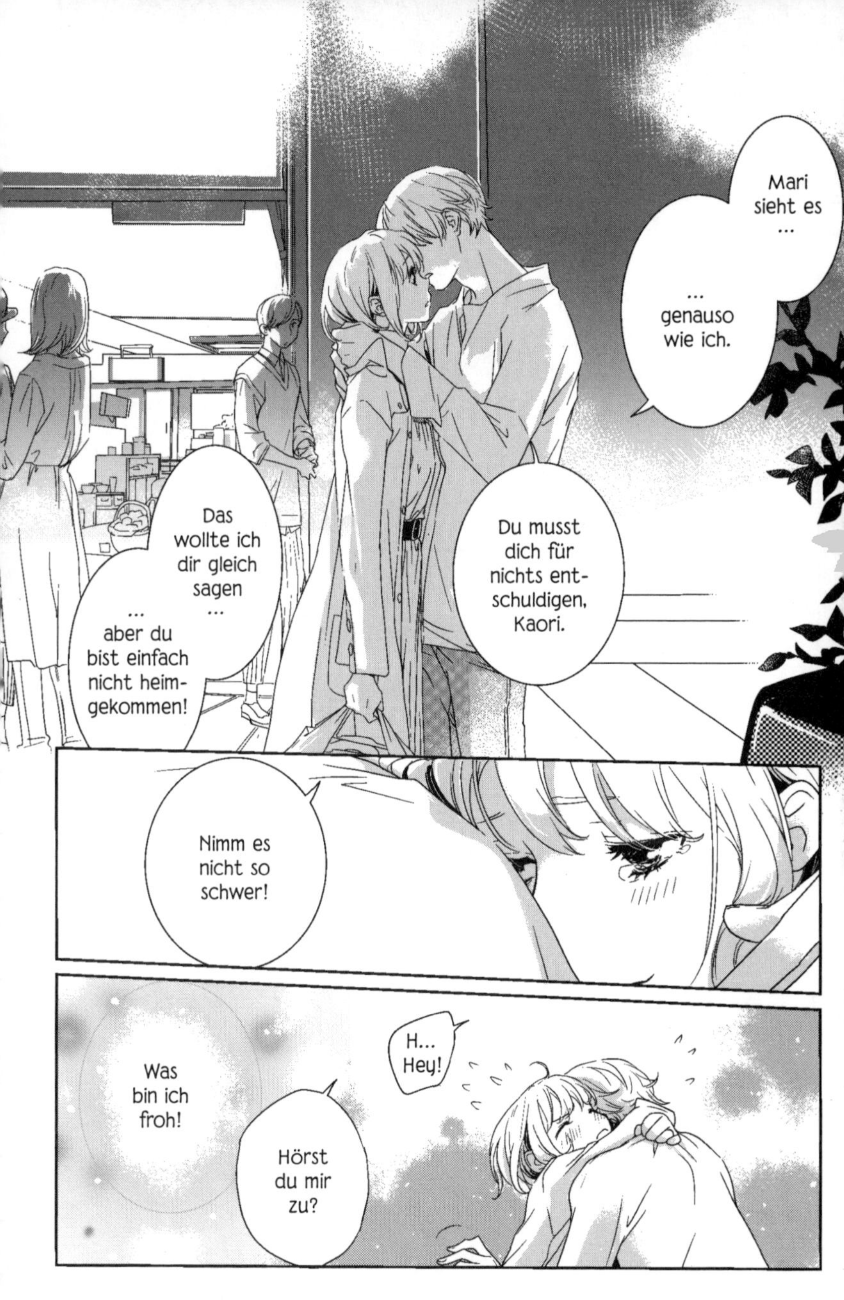
Mari sieht es …
… genauso wie ich.
Du musst dich für nichts entschuldigen, Kaori.
Das wollte ich dir gleich sagen …
… aber du bist einfach nicht heimgekommen!
Nimm es nicht so schwer!
H... Hey!
Was bin ich froh!
Hörst du mir zu?

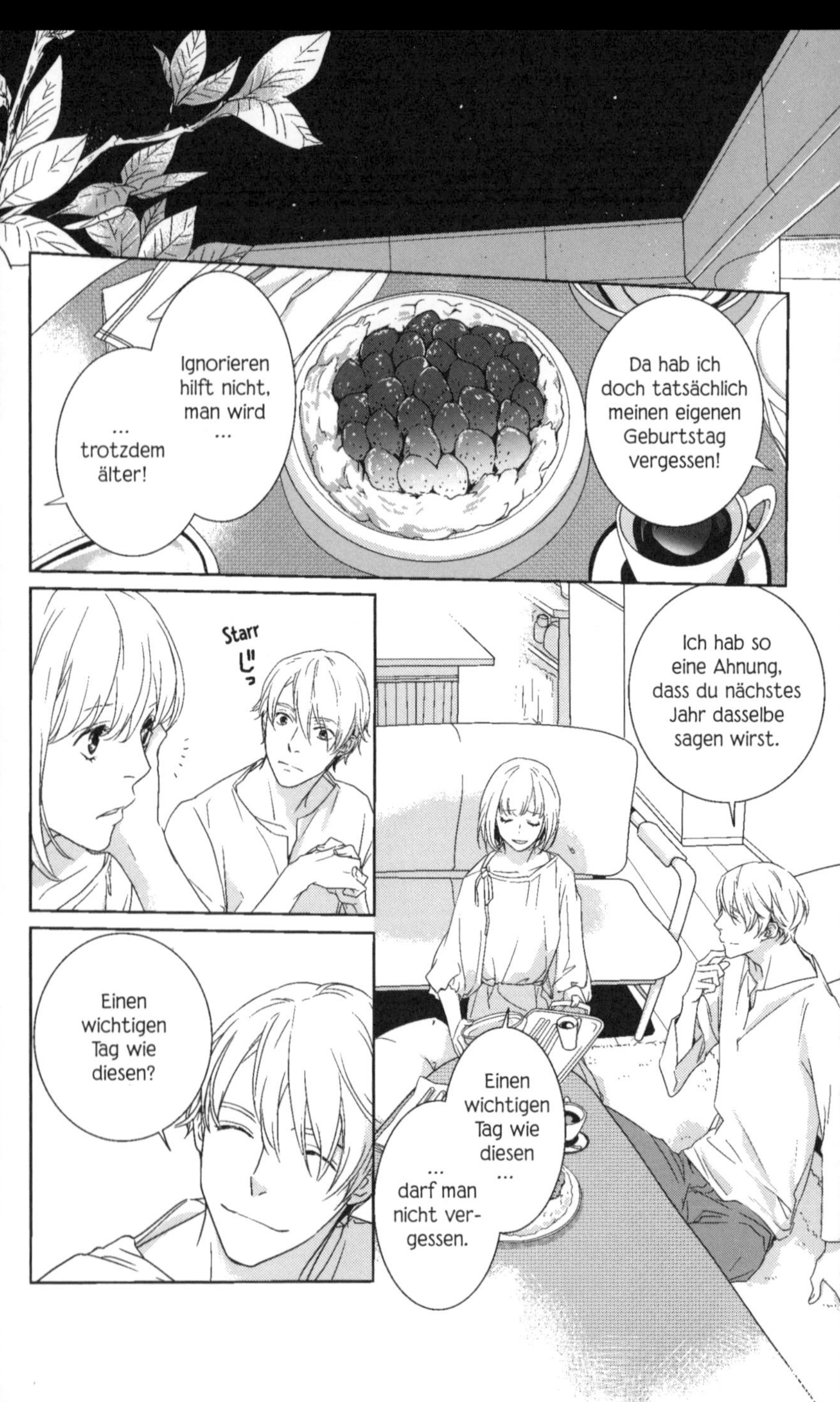
Da hab ich doch tatsächlich meinen eigenen Geburtstag vergessen!
Ignorieren hilft nicht, man wird ...
... trotzdem älter!
Ich hab so eine Ahnung, dass du nächstes Jahr dasselbe sagen wirst.
Starr
じっ
Einen wichtigen Tag wie diesen ...
... darf man nicht vergessen.
Einen wichtigen Tag wie diesen?

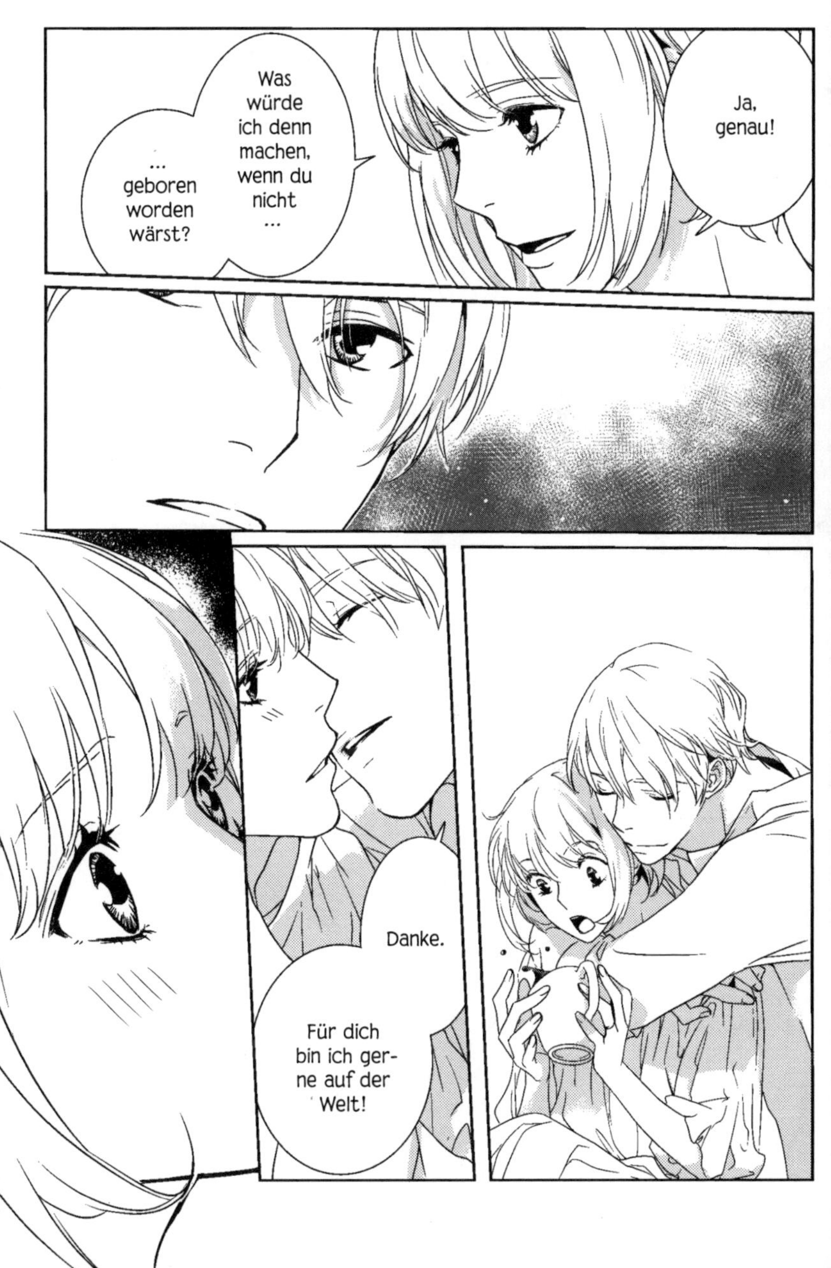
Ja, genau!
Was würde ich denn machen, wenn du nicht …
… geboren worden wärst?
Danke.
Für dich bin ich gerne auf der Welt!

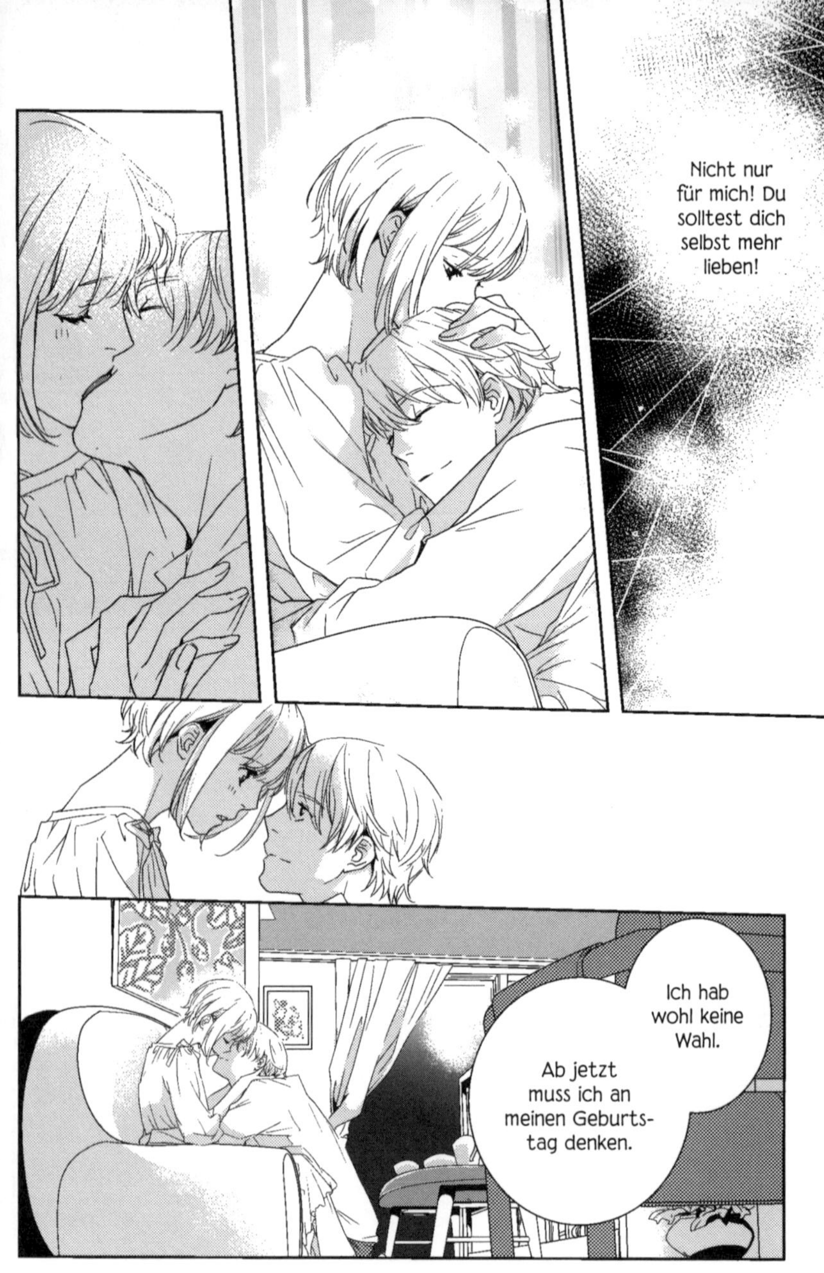
Nicht nur für mich! Du solltest dich selbst mehr lieben!
Ich hab wohl keine Wahl.
Ab jetzt muss ich an meinen Geburts-tag denken.

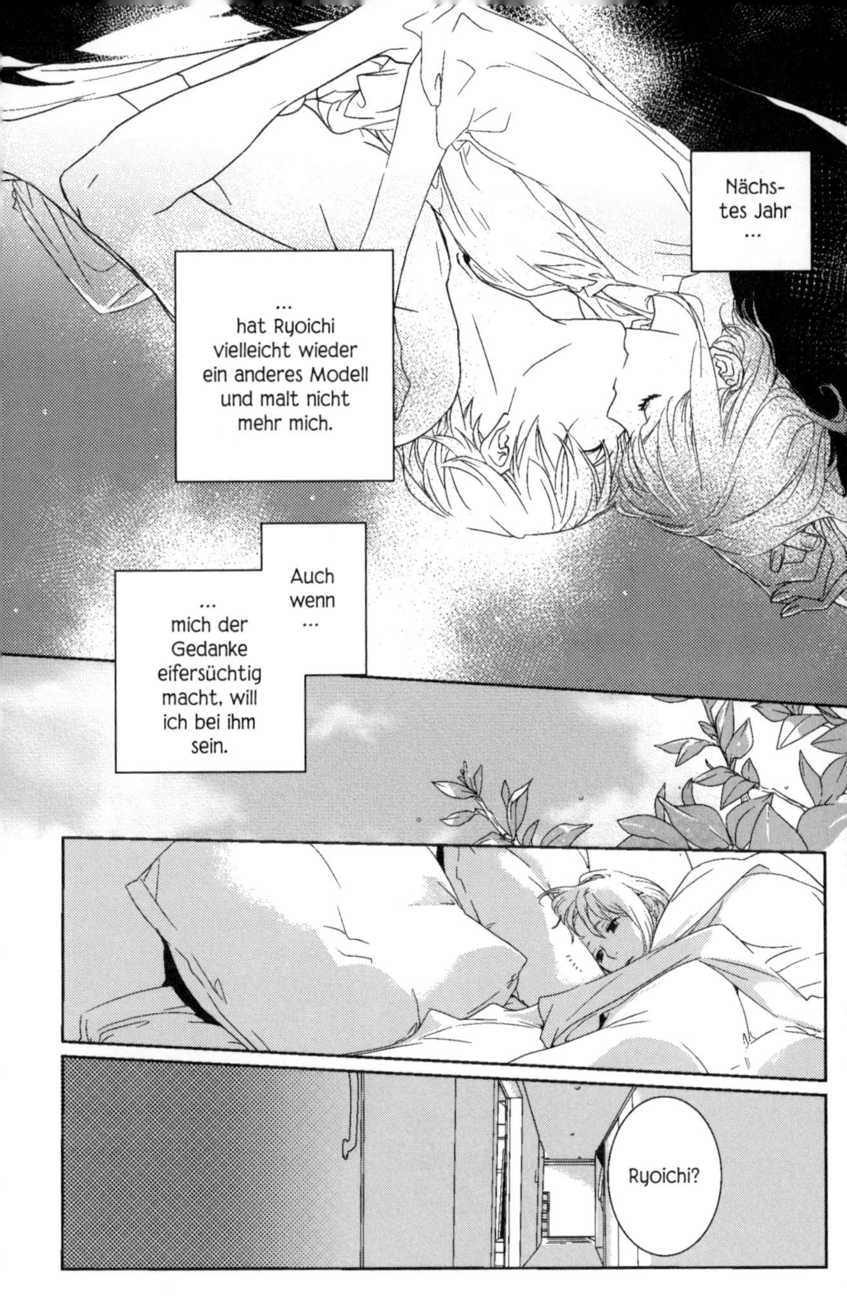
Nächs-
tes Jahr
...
...
hat Ryoichi
vielleicht wieder
ein anderes Modell
und malt nicht
mehr mich.
Auch
wenn
...
...
mich der
Gedanke
eifersüchtig
macht, will
ich bei ihm
sein.
Ryoichi?

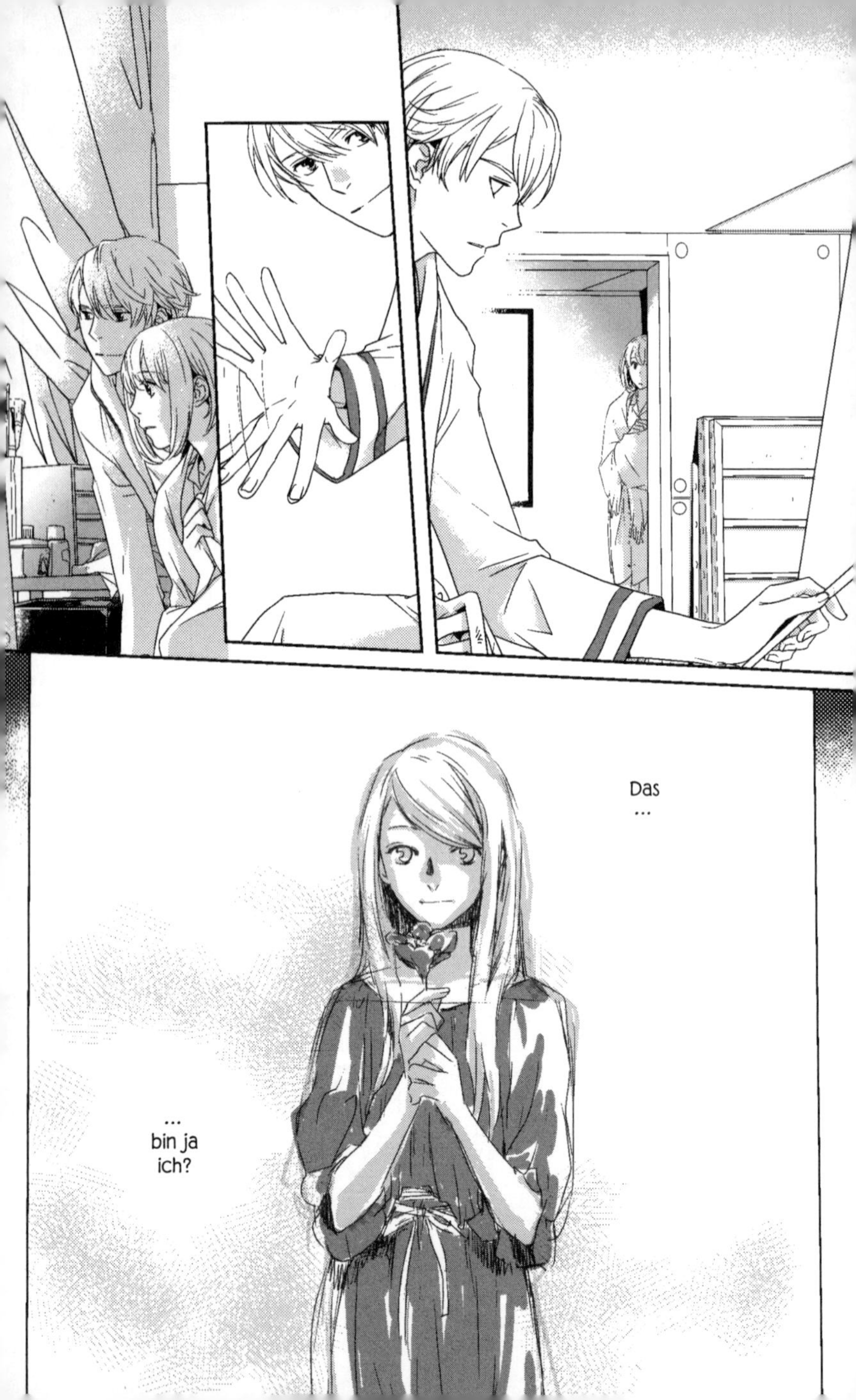
Das
...
...
bin ja
ich?

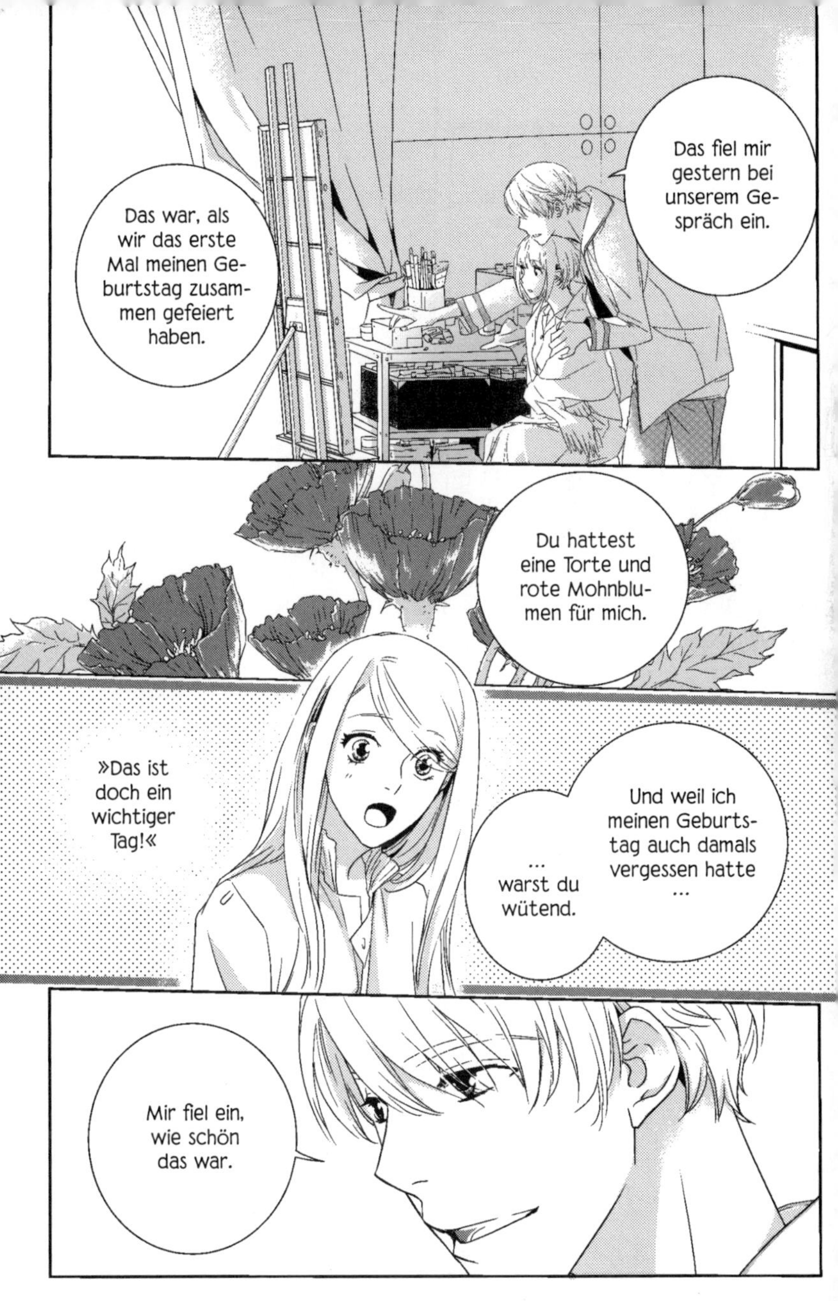
Das fiel mir gestern bei unserem Gespräch ein.
Das war, als wir das erste Mal meinen Geburtstag zusammen gefeiert haben.
Du hattest eine Torte und rote Mohnblumen für mich.
Und weil ich meinen Geburtstag auch damals vergessen hatte ...
... warst du wütend.
»Das ist doch ein wichtiger Tag!«
Mir fiel ein, wie schön das war.

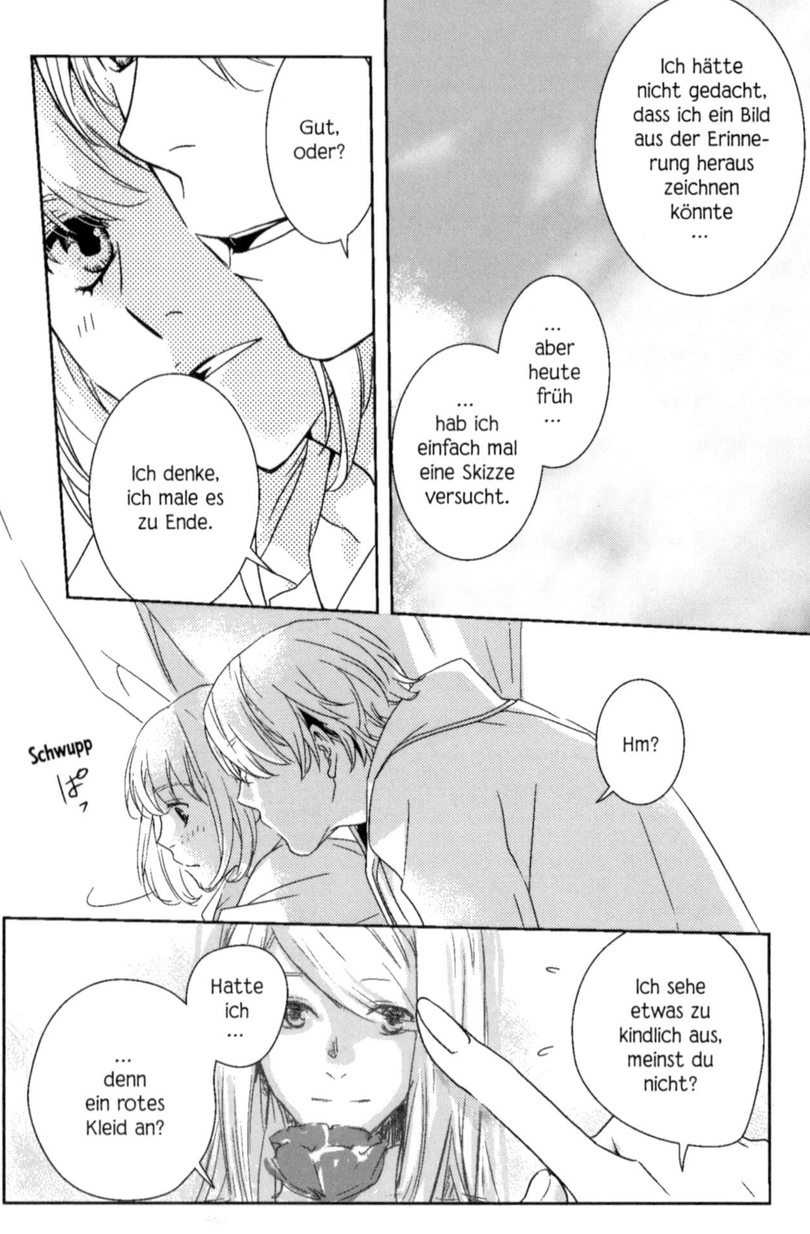
Ich hätte nicht gedacht, dass ich ein Bild aus der Erinnerung heraus zeichnen könnte …
… aber heute früh …
… hab ich einfach mal eine Skizze versucht.
Gut, oder?
Ich denke, ich male es zu Ende.
Hm?
Schwupp
Ich sehe etwas zu kindlich aus, meinst du nicht?
Hatte ich …
… denn ein rotes Kleid an?

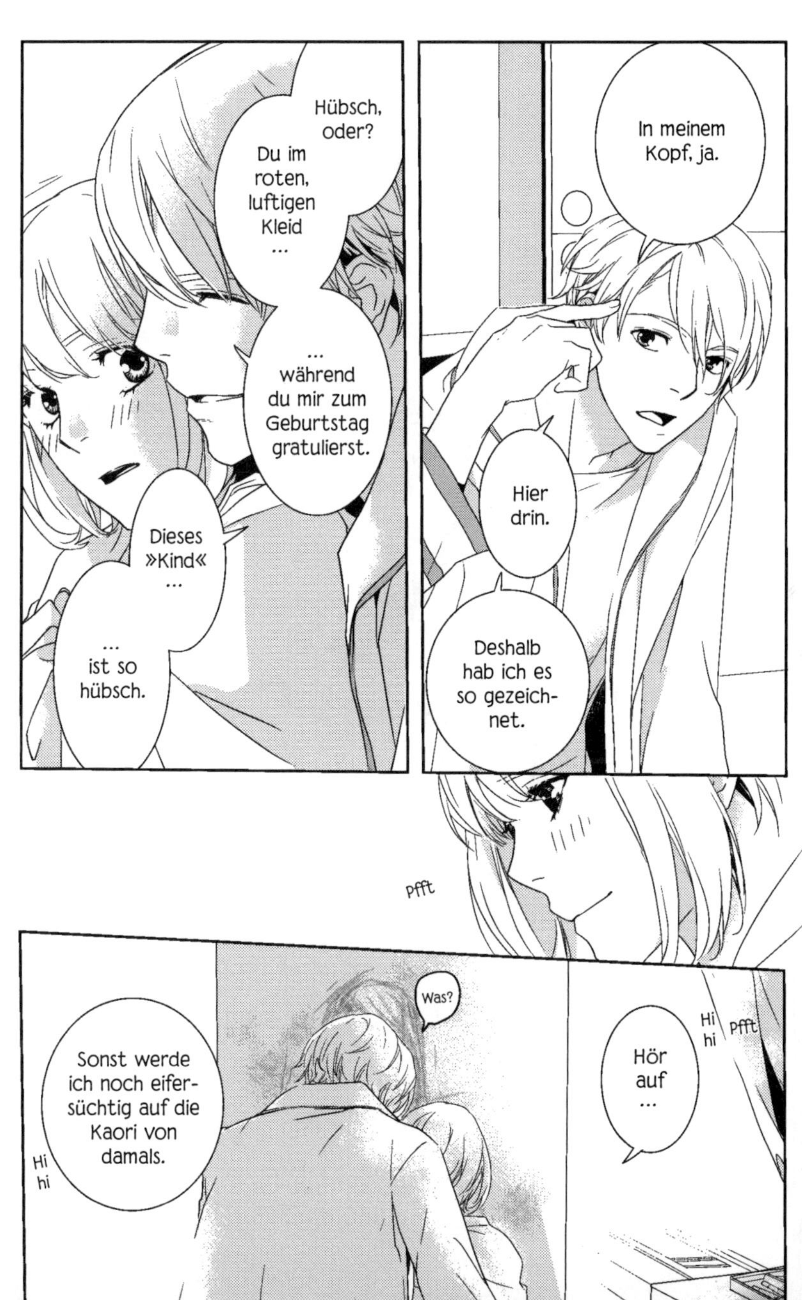
In meinem Kopf, ja.
Hier drin.
Deshalb hab ich es so gezeichnet.
Hübsch, oder?
Du im roten, luftigen Kleid ...
... während du mir zum Geburtstag gratulierst.
Dieses »Kind« ...
... ist so hübsch.
Pfft
Hi hi
Pfft
Hör auf ...
Was?
Sonst werde ich noch eifersüchtig auf die Kaori von damals.
Hi hi

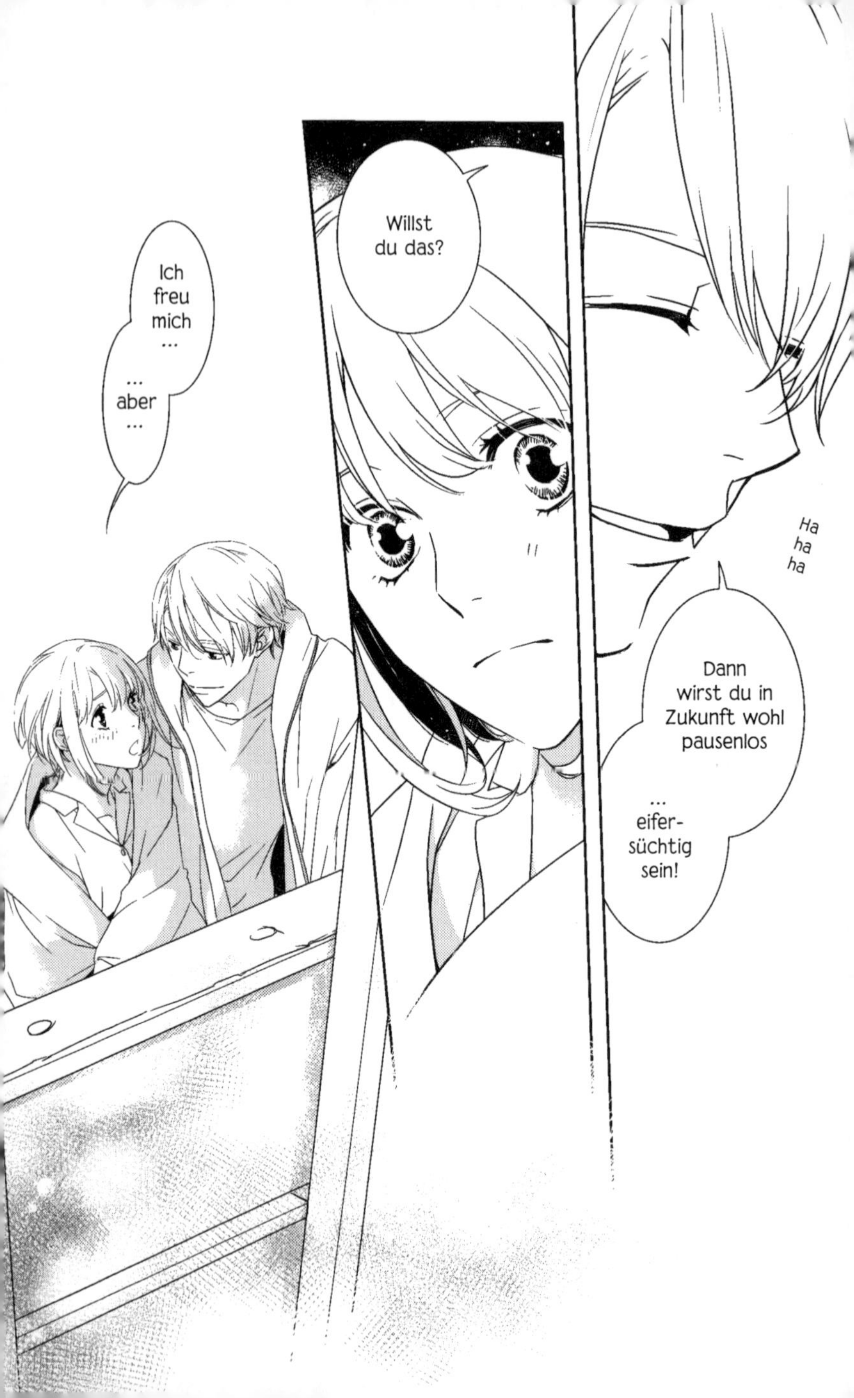
Ich freu mich …
… aber …
Willst du das?
Dann wirst du in Zukunft wohl pausenlos
… eifer-süchtig sein!
Ha ha ha

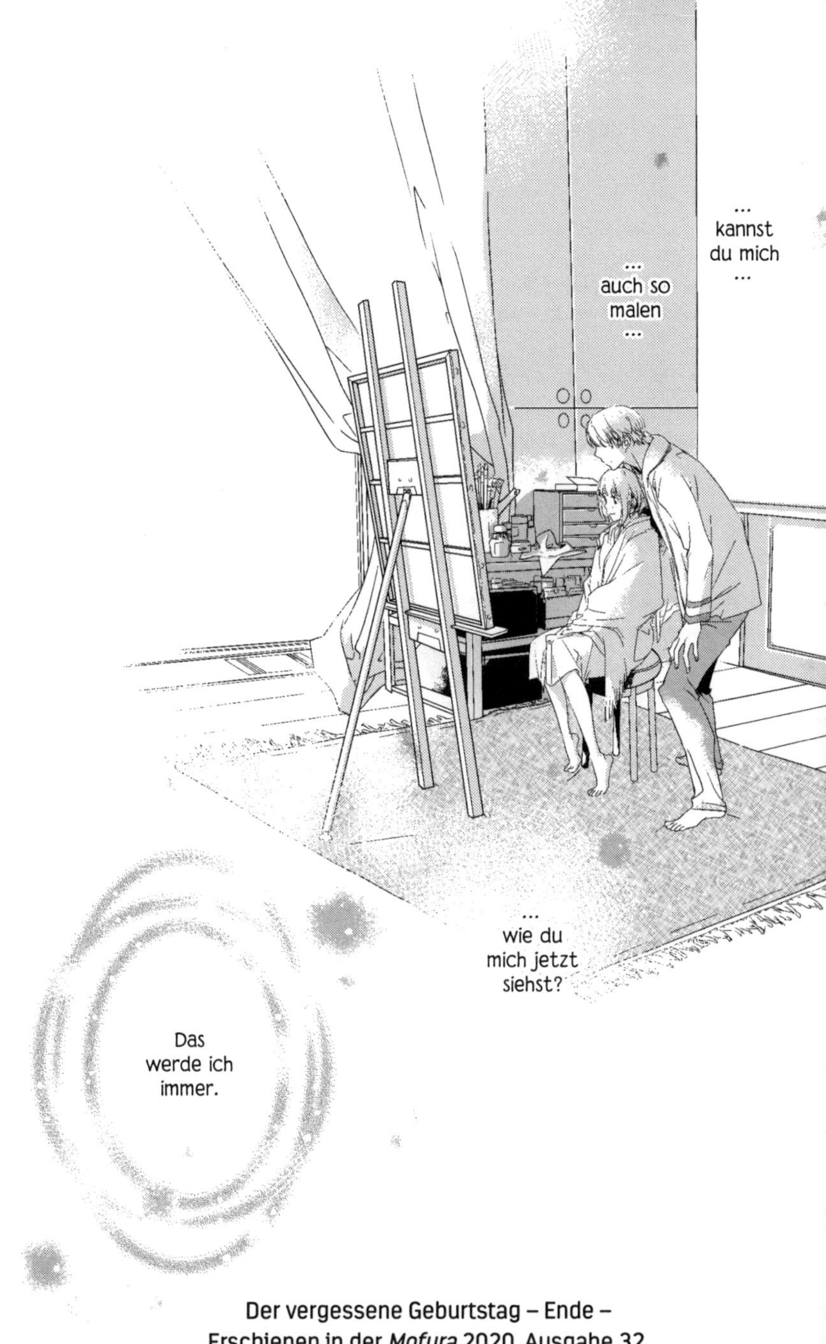

Der vergessene Geburtstag – Ende –

Erschienen in der *Mofura* 2020, Ausgabe 32.

Guten Tag. Ich grüße alle neuen Leser. Ich bin Erin Kijima.

Vielen Dank, dass ihr diesen Manga gekauft habt. Zu der Geschichte über den Geburtstag fällt mir ein, dass ich als Kind tatsächlich ständig meinen Geburtstag vergessen habe, weil ich nie sonderlich darüber nachgedacht habe. Mir ist es immer erst bewusst geworden, wenn meine Freunde mir gratulierten. Dank ihnen wurde ich also an mein Altern erinnert ...
Der Geburtstag ist der Tag, an dem der Mensch zur Einsicht kommt, dass er selbst als einziger nie erwachsen wird.

(Irgendwie das Thema verfehlt ...)

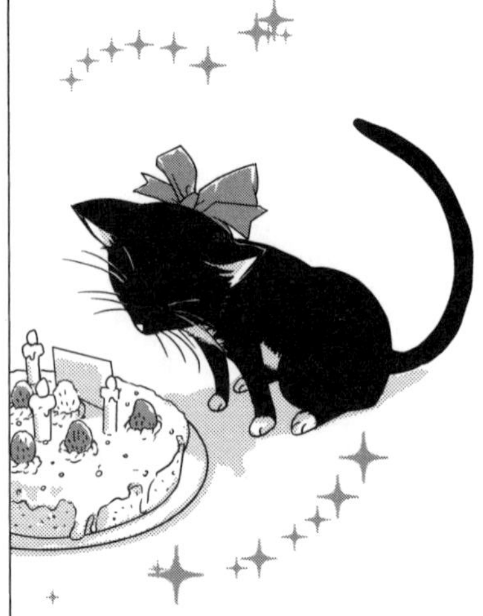

木嶋えりん
Erin Kijima

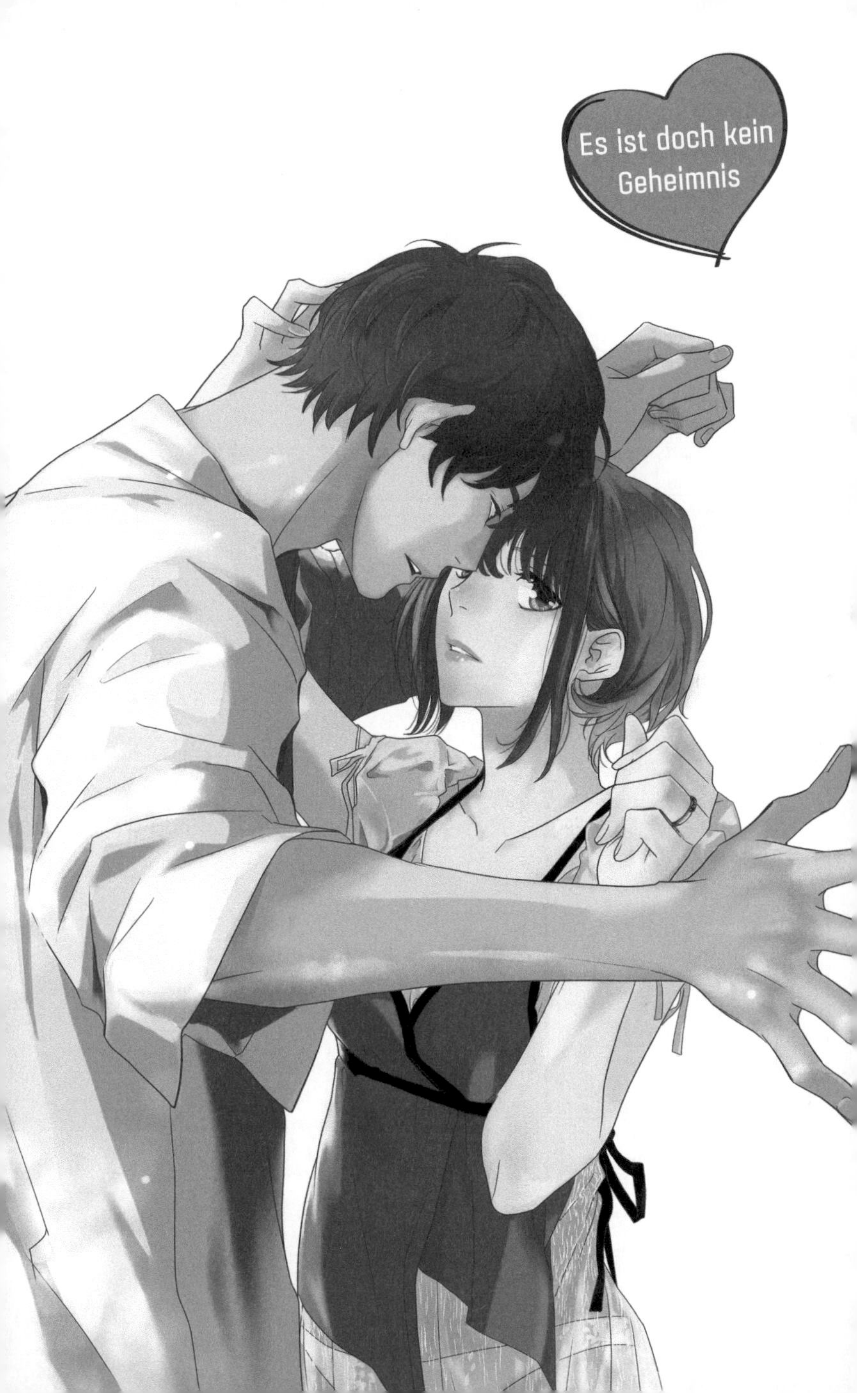
Es ist doch kein
Geheimnis

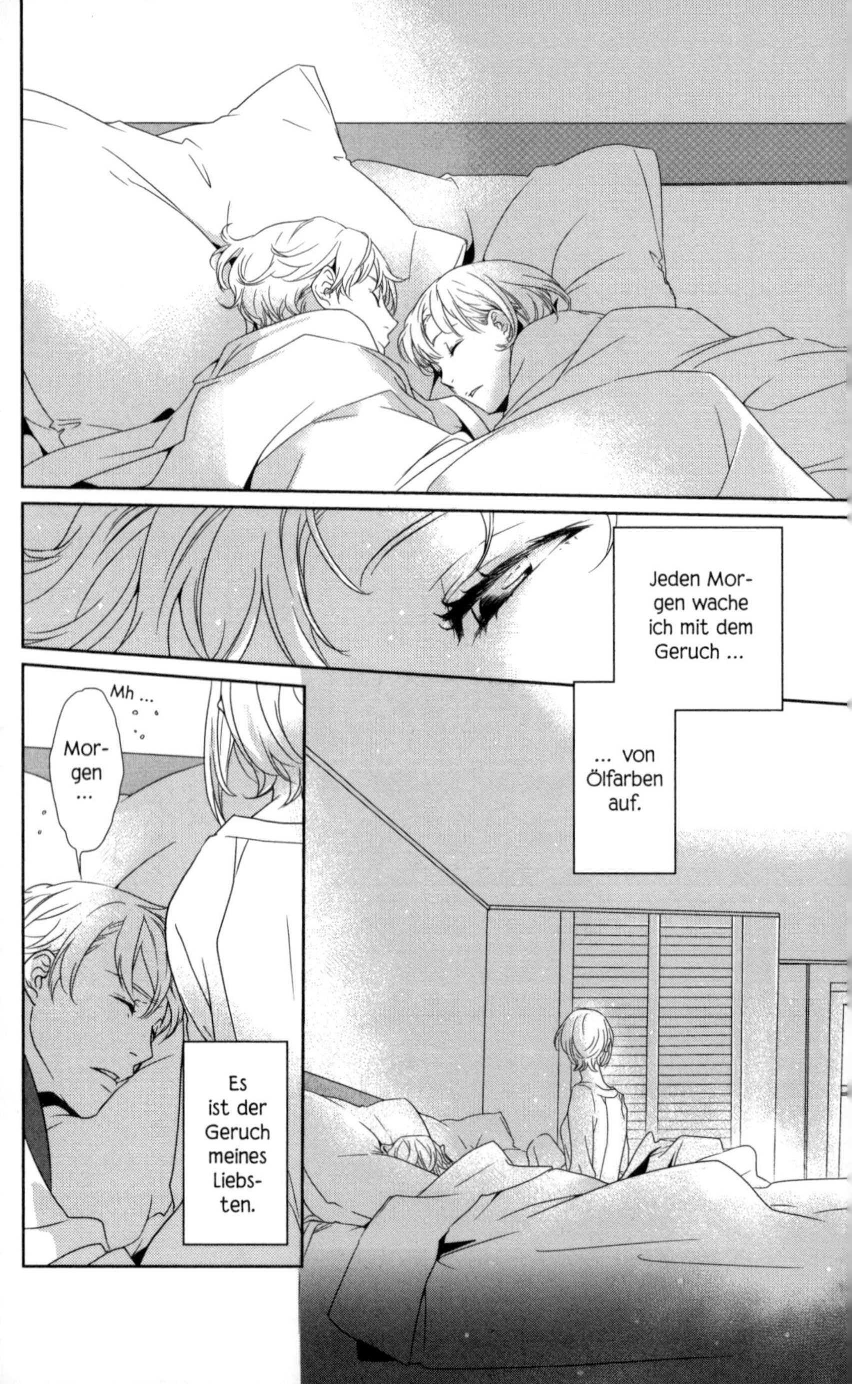
Jeden Morgen wache ich mit dem Geruch ...
... von Ölfarben auf.
Mh ...
Morgen ...
Es ist der Geruch meines Liebsten.

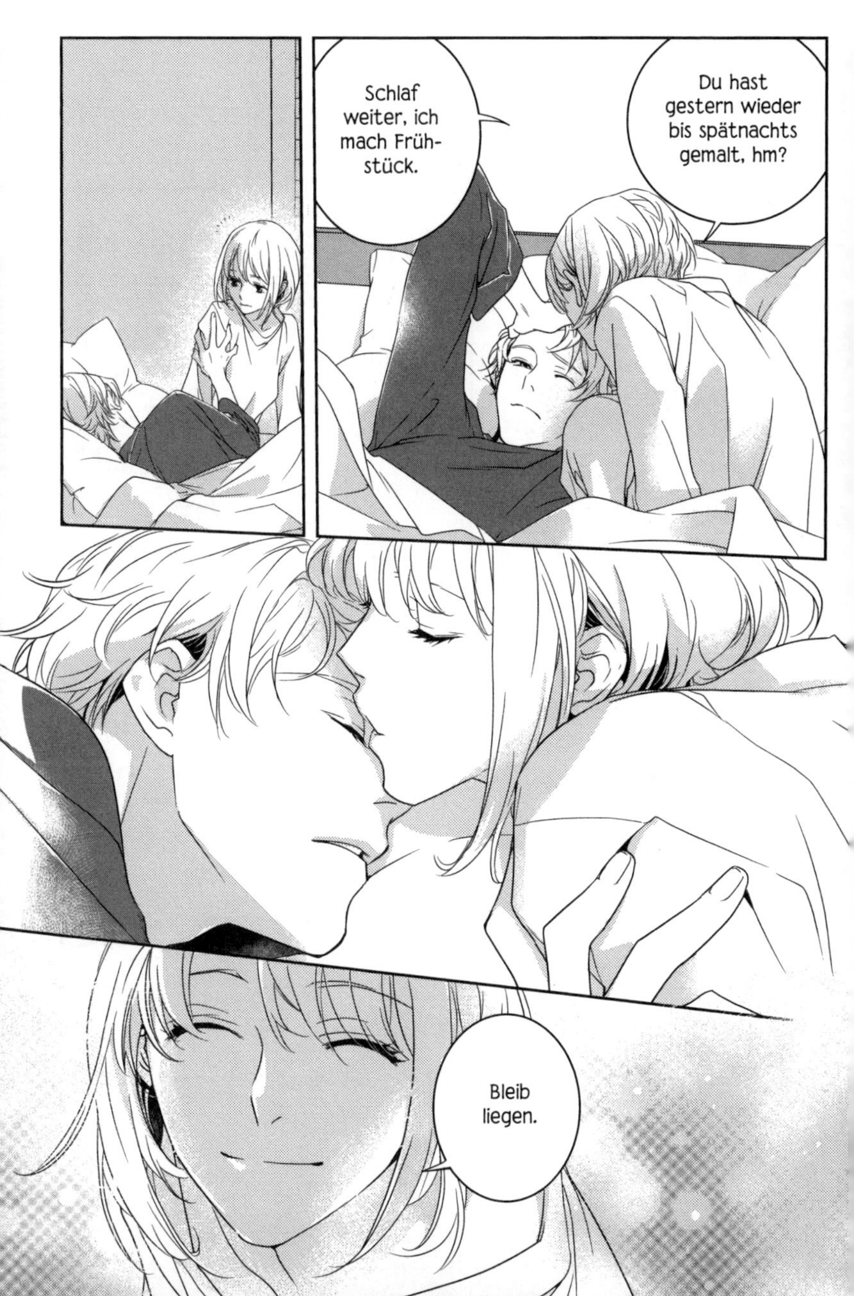
Du hast gestern wieder bis spätnachts gemalt, hm?
Schlaf weiter, ich mach Früh-stück.
Bleib liegen.

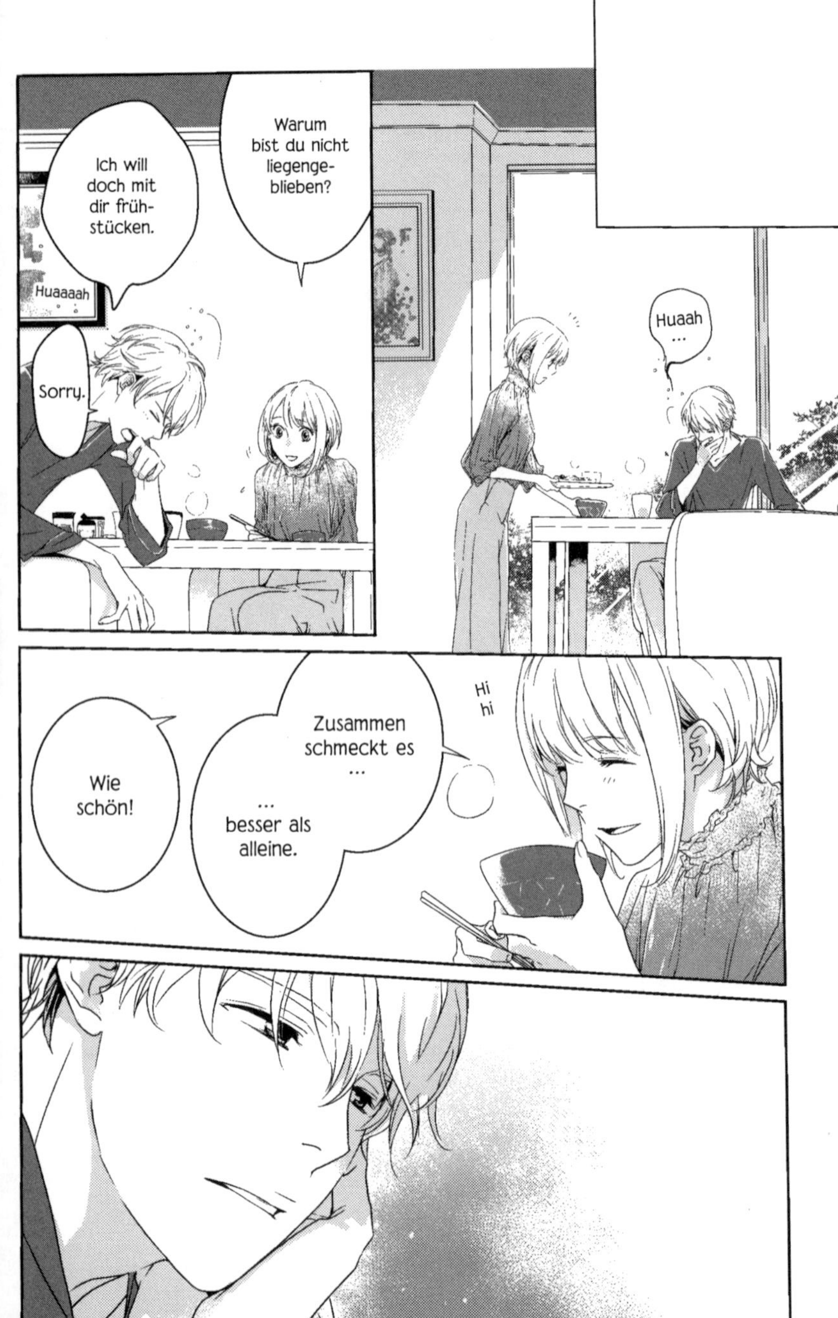
Huaah
...
Warum bist du nicht liegengeblieben?
Ich will doch mit dir frühstücken.
Huaaaah
Sorry.
Hi hi
Zusammen schmeckt es ...
... besser als alleine.
Wie schön!

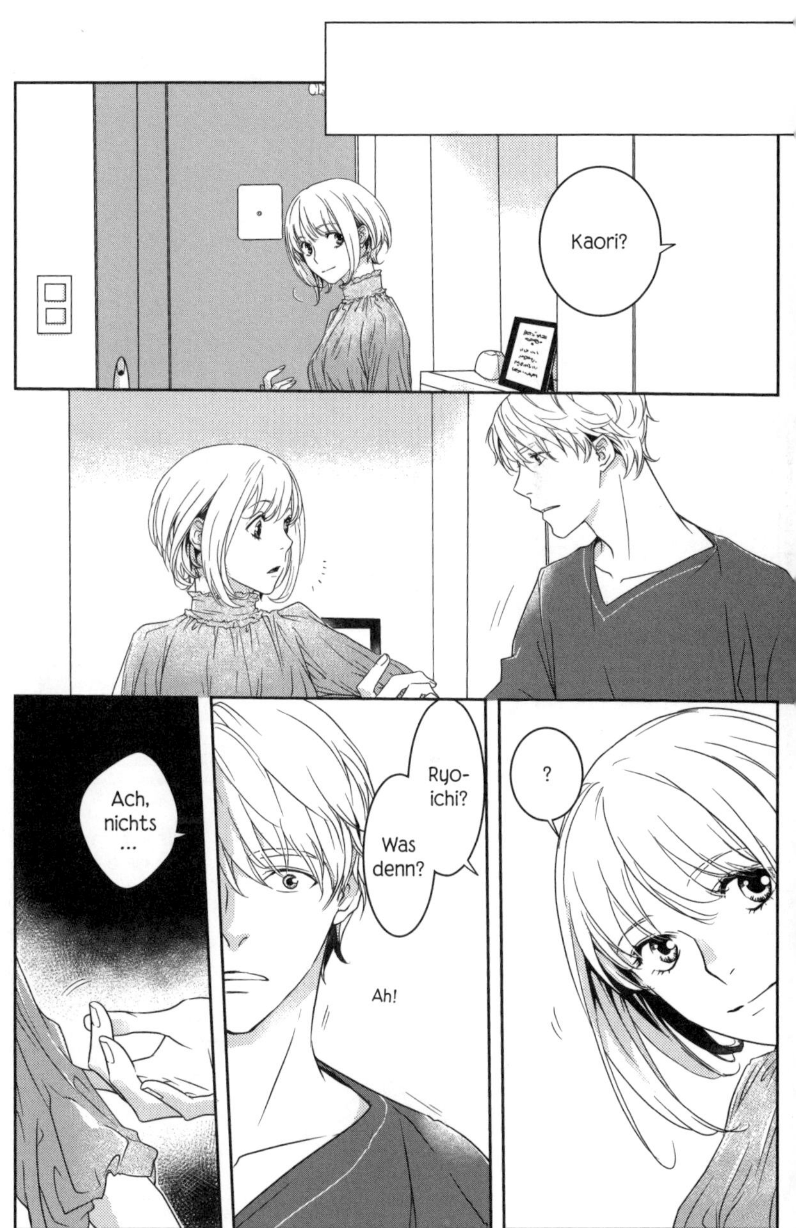
Kaori?
?
Ryo-ichi?
Was denn?
Ah!
Ach, nichts …

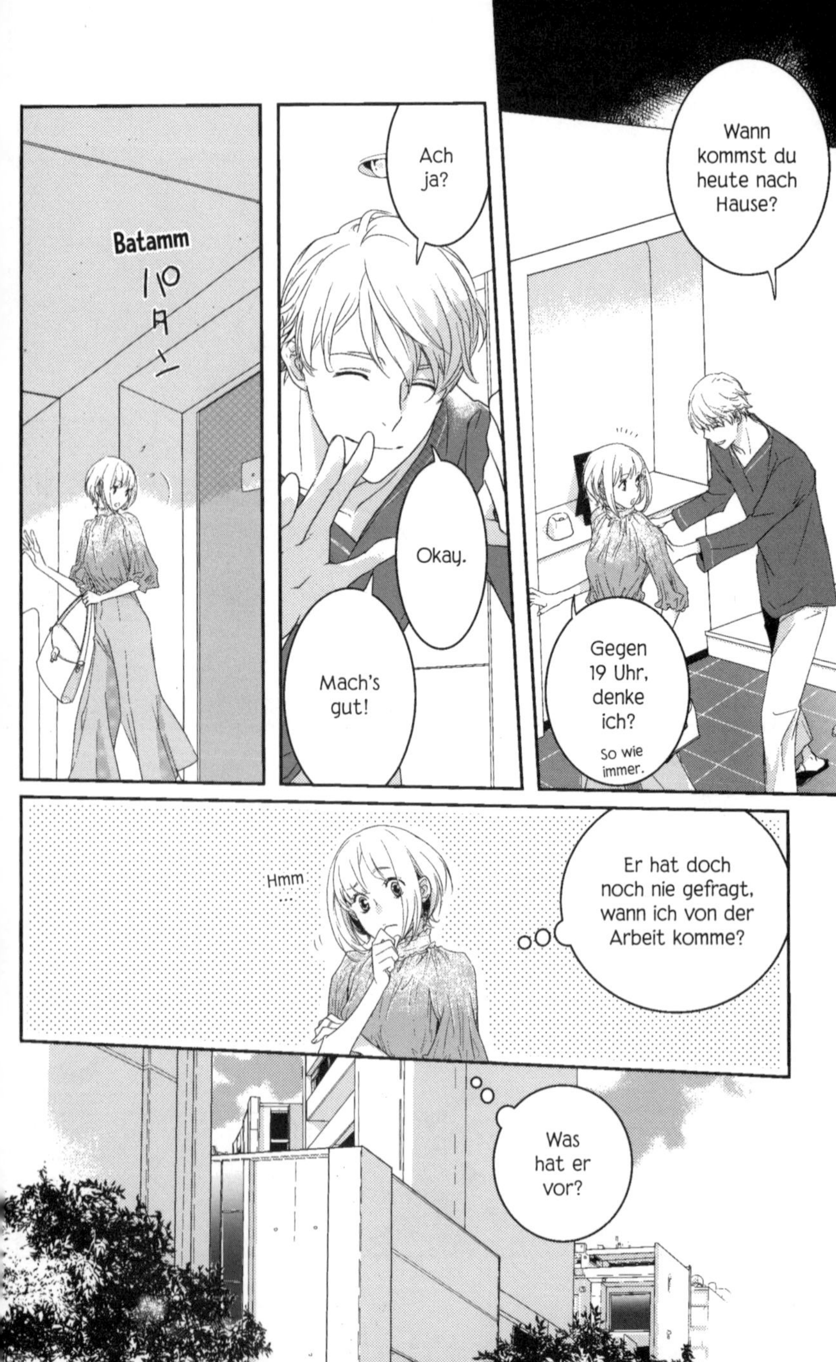

Wann kommst du heute nach Hause?
Gegen 19 Uhr, denke ich?
So wie immer.
Ach ja?
Okay.
Mach's gut!
Batamm
Hmm ...
Er hat doch noch nie gefragt, wann ich von der Arbeit komme?
Was hat er vor?

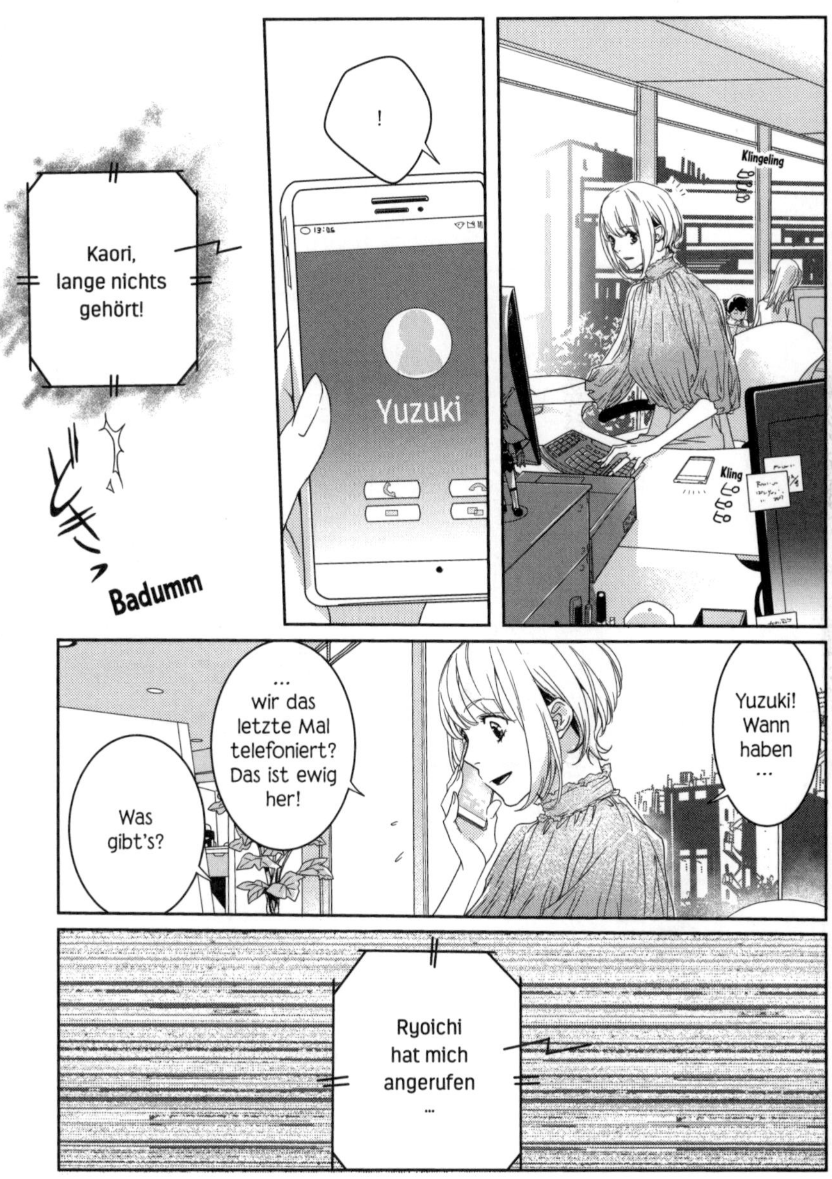
Klingeling
Kling
!
Yuzuki
Kaori, lange nichts gehört!
Badumm
Yuzuki! Wann haben …
… wir das letzte Mal telefoniert? Das ist ewig her!
Was gibt's?
Ryoichi hat mich angerufen …

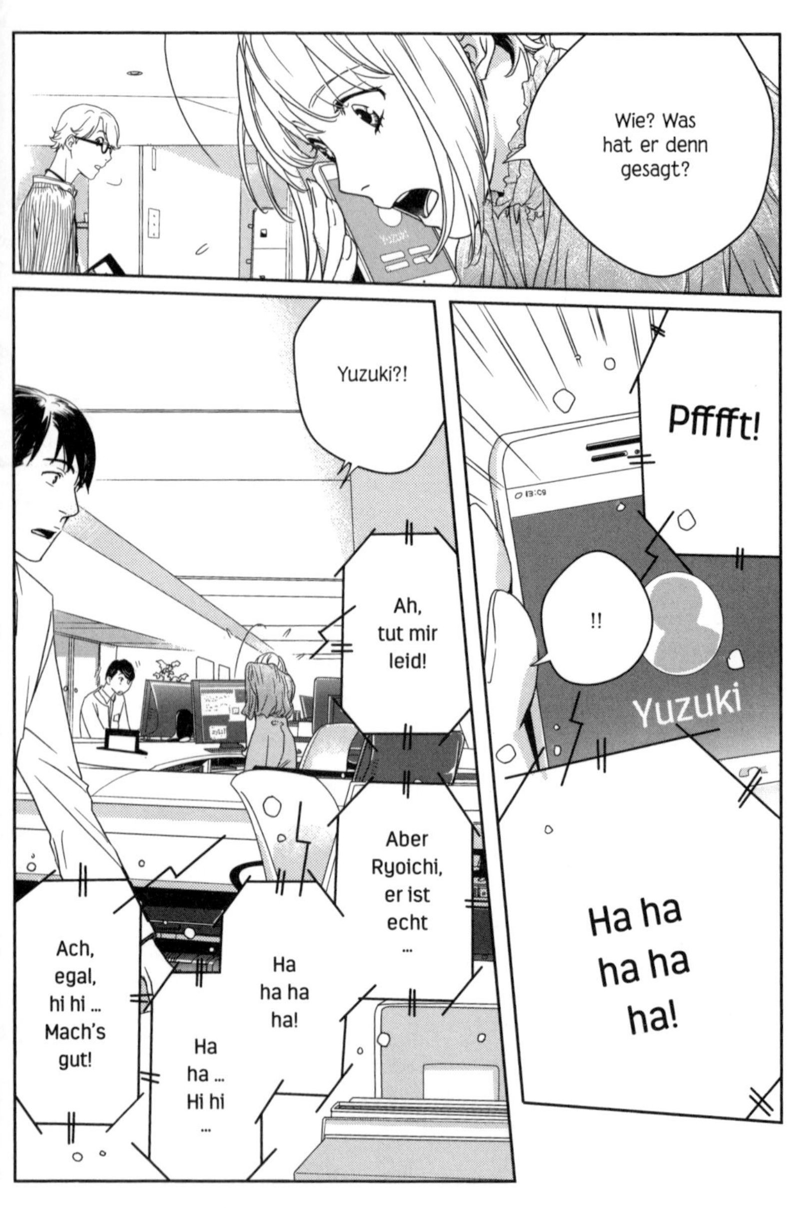

Wie? Was hat er denn gesagt?
YUZUKI
Pfffft!
!!
Yuzuki
Yuzuki?!
Ah, tut mir leid!
Ha ha ha ha ha!
Aber Ryoichi, er ist echt …
Ha ha ha ha!
Ha ha … Hi hi …
Ach, egal, hi hi … Mach's gut!

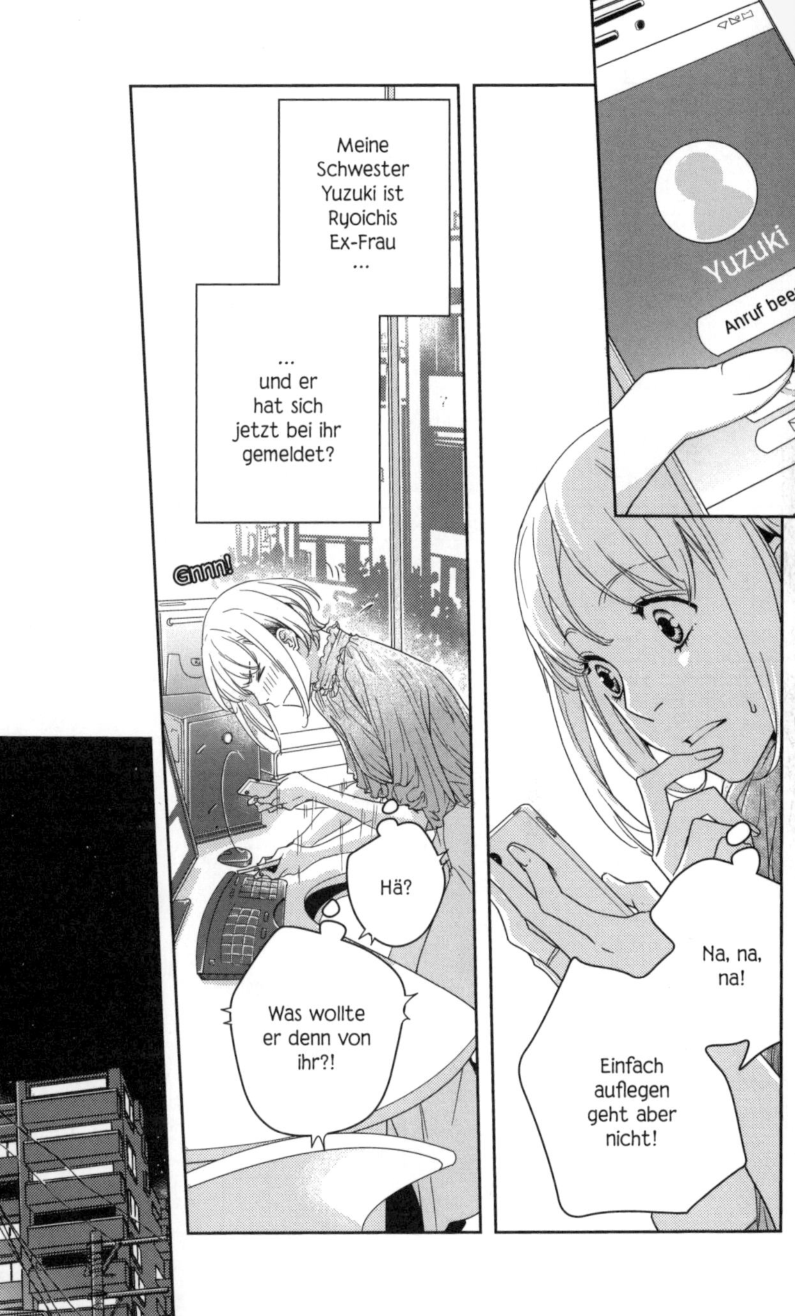
Yuzuki
Na, na, na!
Einfach auflegen geht aber nicht!
Meine Schwester Yuzuki ist Ryoichis Ex-Frau ...
... und er hat sich jetzt bei ihr gemeldet?
Gnnn!
Hä?
Was wollte er denn von ihr?!

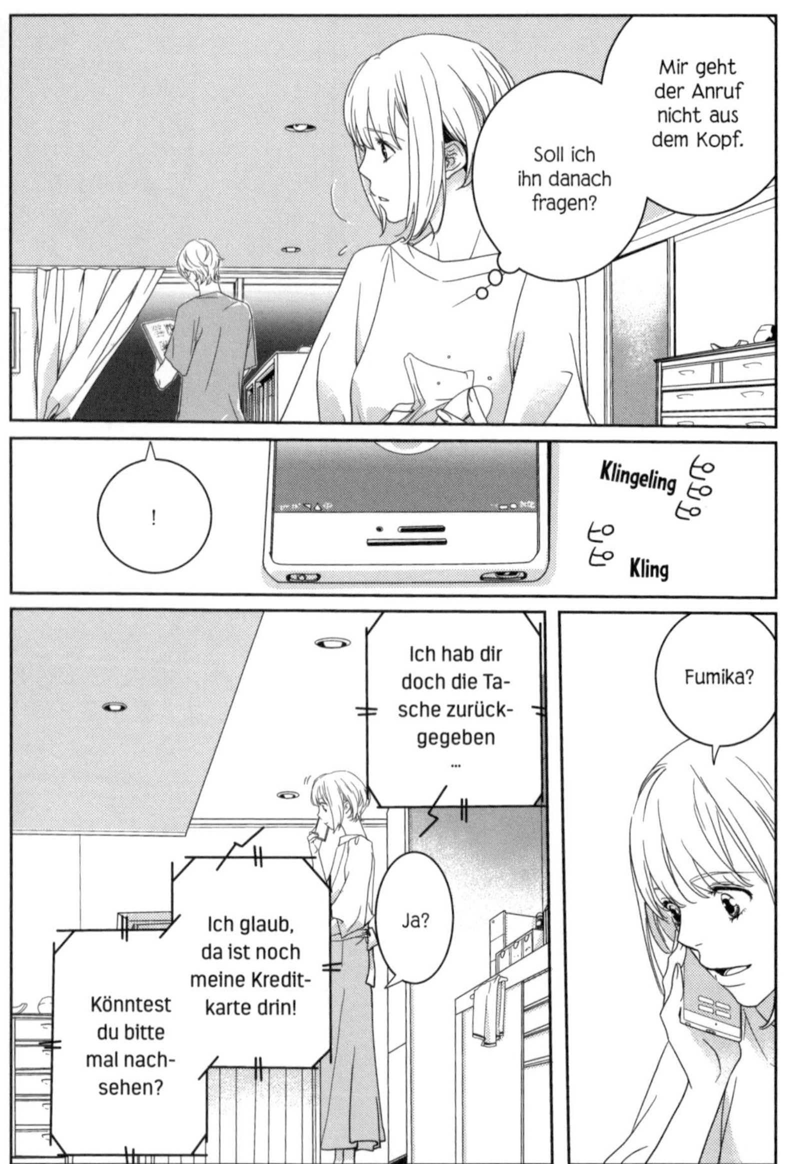
Mir geht der Anruf nicht aus dem Kopf.
Soll ich ihn danach fragen?
Klingeling
Kling
!
Fumika?
Ich hab dir doch die Tasche zurückgegeben ...
Ja?
Ich glaub, da ist noch meine Kreditkarte drin!
Könntest du bitte mal nachsehen?

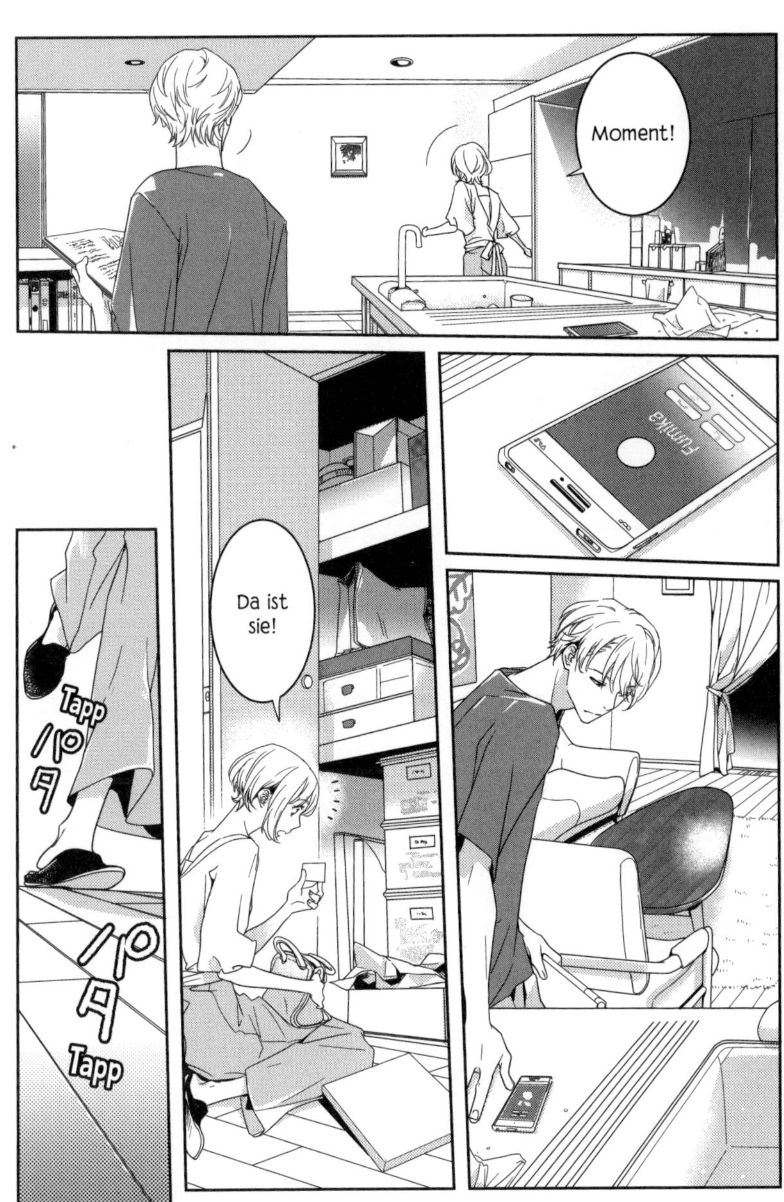
Moment!
Fumika
Da ist sie!
Tapp
パタ
パタ
Tapp

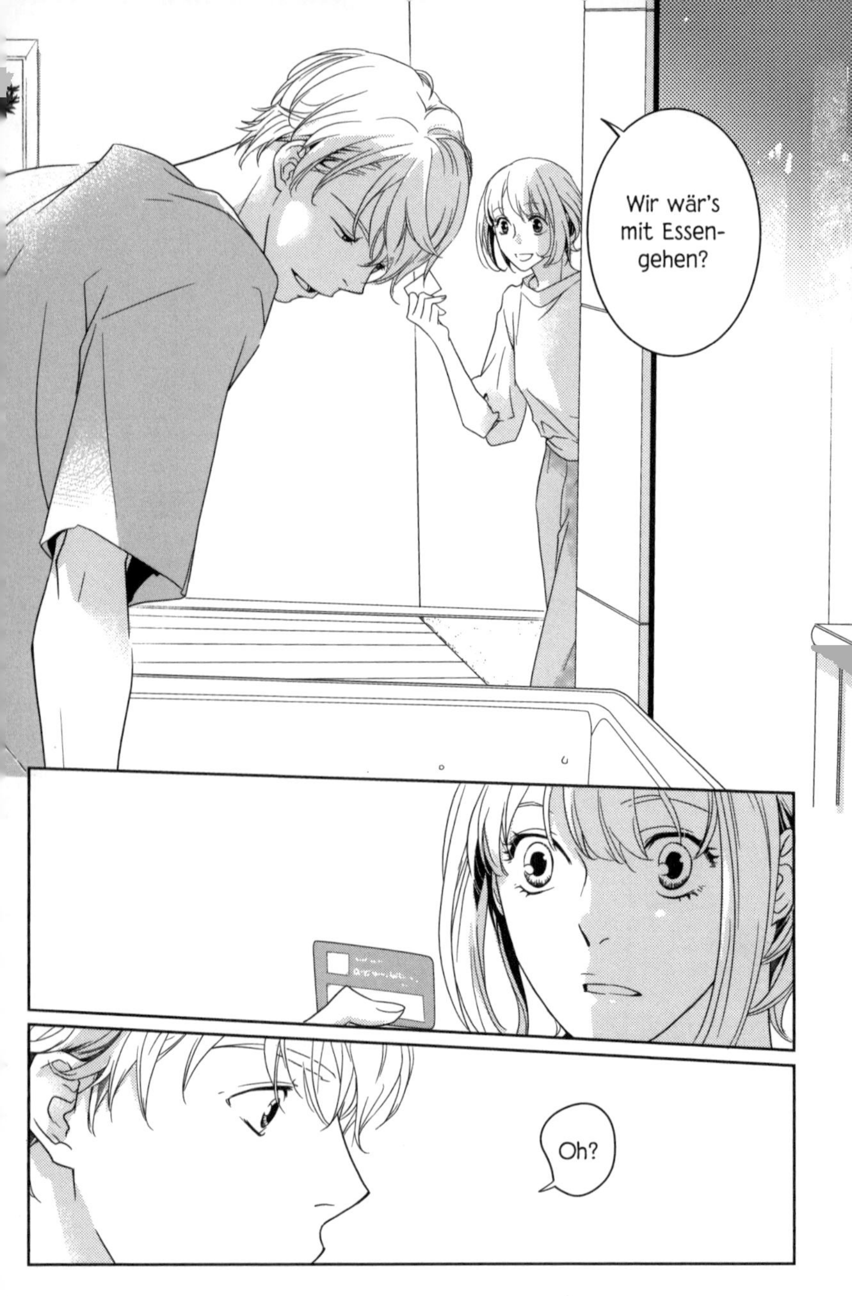
Wir wär's
mit Essen-
gehen?
Oh?

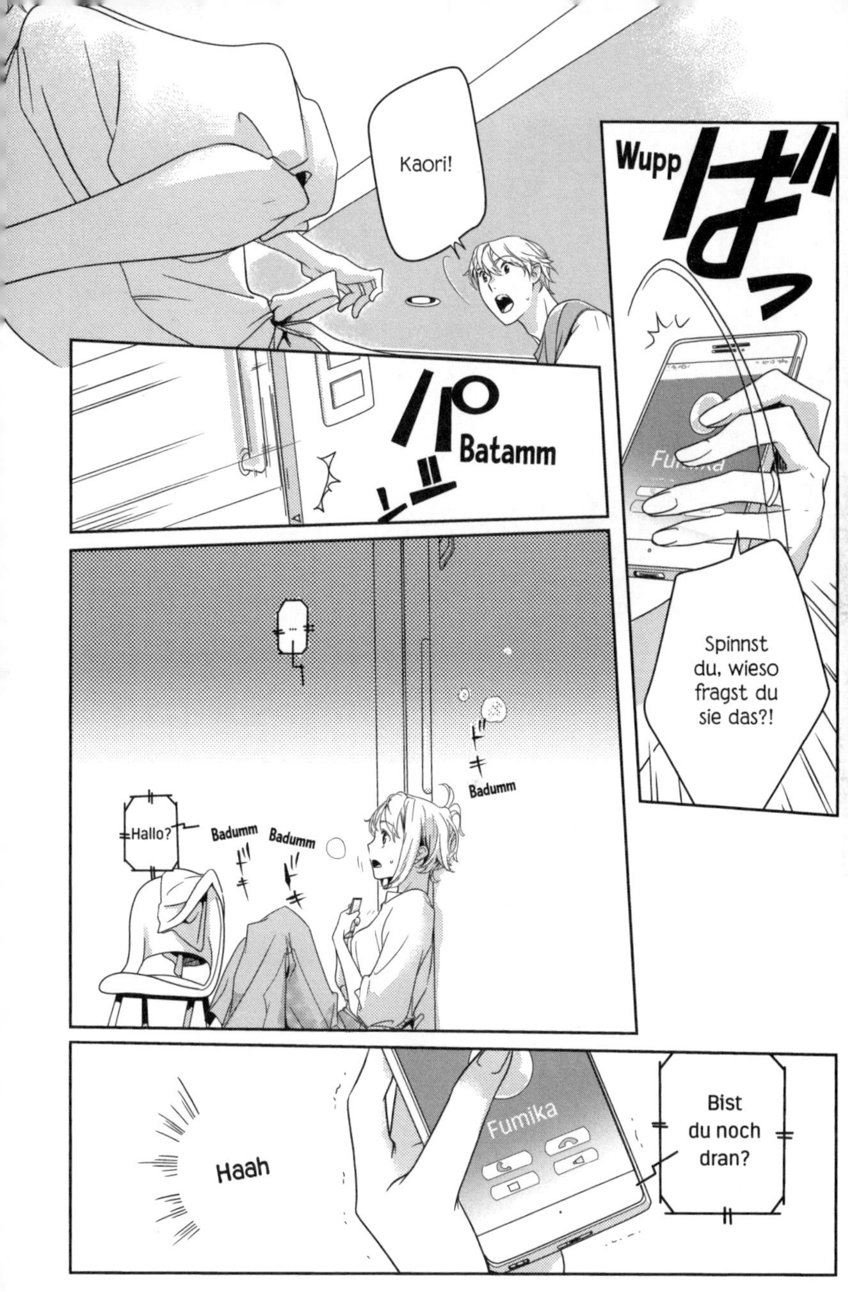
Wupp
Spinnst du, wieso fragst du sie das?!
Kaori!
Batamm
...
Badumm
Badumm
Badumm
Hallo?
Bist du noch dran?
Fumika
Haah

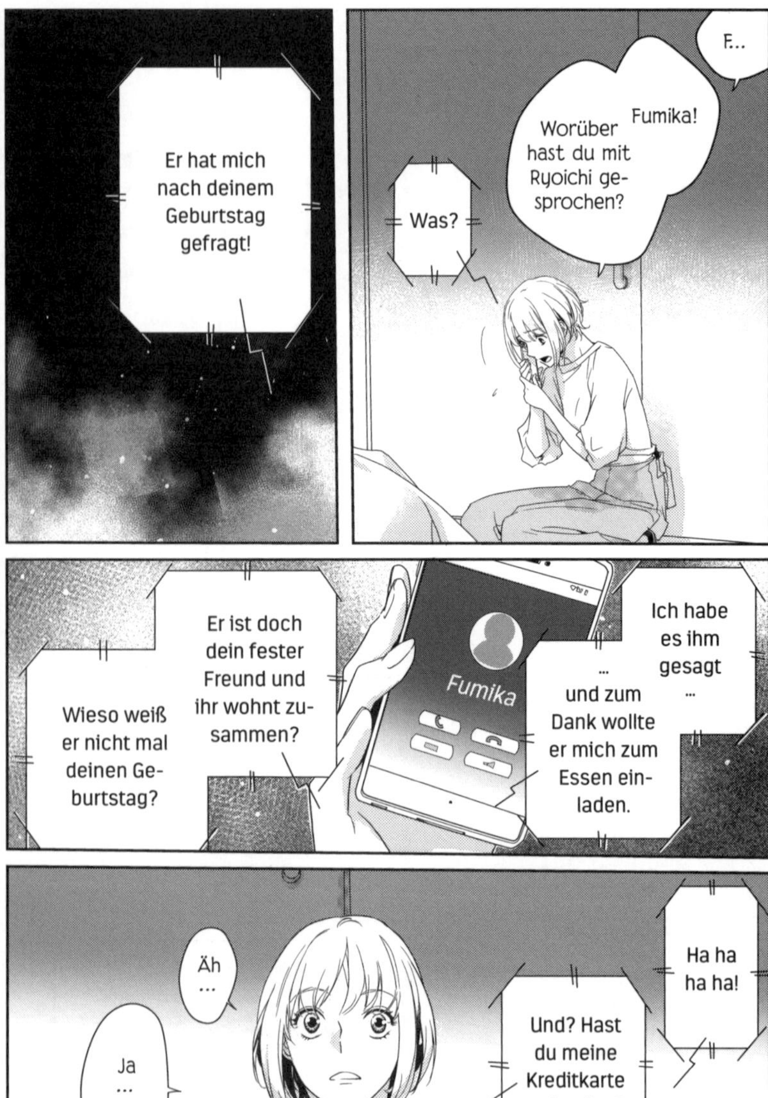
F...
Fumika!
Worüber hast du mit Ryoichi gesprochen?
Was?
Er hat mich nach deinem Geburtstag gefragt!
Ich habe es ihm gesagt ...
... und zum Dank wollte er mich zum Essen einladen.
Fumika
Er ist doch dein fester Freund und ihr wohnt zusammen?
Wieso weiß er nicht mal deinen Geburtstag?
Ha ha ha ha!
Und? Hast du meine Kreditkarte gefunden?
Äh ...
Ja ...

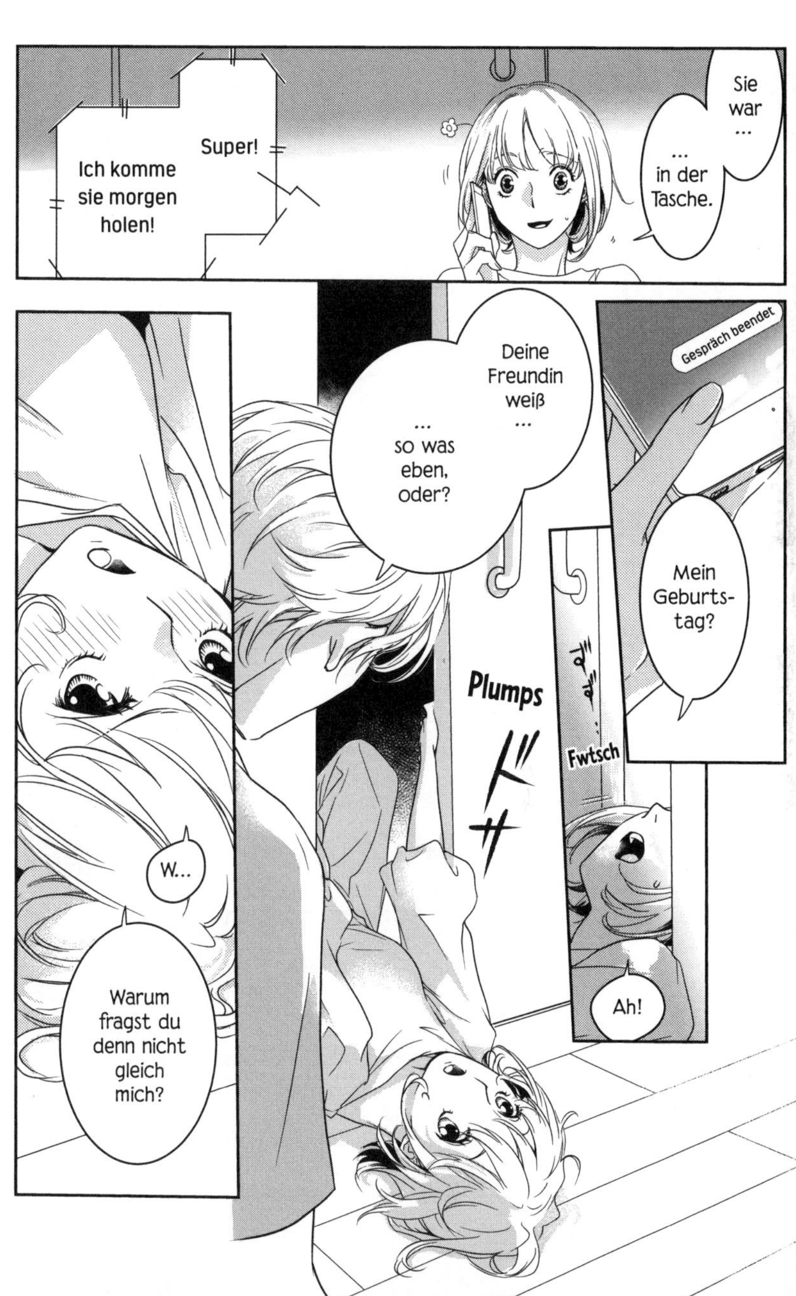
Sie war ...
... in der Tasche.
Super!
Ich komme sie morgen holen!
Gespräch beendet
Mein Geburts-tag?
Fwtsch
Ah!
Deine Freundin weiß ...
... so was eben, oder?
Plumps
W...
Warum fragst du denn nicht gleich mich?

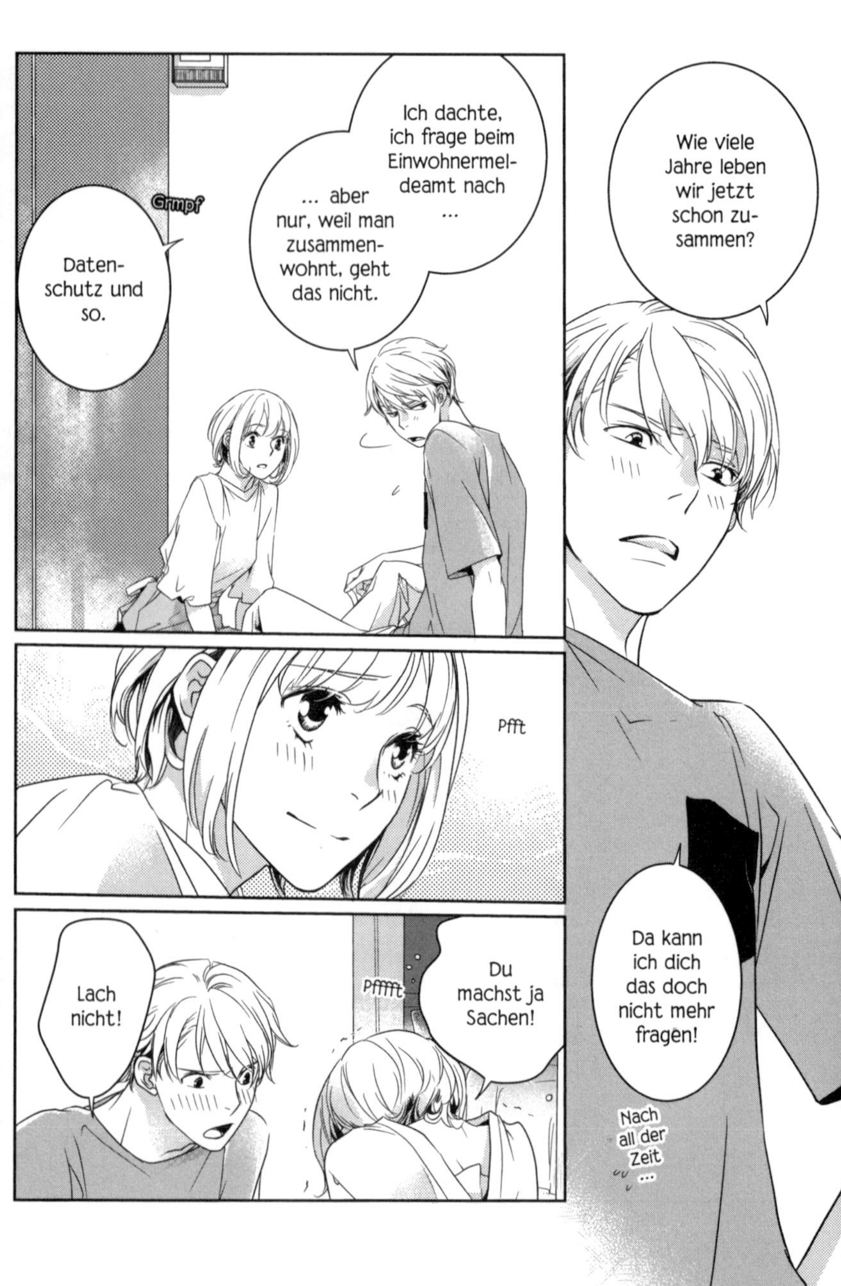

Wie viele Jahre leben wir jetzt schon zu-sammen?
Da kann ich dich das doch nicht mehr fragen!
Nach all der Zeit ...
Ich dachte, ich frage beim Einwohnermel-deamt nach ...
... aber nur, weil man zusammen-wohnt, geht das nicht.
Grmpf
Daten-schutz und so.
Pfft
Du machst ja Sachen!
Pffffft
Lach nicht!

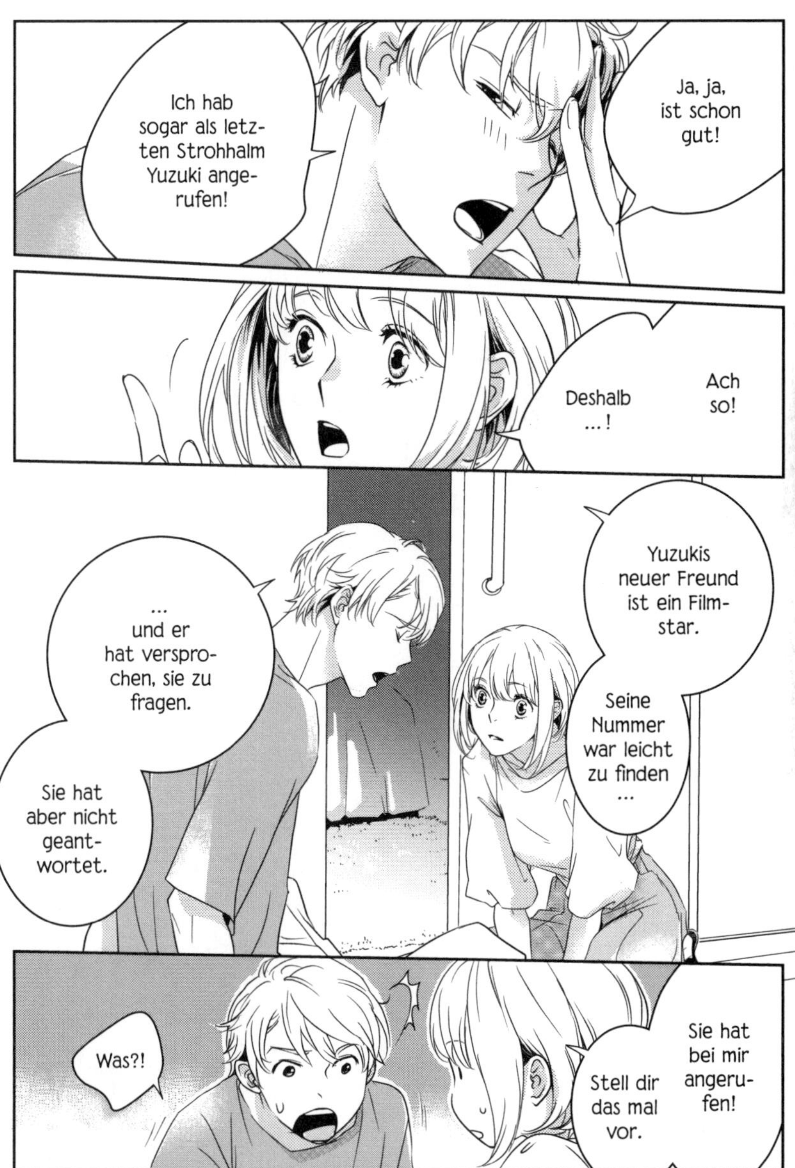
Ja, ja, ist schon gut!
Ich hab sogar als letzten Strohhalm Yuzuki angerufen!
Ach so!
Deshalb ...!
Yuzukis neuer Freund ist ein Filmstar.
Seine Nummer war leicht zu finden ...
... und er hat versprochen, sie zu fragen.
Sie hat aber nicht geantwortet.
Sie hat bei mir angerufen!
Stell dir das mal vor.
Was?!

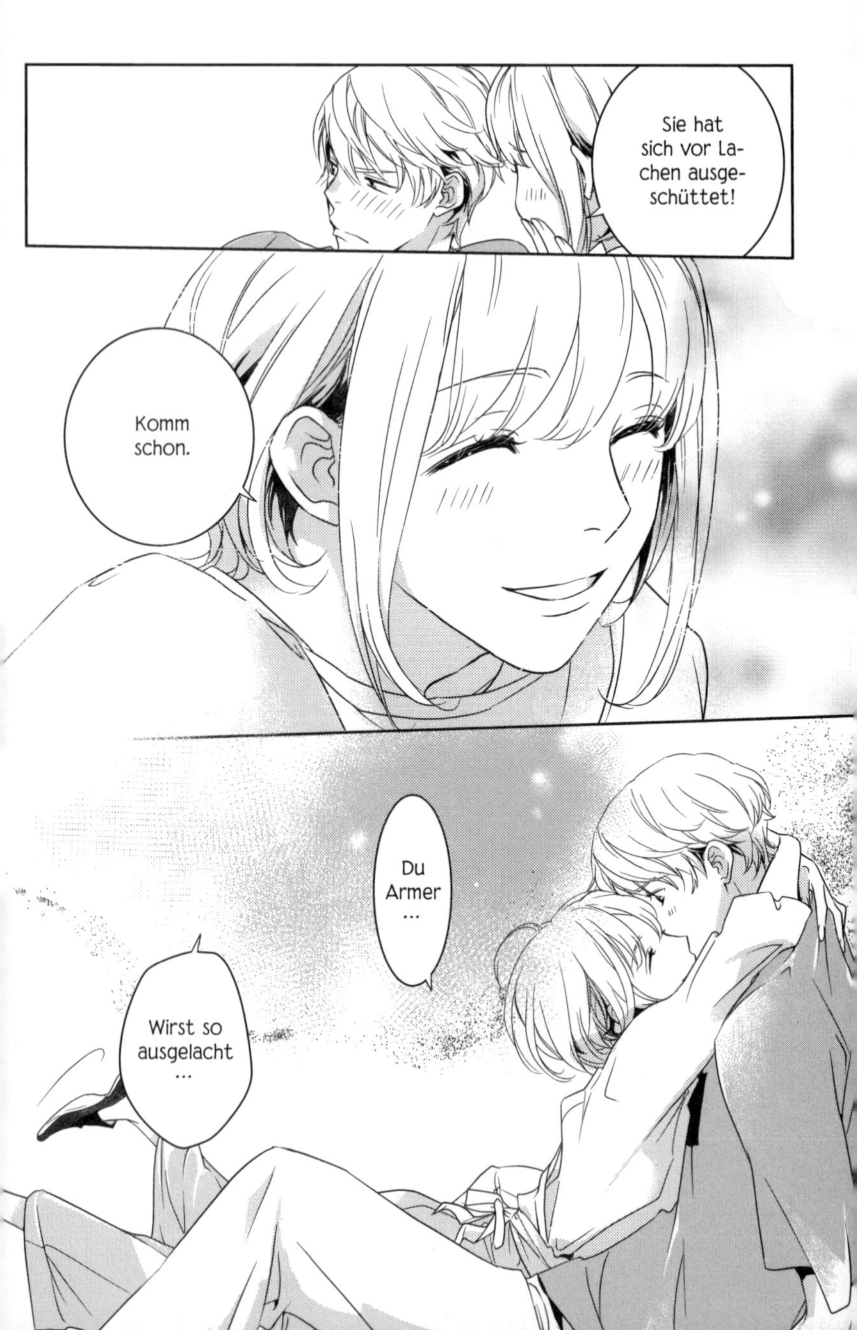
Sie hat sich vor Lachen ausgeschüttet!
Komm schon.
Du Armer ...
Wirst so ausgelacht ...

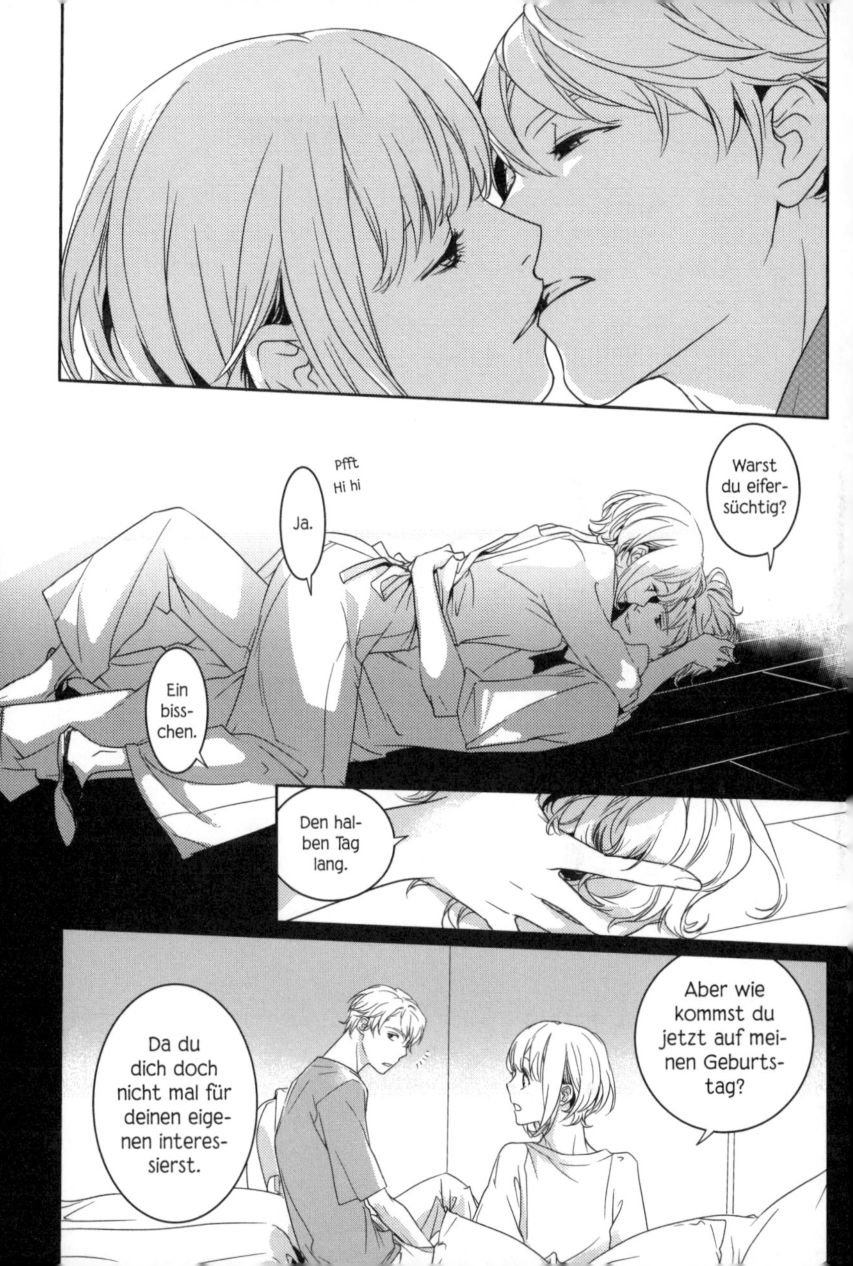
Warst du eifer-süchtig?
Ja.
Pfft Hi hi
Ein biss-chen.
Den hal-ben Tag lang.
Aber wie kommst du jetzt auf mei-nen Geburts-tag?
Da du dich doch nicht mal für deinen eige-nen interes-sierst.

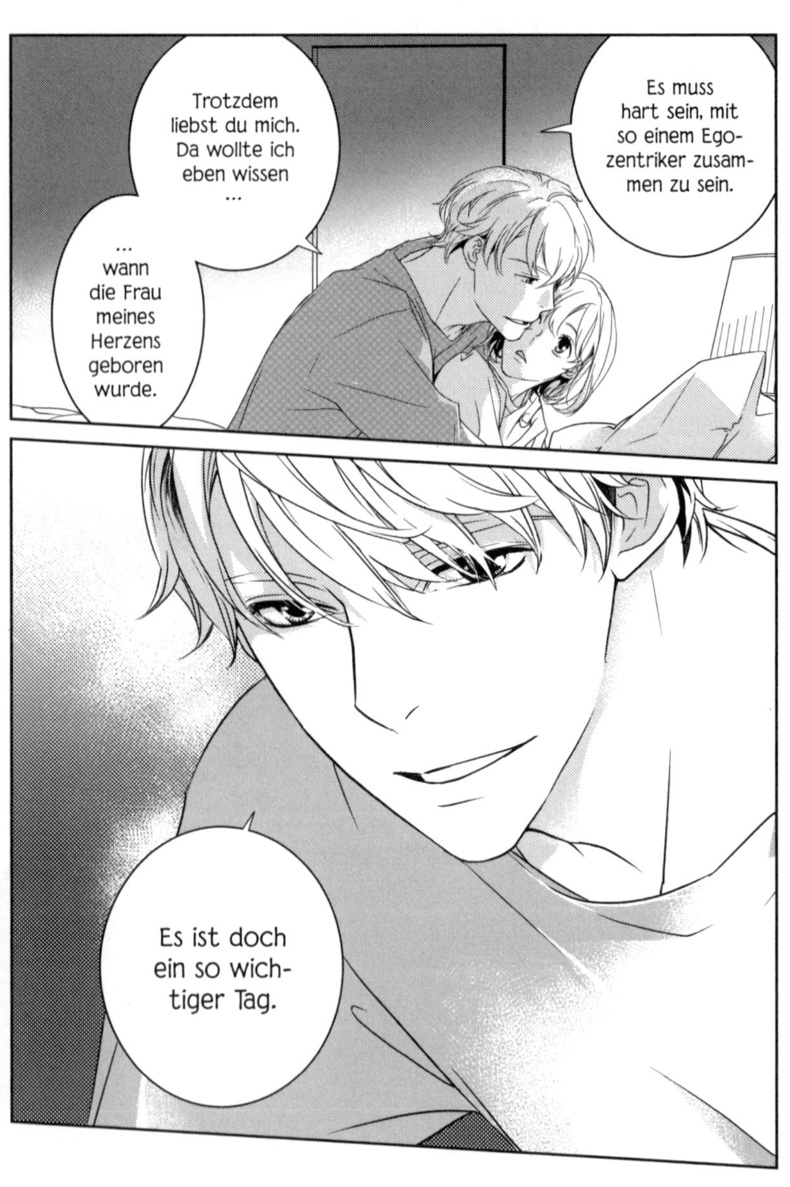
Es muss hart sein, mit so einem Egozentriker zusammen zu sein.
Trotzdem liebst du mich. Da wollte ich eben wissen ...
... wann die Frau meines Herzens geboren wurde.
Es ist doch ein so wichtiger Tag.

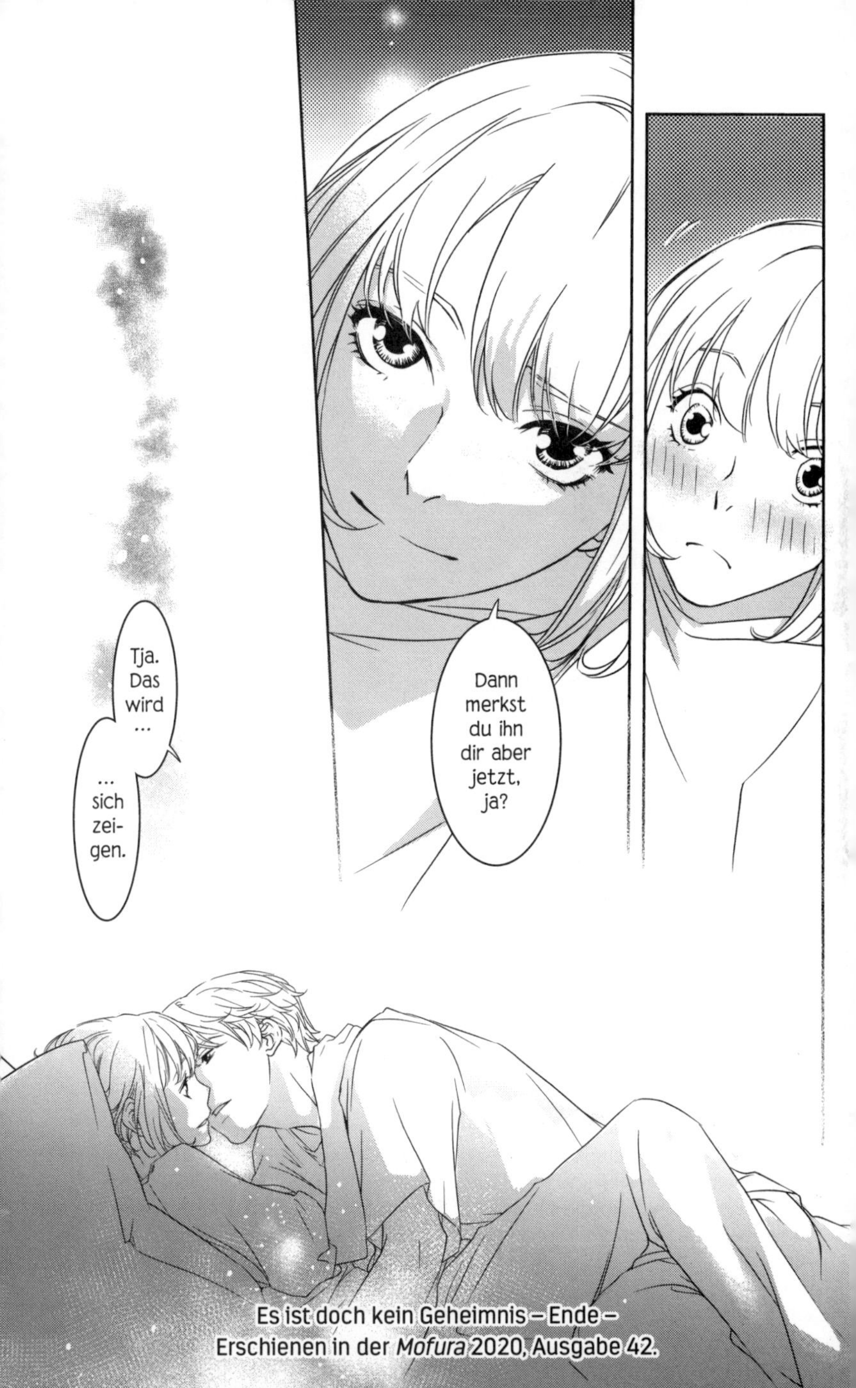
Dann merkst du ihn dir aber jetzt, ja?
Tja. Das wird ...
... sich zeigen.
Es ist doch kein Geheimnis – Ende –
Erschienen in der *Mofura* 2020, Ausgabe 42.

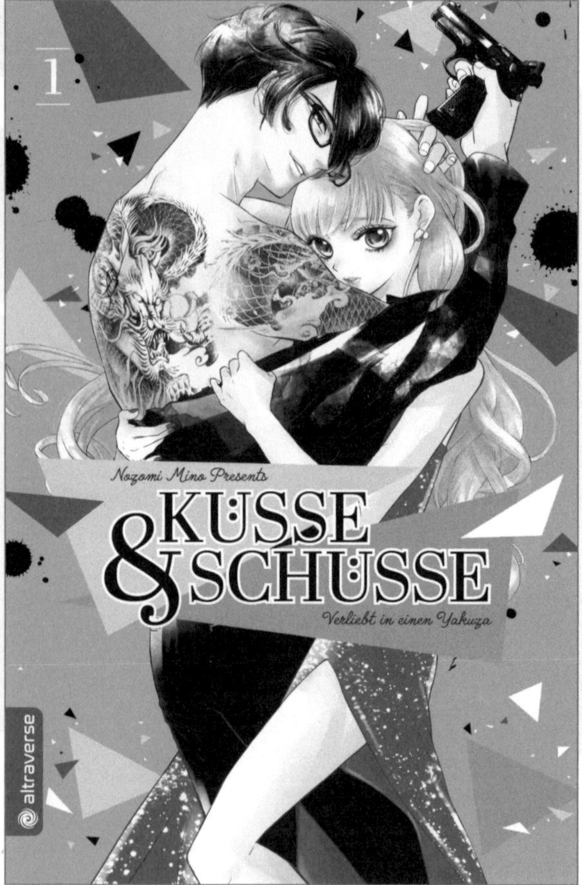

Küsse & Schüsse – Verliebt in einen Yakuza

Nozomi Mino

Als die Studentin Yuri auf einer Party in Schwierigkeiten gerät, wird sie von dem jungen Clanerben Oya gerettet. Darauf verlieben sich beide Hals über Kopf ineinander und das Feuer der Leidenschaft beginnt lichterloh zu brennen. Doch schon bald fallen Schüsse und Yuri muss feststellen, dass ihr neues Leben als Freundin eines Yakuza alles andere als ungefährlich ist.

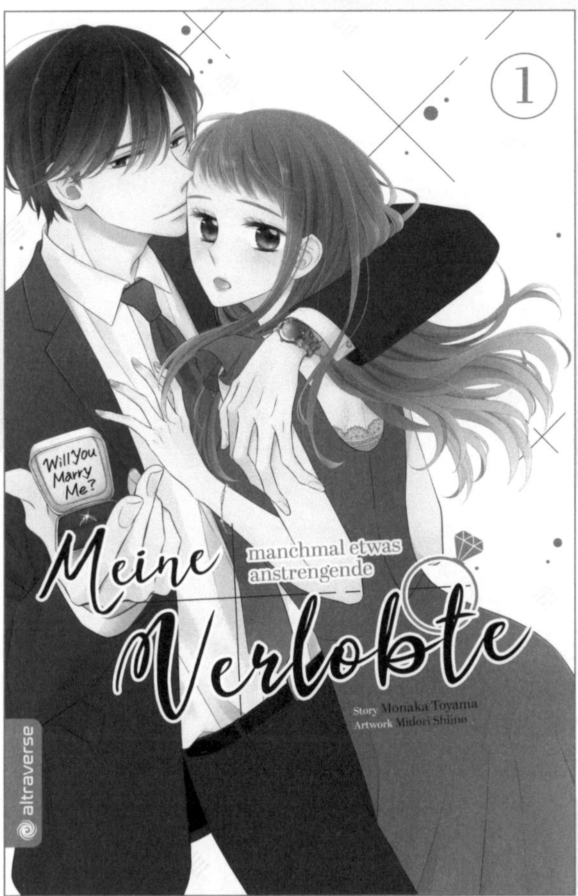

Meine manchmal etwas anstrengende Verlobte

Story: Monaka Toyama | Artwork: Midori Shiino

Shino wünscht sich nichts sehnlicher als eine Romanze wie in einem Manga. Doch ihre arrangierte Verlobung mit dem Vertriebsangestellten Hajime läuft nicht gut. Als dann noch die neue Mitarbeiterin Yui von Hajime eingearbeitet werden soll und ihm schöne Augen macht, dämmert es ihr: sie ist nicht die romantische Heldin, sondern die unbeliebte Rivalin!

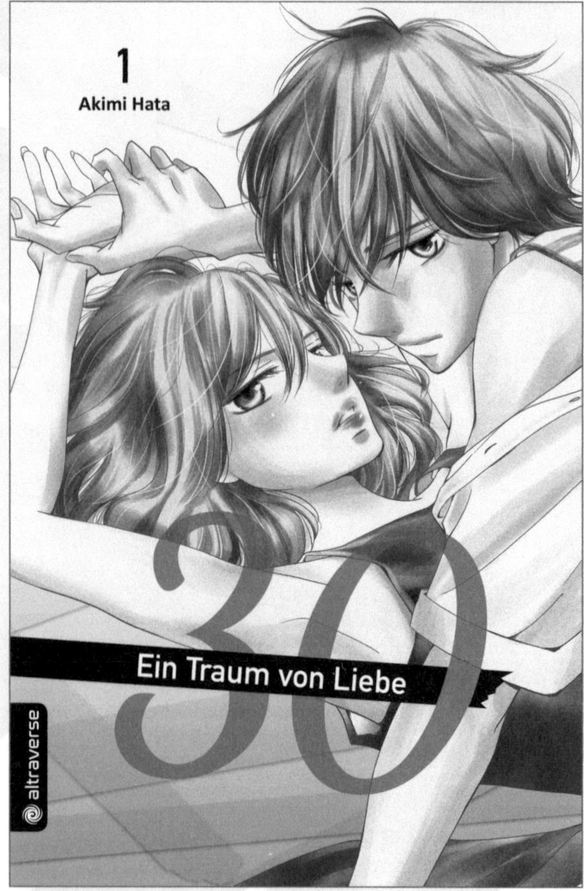

30 – Ein Traum von Liebe

Akimi Hata

Shino ist dreißig, im Beruf sehr erfolgreich, aber immer noch Single. Ihre Familie und ihr Umfeld sind der Meinung, sie sollte nun langsam auch heiraten. Und eigentlich denkt Shino das irgendwie auch, da sie es gern geordnet mag. Da spricht sie eines Abends der fast zehn Jahre jüngere Mayuki an und bittet sie, seine Freundin zu werden. So ein junger Kerl ist natürlich nichts zum Heiraten, aber vielleicht hat er ja andere Vorzüge ...?

Romance 16 +

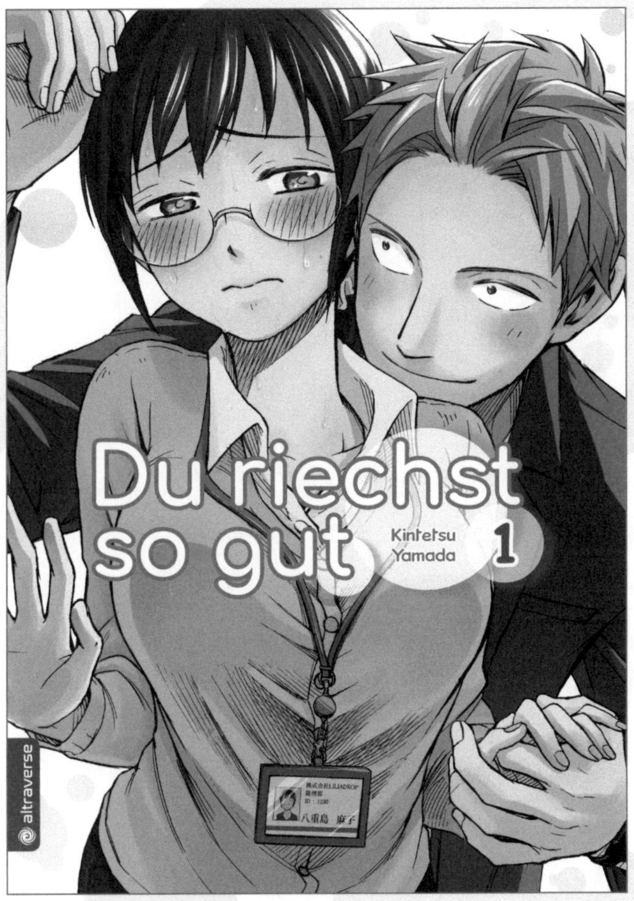

Du riechst so gut

Kintetsu Yamada

Asako hat beim Parfümhersteller Lilia Drop ihren Traumjob gefunden. Doch was ihre Kollegen nicht wissen: sie leidet an Hyperhidrose. Nur die Produkte ihrer Firma verschaffen Linderung. Und die werden vom Duftentwickler Kotaro hergestellt, der von Asakos Körpergeruch nicht genug bekommen kann.

Romance 13+

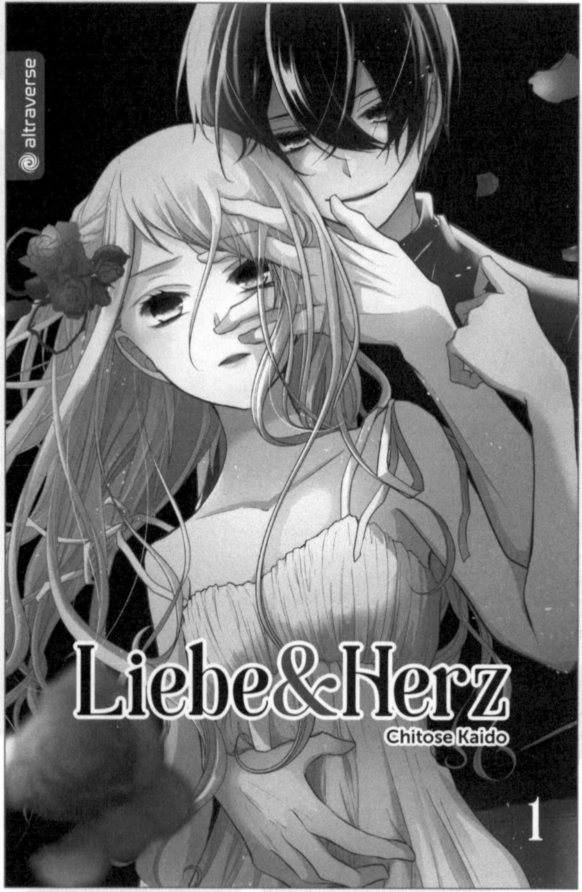

Liebe & Herz

Chitose Kaido

Yo Yagisawa hat im ersten Semester eigentlich genug Probleme. Aber als ein wildfremder Schönling plötzlich bei ihr einzieht und behauptet, ihr Kindheitsfreund zu sein, fängt der Trubel richtig an! Auf einmal beginnen die unheimlichsten Dinge zu passieren. Wer ist dieser Typ und schwebt Yo in Gefahr?

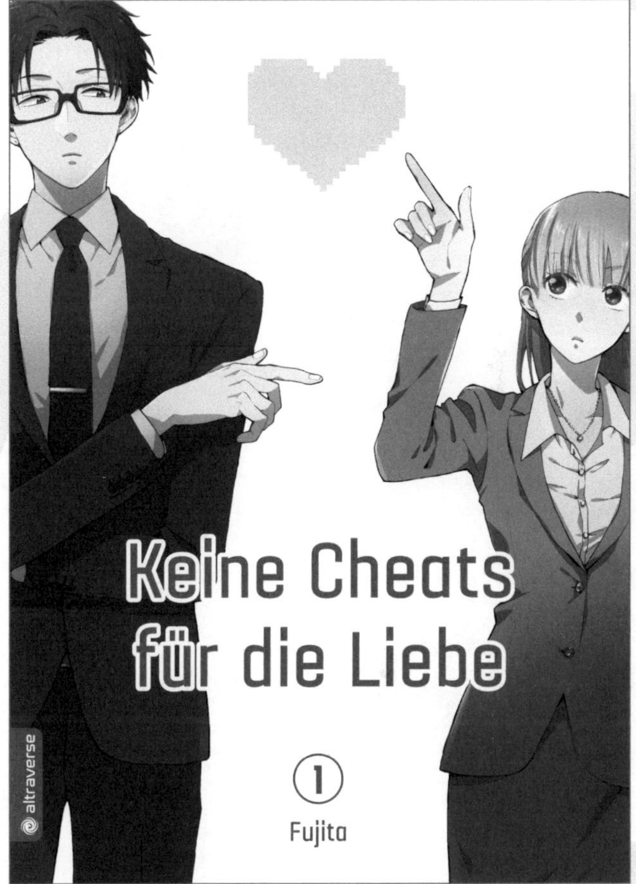

Keine Cheats für die Liebe

Fujita

Nerd sein ist nicht leicht! Sobald die Männer erfahren, dass Narumi ein Fangirl ist, nehmen sie Reißaus. Die Lösung: Ein Nerd muss her – meint zumindest ihr Kindheitsfreund Hirotaka, selbst eingefleischter Gamer, und stellt sich auch gleich zur Verfügung. Ist dies der Beginn einer mangareifen Romanze oder heißt es am Ende doch Game over?

Romance 16 +

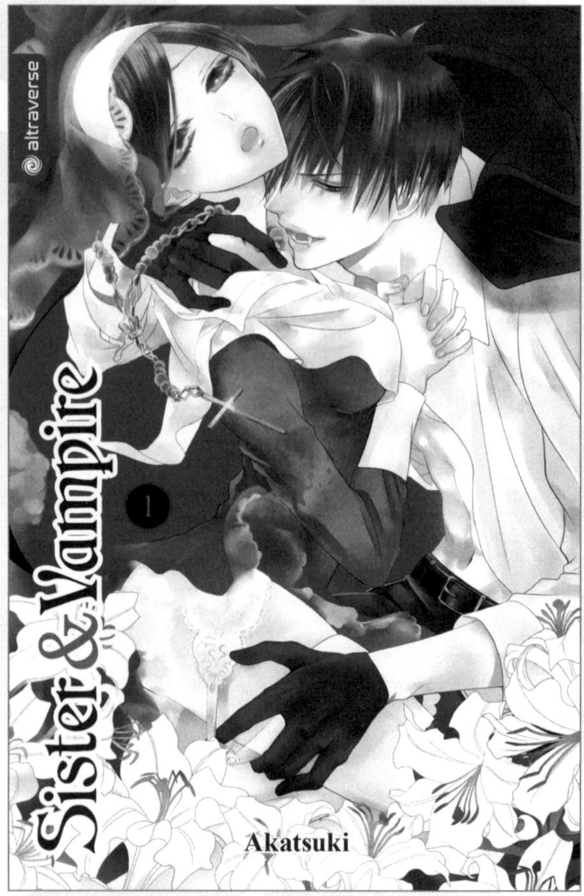

Sister & Vampire

Akatsuki

Ein Vampir treibt sein Unwesen und auch Ordensschwester Erna fällt ihm zum Opfer. Doch der verführerische Richter verschont sie und Erna meint, sein gutes Herz zu erkennen. Um ihn zu bekehren, folgt sie ihm und trotzt jeder Gefahr. Wird es ihr gelingen, ihn zu läutern, oder wird sie am Ende selbst auf die dunkle Seite gezogen werden?

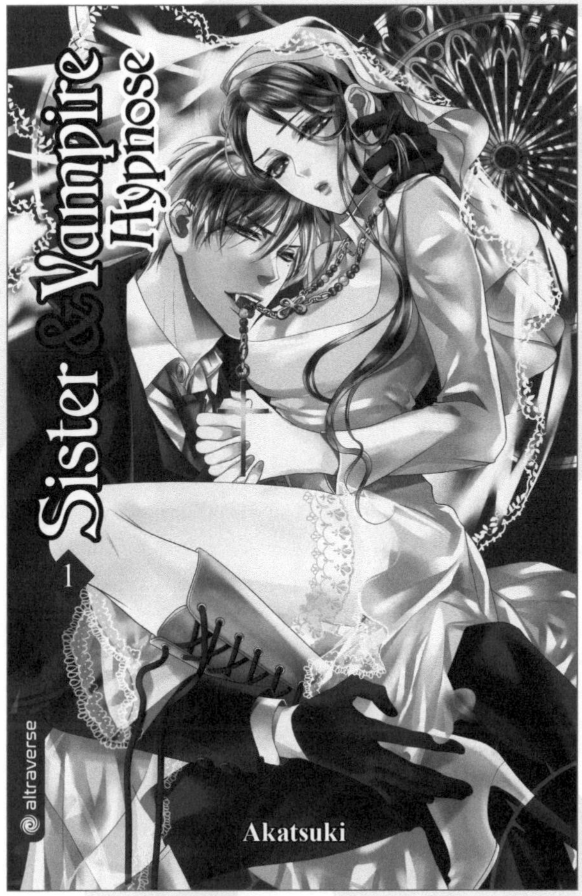

Sister & Vampire – Hypnose

Akatsuki

Schwester Alicia wird vom Gift des gut aussehenden Vampirs Albert zur Unzüchtigkeit vor Gott getrieben. Nacht für Nacht schlägt er seine Fänge in ihre zarte Haut und droht sie mit seinen Avancen vom rechten Weg abzubringen. Ist es Grausamkeit, die Albert leitet, oder kann ein Vampir doch echte Liebe verspüren?

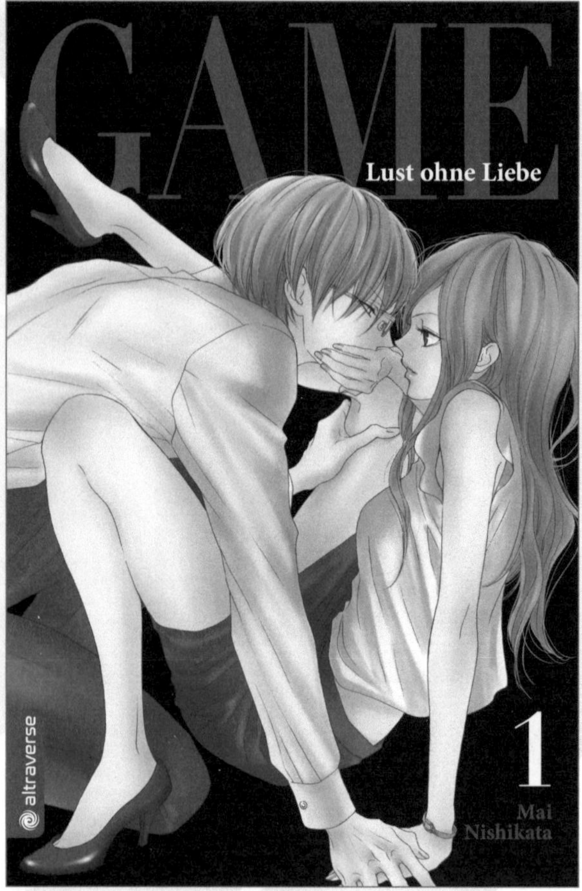

Game – Lust ohne Liebe

Mai Nishikata

Sayo ist eine echte Karrierefrau. Doch das schreckt die Männer ab. Keiner von ihnen scheint mit einer Frau umgehen zu können, die erfolgreicher ist als er. Frustriert lässt sie sich auf ein erotisches Spiel mit ihrem neuen Kollegen ein: Nur Sex, keine Gefühle lautet die Devise!

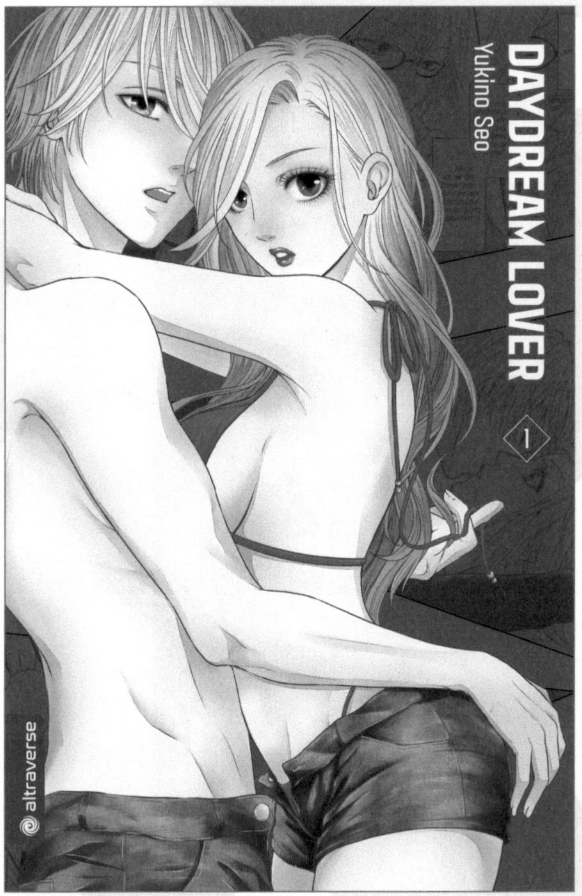

Daydream Lover

Yukino Seo

Jun sieht aus wie ein sexy Vamp, aber eigentlich ist sie ein schüchternes Mauerblümchen – und immer noch Jungfrau! Wann immer ihr ein süßer Typ begegnet, flüchtet sie sich in ihre erotischen Tagträume. Dabei wohnt der Mann ihrer Träume gleich nebenan ...

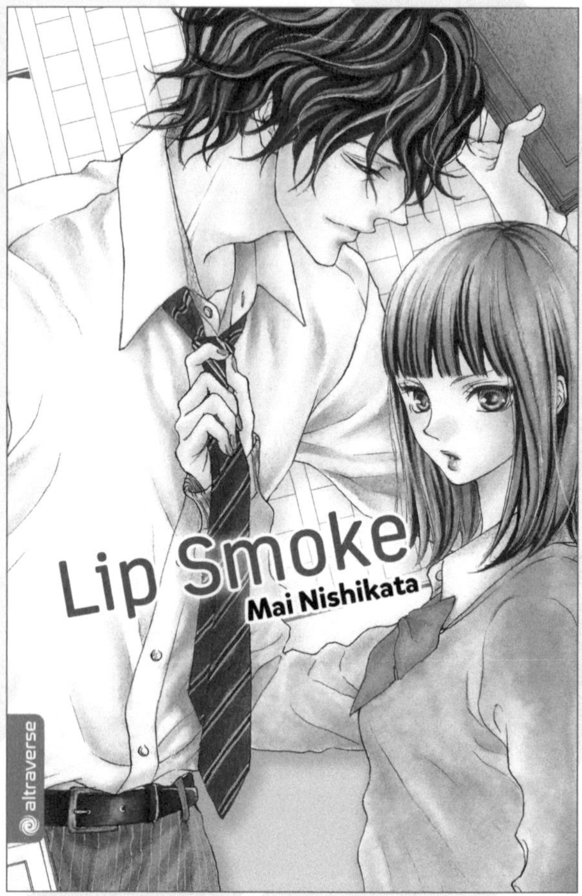

Lip Smoke

Mai Nishikata

Schriftsteller Kazuki Seta hat eine schwere Schreibblockade. Er soll eine Geschichte über einen unschuldigen Kuss schreiben. Doch er kann sich nicht erinnern, wie sich diese angefühlt haben. Kurzerhand heuert er die Schülerin Setsuna Iwato an, damit sie ihm die Unschuld der Jugend wieder nahebringt. Aber ist das wirklich nur irgendein Job?

Girls Love 16 +

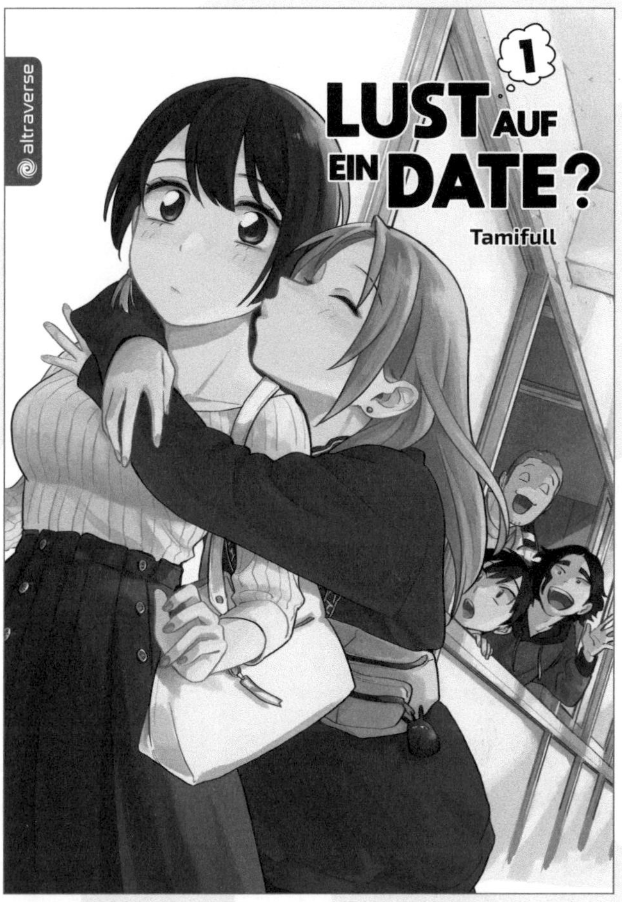

Lust auf ein Date?

Tamifull

Miwa mag eigentlich schon immer Mädchen, hat sich bisher aber nie getraut, offen dazu zu stehen. Mit Beginn ihres Studiums soll sich das ändern. Gleich am ersten Tag an der Uni trifft sie auf die sehr offene und direkte Saeko, die von Miwa sofort begeistert ist. Kann aus der spontanen Zuneigung, die die beiden füreinander empfinden, eine richtige Beziehung entstehen …?

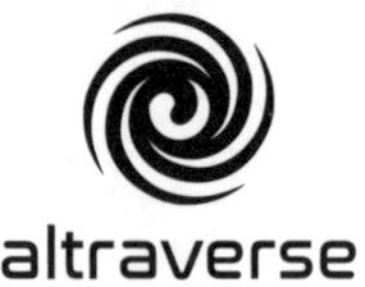

Deutsche Ausgabe / German Edition
Altraverse GmbH – Hamburg 2021
Aus dem Japanischen von Dorothea Überall

Original Cover Design: Hibiki CHIKADA (fireworks.vc)

Redaktion: Anne Faltin
Herstellung: Madlyn Weyhe
Lettering: Vibrant Publishing Studio

Druck: CPI books GmbH, Leck
Printed in Germany

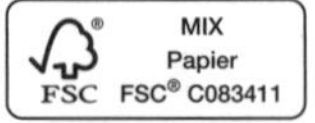

ISBN 978-3-96358-947-8
1. Auflage 2021

www.altraverse.de